光明社科文库
GUANGMING DAILY PRESS:
A SOCIAL SCIENCE SERIES

·法律与社会书系·

现代税法的构造论

许安平 | 著

光明日报出版社

图书在版编目（CIP）数据

现代税法的构造论 / 许安平著 . -- 北京：光明日
报出版社，2021.6

ISBN 978 - 7 - 5194 - 6100 - 3

Ⅰ.①现… Ⅱ.①许… Ⅲ.①税法—研究—中国
Ⅳ.①D922.220.4

中国版本图书馆 CIP 数据核字（2021）第 086205 号

现代税法的构造论
XIANDAI SHUIFA DE GOUZAOLUN

著　　者：许安平	
责任编辑：李　倩	责任校对：傅泉泽
封面设计：中联华文	责任印制：曹　净

出版发行：光明日报出版社

地　　址：北京市西城区永安路 106 号，100050

电　　话：010 - 63169890（咨询），010 - 63131930（邮购）

传　　真：010 - 63131930

网　　址：http：//book. gmw. cn

E - mail：gmcbs@ gmw. cn

法律顾问：北京德恒律师事务所龚柳方律师

印　　刷：三河市华东印刷有限公司

装　　订：三河市华东印刷有限公司

本书如有破损、缺页、装订错误，请与本社联系调换，电话：010 - 63131930

开　　本：170mm×240mm			
字　　数：230 千字		印　　张：15.5	
版　　次：2021 年 6 月第 1 版		印　　次：2021 年 6 月第 1 次印刷	
书　　号：ISBN 978 - 7 - 5194 - 6100 - 3			

定　　价：95.00 元

内容摘要

全面解读现代税法的制度构造是本文的首要目的。不管是历史上，还是各国间，税收制度都存在巨大的差异。对现代税法制度构造的解读，仅仅实证分析是不够的，而必须深入现代税法制度的背后，探明支撑现代税法制度构造的基本原理，阐明其形成原因并说明其发展趋势。现代税法的基本原理包括技术性原理与公理性原理。技术性原理代表税法中的工具理性，公理性原理则代表税法中的价值理性。当今的税法理论希望在本体论意义上讨论税收正义问题，包括税收法律主义这种形式正义原理和税收公平主义这种实质正义原理，因而刻意压抑甚至拒斥税法中的工具理性。但由于税法从一开始就是实质法，全部税法规则和制度都有其直接目的，如基本的财政收入目的，以及财富再分配、矫正经济活动的外部性、调控宏观经济的运行等经济干预目的，必然要求税法规则和制度对于实现税收立法目的的有效性。这是税法中的工具理性，是由税收立法的实质目的决定的，是作为手段的税法规则和制度的合目的性问题。税法的实质法特质决定了技术性原理是现代税法制度建构的重要原理。技术性原理决定手段对目的的有效性，提示事物之间的客观联系，更多地属于科学判断而不是价值权衡问题。税法中的技术性原理以客观事实为基础，受社会现实制约。但技术性原理不能赋予税法以正当性，现代税法必须经过公理性原理的过滤才具有正当性，因此公理性原理也是现代税法制度建构的重要原理。公理性原理与价值权衡有关。技术性原理与公理性原理的关系可以理解为，技术性原理是现代税法的底层原理，公理性原理建立在技术性原理之上。仅仅在本体论上讨论税收正义问题的现代税法理论构造是扭曲的和不完整的。

现代税法的制度构造有其相应的社会基础和观念基础。第一章首先分析了古代农业社会税收制度的社会基础，目的在于通过历史比较说明社会现实对税收制度建构的决定性影响，以及税收制度的发展脉络。古代税制建立在农业社会基础上，以土地税收为主，辅以按人口征收的手工产品和劳役。随着生产力的提高，人头税逐步并入田亩税中。现代税制建立在现代工业社会和市场经济基础上，以所得税及增值税为重心。税制的目的也从单纯的财政目的发展到各种经济干预目的。近现代的经济学、理性主义和人文主义的哲学和法治思想是现代税法的观念基础。

税法是实质法，全部税法规则和制度都有其所欲实现的直接目标。税法规则和制度是实现预定目标的手段，需要按照手段对目的的有效性的方式构造全部税法制度。这是税法中的技术性原理或者工具理性，要求税法中的具体制度间功能上协调一致。阐明现代税法制度构造中的技术性原理离不开结构功能分析。为了实现现代税法的财政目的和经济干预目的，现代税法在结构上分化出税收实体法与税收程序法两个重要部分，并具有各自所要实现的具体功能。第二章分析了税收实体法的制度结构与功能。税收实体法的基本功能是决定什么情况下产生纳税义务，其制度结构包括成立纳税义务（税收债务）所需要满足的各项条件，即税收的构成要件。这些条件包括纳税人、课税对象、课税对象的归属、课税标准和税率等。文中从技术性角度分析了它们作为税收构成要件所具有的意义。另外，税收实体法逻辑上还包括纳税义务的继承、减免以及税法责任等制度，它们在实现现代税法的财政目的和经济干预目的方面具有各自的功能或意义。

第三章分析了实质课税原理。实质课税是税法中的技术性原理，而不是通常认为的公理性原理。实质课税是从税收的财政收入目的引申出来的，要求通过税法的文字规定捕捉到客观存在的经济税源并将其法定为课税对象，以课税对象的经济利益归属之人为纳税人，课税对象产生的原因事实不影响课税。实质课税要求税法的解释不应拘泥于税法的文字形式，而是应当根据其所具有的经济意义进行解释。实质课税具有强烈的反避税功能。但实质课税有使税法规定的课税要件流于形式的可能，因此应受税收法定原则的适当限制。实质课税不仅仅是实体税法制度构造的基本原理，也不仅仅是税法运行过程中既有关税法解释和适用的基本原理，它还是有关事实认定的基本原理，即需要考虑课税事实（证据事实）所具有的经济意义，因此也适用于税收程序法。

现代工业社会存在的征税机关与纳税人间有关课税要件事实的信息严重不对称现象，促成了专门税收程序的产生。税收程序法的基本功能就是阐明课税事实、确定税额、保证税收的实现。第四章说明了阐明课税事实的需要，产生了纳税人的、主要经由纳税申报的信息提供义务，以及征税机关收集要件事实为目的的税收调查权。一般纳税程序包括自行申报纳税程序和课赋纳税程序，都包括纳税申报、税额的确定、税款缴纳、税收强制执行等程序环节。自行申报纳税程序中，纳税人具有一定的程序自主性，因此纳税申报可产生确定税额的效力。课赋纳税程序由征税机关主导。特别纳税程序包括源泉征收和印花税票纳税方式，由于豁免了纳税人的申报义务，因此是简易的税收程序。为了防止纳税义务履行期间，即纳税义务产生后、消灭前的期间，因纳税人的行为而危及国家税收利益的安全，现代税法另定有若干保证国家税收利益安全的制度。

技术性原理不能赋予税法以正当性，必须经过公理性原理的过滤。公理性原理代表税法中的价值理性。公理性原理首先指有关税收正义的形式原理即税收法定原则。税收法定原则是近现代法治思想在税收领域的体现。第五章分析了税收法定原则的基本内容和所涉及的其他问题，以及税收法定原则在当代的困惑。

公理性原理其次指有关税收正义的实质原理，即税收公平原则。税收公平原则源自宪法所定平等原则。税收公平原则的核心内容就是按税收负担能力分配税收负担，即量能课税原则。第六章分析认为，纳税人平等意义上的税收公平原则并不当然表现为量能课税，而更可能是形式课税，即按抽象人格平等课税。量能课税首先是技术性的实质课税原理和财富再分配的社会理想的体现，其次才是现代税收实质公平的体现。这表明现代税收公平思想迎合了实质课税和财富再分配的要求。量能课税的税收公平思想要求按照表征负担能力的结果事实而不是前景事实分配税收负担。

效率也是现代税法制度构造的一个价值诉求。第七章分析了公理性的税收效率原则。税收效率包括税收经济效率与税收程序效率。税收的经济效率，在早期指应当尽量减少征税所导致的市场效率的牺牲，在当代则更多地指通过税收上的制度安排，矫正市场失灵，以增进经济效率。税收上的制度安排，可以通过矫正经济活动的外部性、促进资源的合理开发利用、反对国际经济中的不正当竞争和调控宏观经济的运行，增进整体经济效率。文中分析了现代税法的经济干预目的及其法律实现机制。传统法律思想视效率为技术性的和形而下的，并且通过国家的经济干预增进整体经济效率本身会导致个人自由的萎缩，因而深受传统思想影响的现代税法理论并不认为效率是现代税法制度构造的基本原理之一。但现代税法被广泛运用于经济干预目的是一个不争的事实，问题不会因为我们不愿正视而不存在。本文视效率为现代税法的独立价值目标。税收的程序效率指以最小的成本付出实现税收。不仅程序税法，实体税法的制度构造也与税收程序效率有关。

总之，现代税法的制度构造建立在某些基本原理之上。这些基本原理不仅说明了现代税法制度构造的形成原因，而且指明了其发展方向。这些基本原理包括技术性原理和公理性原理。技术性原理代表税法中的工具理性，公理性原理代表税法中的价值理性。技术性原理是由税法的实质法特质决定的。现代税法的理论探索，仅仅在本体论意义上讨论税收正义问题是远远不够的。

目　录
CONTENTS

引　言

现代税法，指工业社会的税收法律制度，相对于古代农业社会的税收制度而言。"构造"用作名词时，有结构之意，指某种结构或者由一定结构组成的整体即体系。"构造"用作动词时，有建构、建立之意。现代税法正是按照某种目的建构起来的有机体系。

现代税法的构造，首先指现代税法的制度结构或者制度体系。现代税法由许多具体的制度构成，这些制度有自己的功能和目的，只有当具体税法制度在功能上相互协调一致时，才能构成一个有机整体，即形成体系。本文的首要目的，是全面解读现代税法的制度构造。研究现代税法的制度构造，需要阐明现代税法各项制度之间在功能上或在逻辑上的联系，这要求一种结构功能主义的研究方法。但现代税法的构造不仅仅表现在制度层面，它还表现在理论层面。制度总是在一定的理论支持下建立起来的，理论认识的变化将带来制度构造上的相应变化。相对于现代税法的制度构造，现代税法的理论构造更为重要。理论构造，也即理论体系，代表了支撑现代税法制度构造的某些基本原理。发掘这些基本原理，对于厘清现代税法的制度构造和制度之间的逻辑联系至关重要。因此，对现代税法制度构造的解读，就不能仅仅停留在税法制度的结构功能分析上，而应当从基本原理的角度解读税法的制度构造。

对现代税法进行结构功能分析，本身也是解读现代税法制度构造的一个基本立场。这里所说的制度功能，指制度内的功能，指在制度建立时所预设的和被期待的功能，而不是指法律社会学意义上的社会功能。法律社会学同样关注制度的功能，但在法律社会学框架内的制度功能，是指制度的实际运行所产生的社会经济效果，指制度的运行结果所具有的社会经济意义。可能存在这种情况，法律制度建立时所预期的功能在实现的同时，也引起了其他一些社会经济效果，其中一些不好的结果需要在制度建立时加以避免，但却不是建立相关制度的直接目标。因此，解读现代税法的制度构造时所需要的结构功能分析，并不同于法律社会学的方法。为表示这种方法论上的区别，制度的功能可代之以制度的目的、意义、作用等类似的表达方法。从哲学上看，结构功能主义方法的根本意义在于，将具有主观能动性的人置于客观的结构中，试图通过消解人的主体性的方法，使认识的结果更为客观和科学，不受主观因素或者主观价值判断的干扰。因此，结构功能主义的方法适合于制度的技术性分析，所阐明的是制度间的功能上或逻辑上的客观联系，而不是制度或规范间的价值关联。制度的功能不是指先验的终极价值，而是指经验的、具体的制度目标，如实现财政收入、实行财富的再分配、矫正经济活动的外部性、调控宏观经济的运行等，否则结构功能分析就变成了价值权衡。可见，结构功能分析所揭示的只是税法制度建构中的技术性原理，而不是其必须遵循的公理性原理。现代税法制度建构中的技术性原理指手段对目的的有效性，要求对作为实现特定目的的手段的各项税法制度进行合目的性检验。税法是实质法，全部税法规范和制度都有其直接目标，因此技术性原理是现代税法制度构建的重要原理。但仅仅技术性原理尚不足以赋予税法以正当性，税法的正当性来自某些公理性原理。在当今的主流法律思想看来，技术性原理是形而下的，不具有终极意义，具有根本意义的是某些公理性原理，这些公理性原理以某种先验的终极价值为目标。技术性原理仅仅工具性地看待各项税法制度，公理性原理使税法制度具有了本体论的意义。因此，在主流的法律思想看来，公理性原理才是根本的，价值分析重于功能分析。价值分析与结构功能分析在方法论上有所不同，价值分析通常以一个或少数几个被认为是不证自明的公理（先验价值目标）为原点，运用逻辑上的演绎推理方法得出问题的结论。总之，解读现代税法的制度构造，不能仅仅停留在分析实证主义的方法上，因为法律实证主义的方法，只能让我们认识实然的税法构造，而不知这种构造是怎样形成的，以及其发展趋势。必须深入现代税法制度构造的背后，揭示出支撑现代税法制度构造的基本原理。

　　税法是一门新兴学科，起步较晚，但发达国家和地区的税法理论研究成果颇丰，理论体系也较为成熟。我国（大陆地区）的税法理论研究则更晚。计划经济年代，流行非税论，税收不是国民收入分配的主要方式，缺乏税法研究的社会基础。自 20 世纪 80 年代实行两步"利改税"，税收法规大量发布，税收成为国民收入分配的重要方式之一，税法研究得以起步。但当时的税法研究主要限于对实际存在的税收法规的注释，谈不上理论建构。此后，相对发达国家或地区的税法理论文献或立法资料相继引入我国，推动了我国的税法理论研究。这其中重要的立法资料如顾明主编的《外国经济法》系列，收录、翻译了各主要国家的较完整的税收法律法规，使我们得以管窥主要国家税收法律法规之概貌。引入的重要理论文献包括日本金子宏、北野宏久等的著作。其中由刘多田等翻译、中国财政经济出版社 1989 年出版的日本金子宏所著《日本税法原理》一书，可以说开启了我国税法理论研究的先河。该书经战宪斌等重译后于 2004 年在我国再版。由陈刚等翻译并由中国检察出版社 2001 年出版的日本北野宏久所著《税法学原论》，对我国税法学也产生了很大影响。后来随着海峡两岸交流的增加，我国台湾地区税法学者的研究成果大量引入，其中不少被纳入刘剑文主编、北京大学出版社出版的《税法学研究文库》中。该文库已经出版或者正待出版的税法学专著达数十部之多，其中包括美国学者瑟仁伊所著的《比较税法》。互联网技术的发展，使我们有机会直接查阅国外的税法理论文献和立法资料，比如美国的《国内收入法》。我国学者自己出版的有关国外税制的大量研究文献，如高强主编、财政部税收制度国际比较课题组编著的《外国税收制度丛书》、熊伟著《美国联邦税收程序》等，也是我们了解外国税收制度的重要窗口。通过对其他国家和地区的税法理论的借鉴和吸收，我国税法理论研究取得了可谓丰硕的成果，表现在从基础理论、程序税法到具体制度等各方面，如刘剑文、熊伟《税法基础理论》，施正文《税收程序法论》，以及有关税收法定原则、税法宏观调控功能、税法上的类推适用、实质课税、税法解释、各项具体税法制度如税收优先权制度、推定课税制度、税收规避及其法律规制、双重课税等方面大量研究论文。始自 2010 年的最近十年来，我国税法研究有向纵深推进的趋势，出现了很多以博士论文为基础的专门性研究成果，涉及税法学的各个方面，如税法解释问题、信托课税的特别法律问题、一般反避税条款研究、税法漏洞补充等。

不过，我国税法理论研究表面上的繁荣难掩实际上的尴尬和困境。我们还处于对来自外部的税法理论的借鉴和吸收中，厘清其理论脉络和理论实质成了我们的首要任务。最初，金子宏的著作引入我国所产生的理论冲击主要表现在，我们突然意识到税收法定原则是税法的重要基本原理。后来，日本北野宏久的著作引入我国，其关于税收法定原则是税法唯一原理的思想引来不少我国的共鸣者与追随者。再后来，当大量直接借鉴德国税法学者研究成果的我国台湾地区税法理论文献为我所知后，我们才发现，现代税法中，不仅有税收法定原则这种形式正义原理，而且有量能课税这种实质正义原理，于是我们开始反思推定课税、税法解释、类推适用在税法中的适用、避税及其法律规制、实质课税原理等偏离税收法定原则这种形式正义的诸问题。他山之石可以为我所用，但也带给我们深陷既定理论框架中而难以突破的困境，以致我们的税法理论难以指导我国的税法实践。其中最突出的表现是，一方面我国的税收立法被大规模地运用于经济干预目的，另一方面我国的税法理论却没有给以充分的论证和说明。中国税法学在借鉴吸收先进税法理论、追踪世界税法理论前沿时，如果只是孤立考察某些理论命题或某些具体制度，将很难认清现代税法制度构造及理论构造的全貌，更谈不上突破与创新。

我国税法理论不仅需要借鉴和吸收既有理论，更需要理论突破。实际上，发达国家或地区的税法理论不一定是普世真理，相反有其既定的理论前提：税法不过是宪法价值秩序得以具体化的方式。而在发达国家的宪政框架中，人的主体性或者人的自由和人格尊严具有终极的意义，具有高于其他一切价值的价值，基本人权保障因此而成为现代宪政的核心价值，是全部宪法构造的最终目标。这是其宪政框架中的意识形态色彩。在这种理论前提下，其税法理论自然在本体论意义上探讨税收正义问题，包括税收法定原则这种形式正义原理，以及税收公平原则这种实质正义原理，因为正义问题源自主体间性这一道德命令或理性命令，是体现于主体间相互关系中的主体性。既然在现代税法的理论构造中，人的主体性、人的自由和人格尊严才具有终极的意义，税法中的其他价值如效率（现代税法经济干预目的的价值追求）就被视为形而下的和技术性的，被等同于现代税法中的工具理性而非价值理性，从而刻意压抑甚至拒斥。这实际上反映了较为保守的传统法治思想对现代税法的效率价值和经济干预目的的偏见。虽然人的权利和自由对于个人生活和整个社会的运行都至关重要，但实际上人的主体性、人的权利和自由只是被近现代主体哲学特别是启蒙思想家赋予了终极的意义或本体论意义，并非天然地或本质上具有高于其他价值的地位，人类社会追求的诸价值之间并不存在一个等级排序。此外，正如不能从外部给权利强加任何功利目的一样，基于对人的主体性、人的权利和自由的高度尊重，要求一种形式化的法律调整机制，法律只规定形式性的权利互动机制，本身并不追求任何特定目的。这是法律中的形式理性，形式理性之法被称为形式法。应当承认，正义问题对形式法是重要的，应当成为形式法的根本原理。因为正义存在于主体间，而形式法主要涉及主体互动（表现为权利互动）的形式。问题是，税法从一开始就是实质法而不是形式法，全部税法规范和制度都有自身所要实现的特定目的，包括基本的财政目的和各种经济干预目的。对实质法而言，形式理性是不够的。实质法要求一种实质理性或者工具理性，表现为手段对目的的有效性。实质理性要求工具性地看待税法规则和制度，全部税法规则和制度都要接受合目的性检验。实质理性是税法中的技术性原理。税法作为实质法，技术性原理必然发生作用。然而在发达税法理论体系中，几乎完全在本体论意义上讨论税收正义问题，刻意压抑或拒斥税法中的技术性原理。这种理论上的厚此薄彼难免人为扭曲税法理论，并使税法理论复杂难解。例如实质课税原本是税法中的技术性原理，但在发达国家税法理论构造中被强行赋予税收正义色彩，认为实质课税原则是从税收公平原则中引申出来的，以至于关于实质课税的论述让人有些捉摸不透。

上述分析试图表明，发达国家的税法理论构造也可能存在自身的局限和偏见。仅仅在本体论意义上分析税收正义问题，有可能影响我们对现代税法整体构造的认识。例如现代税收程序法的构造就有很强的技术性，是在课税信息严重不对称的前提下阐明课税事实的客观需要促成了现代税收程序法的产生。带着寻求突破的想法，本书选择了"现代税法的构造论"这一题目。其目的首先在于对现代税法整体制度构造的全面解读，弄清各项税法制度之间的逻辑联系。更重要的是，试图说明现代税法制度构造形成的原因及其发展趋势。这需要揭示支撑现代税法制度构造的基本原理。由于税法的实质法特质，税法中不仅有公理性原理，还有技术性原理。公理性原理代表税法中的价值理性，技术性原理代表税法中的工具理性。技术性原理体现手段对目的的有效性，要求一种结构功能分析，旨在揭示制度之间在功能上的联系。这里只需要指出制度间的功能上的联系即可，并非对特定税法制度的全面分析，不能取代专门的、完整的制度分析。例如只需要指明具有避免国际双重征税功能的各种制度安排即可，而无须详尽解释每一制度的内容及其对避免国际双重征税的意义。公理性原理要求一种逻辑思辨和逻辑演绎的方法，揭示税法规则和制度间的价值关联。在传统法律思想中，公理性原理具有本体论意义。法律是理性的，不管这种理性是价值理性还是工具理性。考虑到后现代哲学或后现代思潮对（绝对）理性主义的解构，文中无意赋予税法理性以绝对性。这种立场有些冒犯发达税法理论的基本立场，但却为现代税法的效率价值和经济干预目的开辟了道路，也给税法理论构造中的技术性原理留下了一席之地。同样，税法中的技术性原理或者工具理性也不具有绝对性，不能赋予税法正当性，因此应经过公理性原理的过滤，技术性的实质课税原理应受到公理性的税收法定原则的适当限制。对于本书的写作，还有几点需要说明。首先，分析的重点将集中于税收实体法和税收程序法，不包括税收救济程序、税收刑法、国际税法等内容。其次，本书首要的写作目的是全面解读现代税法的制度构造，只是为了说明其成因及发展趋势，才深入制度背后的基本原理。这些基本原理，包括技术性原理和公理性原理，对现代税法的制度构造具有决定性意义。但本书只是从基本原理角度审视现代税法的制度构造，并非单纯探讨这些基本原理，因此只需要指出这些基本原理之间的冲突与平衡对现代税法制度构造的影响即可，而不需要提出最终的解决办法。最后，本书分析的对象是现代税法的整个制度构造，目的是阐明现代税法的制度结构和制度体系，实质上只是对现代税法制度构造的个人解读。事实上，对于现代税法的制度构造，全部的税法教材和税法理论著述都有其自己的解读，因此尽管本书的写作在体例安排上与税法教材存在某些类似之处，但这无损于本书的写作价值。问题不在于形式上的体例安排，而在于是否有特定的解读立场和解读结果。

第一章

现代税法的社会基础和观念基础

一、现代税法的社会基础

如果把农业社会的税收制度称作古代税制，那么现代税法就是指现代工业时代的税收法律制度。古代税制以农业社会为基础，现代税法则建立在工业社会基础之上。二者从整体制度构造到观念基础都存在重大差异。

中国古代的税收制度并不随着朝代的更迭而彻底改变，相反常常力求保持税制的连续性，例如汉代沿袭秦制，唐初的"租庸调制"是魏晋的租调制的发展，中唐的"两税法"则成为以后各代税收制度的基础，到明万历年间实行"一条鞭法"也只不过是对"两税法"的修正，最后到清康熙年间实行"摊丁入亩"，才使由"两税法"奠定的税制基本框架发生重大改变，人头税完全融入土地税收中。这种税收制度的相对稳定性给我们分析农业社会税收制度的基本特征提供了方便。中国夏、商、周各自实行的贡、助、彻法，因年代久远而史料不详，但至迟到春秋战国时期，中国古代的税收制度便形成了其基本的制度结构：按田亩征收的粮食（税或租或田租）、按人口征收的手工产品（赋或口赋）、按人口征收的劳役（兵役和徭役）。其中田租和口赋，多数时候征收实物，包括满足统治者生存所需的粮食和满足统治者其他需求的手工产品，但有时也可以折算为金钱。按人口征收的手工产品和按人口征收的劳役，在制度上虽独立并行，但因都按人口征收，常一起被视为人头税。中国古代的整体税收制度构造，可以唐初的"租庸调制"例示。唐《赋役令》规定，凡男女始生为黄，四岁为小，十六岁为中，二十有一为丁，六十为老。丁年十八以上授田一顷，内

八十亩为口分，年老还官。二十亩为永业。授田者丁岁输粟二担，谓之
"租"。丁随乡所出，岁输绫、绢、绝各二丈，布加五之一。输绫、绢、绝
者兼绵三两，输布者麻三斤，谓之"调"。用人之力，岁二十日，闰加五
日。不役者日为绢三尺，谓之"庸"。有事加役二十五日者，免调；加役
三十日者，租、调皆免。通正役不过五十日。① 其中的租即地租，税田而
非税人，其中的调，则属人头税，即按人口征收的手工产品，劳役折征实
物则为庸。农业社会的税收制度，在历史的较早时期，土地税收与人头税
并重。其后的一个基本趋势是，人头税不断并入土地税收中直至完全被土
地税收取代。在中国，从春秋战国时的"初税亩"到唐初的"租庸调制"，
税制中的三分结构还非常清楚。中唐实行"两税法"，开始了将人头税并
入土地税收的努力，明朝的"一条鞭法"是这一努力的继续，直到清朝实
行"摊丁入亩"才终告完成。

在农业社会，经济活动以农业生产为主，属于自给自足的自然经济，
土地是重要的生产资料和主要的财富，土地的产出成为最重要的税源，因
此土地税收成为税收制度的核心。虽然从现代观念看，税收本质上是一种
无对待给付，与作为对价的地租不同，但在"普天之下莫非王土"的观念
下，当时的土地税收时常被直接称作由土地的占有使用者上缴给统治者的
地租。称为地租，还有一层含义，那就是纳税人是地主而非租种土地的农
民（佃农）。当然这是对私田而言，如果是公田的话，地租的纳税人将是
公田的租种者。我国历史上的地租的课税标准一般是土地的面积，实行按
亩定额征收。考虑到土地的贫瘠而分上田、下田等不同种类，并按不同的
定额征收。不少人认为地租是对土地收益征税，但与现代意义上的所得税
明显不同，例如通常按亩定额征收而不是按实际产量征收，因此把地租看
作财产税更准确。总之，地租作为封建税制的重要部分，是对土地拥有者
（租种公田者例外）而非对全体居民普遍征收的税收，无田的农民不用缴
税。我国春秋战国时期把土地税收称为税，征收实物。其后秦、汉、魏晋
直至唐初一直把对土地课税称为租、田租或地租，如唐初的"租庸调制"，

---

① （后晋）刘昫等撰．旧唐书：卷48［M］//钱穆．国史大纲．北京：商务印书馆，
1996：407．

其中的"租"就是指对土地所课之税收。欧洲中世纪的税收制度也以地租为核心。① 这可以从亚当·斯密的论述中得到佐证。亚当·斯密在其《国富论》中把对土地的课税分为两类,其一是地租税即加在土地地租上的赋税,并明确指出地主是其纳税人②;其二是不与地租成比例而与土地生产物成比例的赋税,这类税收的纳税人虽然是租种土地的农民,但农民会要求从支付给地主的租额中扣除相应的数额,因此"这种税,起先虽由农民垫支,结果仍由地主付出"。③ 值得说明的是,亚当·斯密的《国富论》出版于1776年,当时英国虽经工业革命,但真正的现代税制尚未建立(作为典型现代税制的所得税制直到二十年后的1799年才诞生,增值税制度则更晚),其税制处于从旧的税收制度向现代税收制度过渡时期,土地税制特别是地租仍具重要意义。在日本,直到德川时代,税制中最重要的仍是地租④。以通过变法、建立现代制度为目的的"明治维新",尽管对地租进行了现代改造,赋予地租以现代内涵,如以地价取代收获量作为课税标准、以现金取代实物缴纳、以地主取代耕作者为纳税义务人,并借由税制改革在日本历史上首次实现了土地的私人所有,但还是保留了地租这一旧制度的形式⑤。"明治维新"的初期,废除并整顿了前近现代的税收制度,为税制向近现代税制的发展做好了准备。不过这时地租占财政收入的比率仍高达80%,"这种地租中心主义的税制意味着政府主要通过农业部门的剩余价值来获得财政收入"。⑥ 总之,地租这种农业税收是古代税制的重要支柱。与商品经济、货币经济不发达相适应,农业税收通常采用实物缴纳。收取的实物是指由耕地产出的粮食,最初的目的是满足统治者生存所需,如官吏的俸禄等。在我国,公元前594年鲁国实行"初税亩",向

---

① 张怡. 税法 [M]. 北京:清华大学出版社,2007:85.
② [英] 亚当·斯密. 国民财富的性质和原因的研究:下卷 [M]. 郭大力,等译. 北京:商务印书馆,1996:387.
③ [英] 亚当·斯密. 国民财富的性质和原因的研究:下卷 [M]. 郭大力,等译. 北京:商务印书馆,1996:395.
④ [日] 金子宏. 日本税法 [M]. 战宪斌,等译. 北京:法律出版社,2004:31.
⑤ [日] 金子宏. 日本税法 [M]. 战宪斌,等译. 北京:法律出版社,2004:32.
⑥ [日] 金子宏. 日本税法 [M]. 战宪斌,等译. 北京:法律出版社,2004:33.

一切田亩征收实物。汉代初期实行轻徭薄赋，虽将力役之征转化为货币收入，但对田亩仍征收实物。唐初实行"租庸调制"，除力役外全部征收实物。唐德宗建中元年（780），宰相杨炎实行"两税法"，被认为是我国两千年赋税制度变迁的一个分水岭，标志着税收从实物税到货币税的转折点①，但从史料上看，地税中部分需要以实物缴纳，而户税虽规定以货币缴纳，但不久就允许以实物缴纳。

古代税制的另一个特点是人头税的存在。农业社会，受生产力发展水平所限，社会财富的种类不多，主要是土地和农作物的产出。对田亩征收的税收不能满足战乱频繁的军费所需，按人口征收人头税具有重要意义。《汉书·刑法志》记载，殷、周"有税有赋，税以足食，赋以足兵"，这表明中国古代税制中的赋，一开始就是为了满足军事所需，到春秋战国时期按丁口征收，演变为人头税。按人头征收的赋，区别于按田亩征收的租或税，故有田租口赋之说。赋与租的另一重要区别在于，租所征收的是土地直接产物（粮食），而赋则征收手工产品，不是仅对小手工业者征收而是普遍征收。实质意义上的人头税包括按人口征收的劳役以及按人口征收的实物（手工产品）或金钱，但这里的赋和这里所说的人头税仅指后者。到汉代，所征人头税仍称为赋，其特点是征收货币而非实物，具体内容是：口赋，民年七至十四岁，无论男女，出钱二十；算赋，凡十五岁以上的男女，人为一算，每年出钱一百二十；更赋，男子凡年二十三至五十六者，或服役，或出钱免役②。可见，除更赋是力役或其替代制度外，口赋与算赋均属人头税性质。唐初实行"租庸调制"，其中的"调"就是按丁口征收的人头税。按人头征收的实物或货币，最初可能是为了满足军事所需，但后来实际上是为了满足统治者对维持生命所需粮食以外的其他物资的需求。这些物资不是土地的直接产出，而是以土地产出为原料经加工而成的手工产品。如"租庸调制"中的调，要求缴纳绫、绢、绝、布等。到明代，需要缴纳的实物种类更多、范围更广，其一是地方政府办公用品，如笔墨、纸、油、木炭、蜡等；其二是军需用品，如剑、弓、箭、棉服等；

---

① 张怡. 税法［M］. 北京：清华大学出版社，2007：82.
② 程念祺. 国家力量与中国经济的历史变迁［M］. 北京：新星出版社，2006：100.

其三是宫廷供给,如茶叶、蜡、颜料、漆等①。直到清康熙五十一年(1712)实行"摊丁入亩",将丁银摊入田亩征收,并规定自康熙五十年之后,滋生人丁,永不加赋,才最终完成从人头税到财产税的转变。在人类社会早期,剩余产品不多,社会财富分布相对均衡,征收人头税不会带来太多不公平感。但随着生产力的发展,剩余产品的增多,财富分布相对集中时,人头税则会带来很强的不公平感,这是人头税最终被取代的根由。但人头税征收较为简便,所以亚当·斯密说:"征收人头税,所费有限。如果严格厉行,那会对于国家提供一项极确定的收入。就因为这个缘故,不把低级人民安逸、舒适及安全放在眼中的国家,人头税极其普通。"②

古代税制的另一个特点是不仅占有私人的财产,而且占有私人的劳动,这就是劳役,包括兵役和徭役,被认为是古代税收制度的重要组成部分。如日本德川时代,税制中就包括了劳役税,而且分为多种③。我国春秋战国早期,实行"井田制",土地被以"井"字划分为九块,中间一块为公田,周围八块为私田,必须先耕种公田,然后才能耕种私田。这种通过占有劳动取得实物的税收制度,是较原始的税收制度。至鲁国实行"初税亩"时,公田、私田之分已被废除,但劳役成为税制的独立组成部分,其目的是为满足国家兴建公共工程或军事活动等所需。我国战国时期已经确立了赋、税(地租)、劳役的三元赋税制度结构,并成为后世中国长期沿用的赋税体系④。此后服劳役一直成为人民对国家必须履行的基本义务。有时,劳役负担远比税、赋负担为重,如秦大兴土木(修阿房宫和长城),滥征劳役,致政权崩溃。吸取教训的汉代实行轻徭薄赋,休养生息,劳役负担较轻,并且征收货币,而不用实际服役。唐初实行"租庸调制",规定用人之力,岁二十日,闰加五日;不役者日为绢三尺,谓之庸;有事加役二十五日者,免调;加役三十日者,租、调皆免;通正役不过五十日。

---

① 黄仁宇. 十六世纪明代中国之财政税收 [M]. 阿风, 等译. 北京:生活·读书·新知三联书店, 2001:37.
② [英] 亚当·斯密. 国民财富的性质和原因的研究:下卷 [M]. 郭大力, 等译. 北京:商务印书馆, 1996:430.
③ [日] 金子宏. 日本税法 [M]. 战宪斌, 等译. 北京:法律出版社, 2004:31.
④ 张怡. 税法 [M]. 北京:清华大学出版社, 2007:80.

每丁每年的服役日数为二十日，遇闰年增加五日，国家虽可以根据情况增加服役天数，但相应免去其他负担，并且正役的天数最长不超过五十日。总的说来，唐初的劳役已经相当确定。唐初的"租庸调制"以丁即人口为单位分配各项负担，特别是其中的租不按田亩而按人口分配，之所以没有引起严重的不公平，是因为唐初沿袭了北魏以来的"均田制"即平均分配土地的制度。但到了唐朝中期，由于土地兼并、安史之乱等原因，原来相对均衡的土地占有状态被打破，"租庸调制"难以为继。唐德宗建中元年（780），宰相杨炎推行"两税法"。两税法对旧税制的改革是重大的，相当于重构了税收制度。首先是名义上不再按预先规定的固定税额征税，而是按国家每年的开支大小摊派税收负担。只是摊派的项目及数额均依以前某个年度为基准，可根据情况加派，税制的基本部分还是相对稳定的。分派税负到地方政府，然后分派到户，户既是分派的单位，也是最终的纳税单位，这不同于"租庸调制"下以丁为纳税单位的做法。分派到户的纳税负担包括两部分：地税和户税。地税应该是以前的租和杂役的合并，以各户所拥有的田亩数为依据按田亩分派，无田户则无地税义务。户税负担应当是包括了以前的调和正役负担，所有的纳税户都负担户税，但并非所有的纳税户平均分担，而是根据一户的丁数和拥有的产业（当时的财产主要是土地），把所有的户划分为上、中、下三等，等级高的户税负担相对较重，因而户税的征收具有累进制的意义。由于户税负担既不是单纯按财产分配，也不是单纯按人口分配，因此既不是人头税也不是财产税，而是两者的结合①。换句话说，以前按人口负担的实物和劳役，不再单纯按人口为基准，也要考虑其财产状况，因此两税法在中国税制上的重要意义是，首次试图将人头税并入财产税中。自此税（田租）与赋的界线逐步接近，史界也把明代对田亩征收的税收称为田赋。尽管如此，劳役仍是税制中相对独立部分。两税法的纳税期分夏秋两季，并由此得名。其中的户税本来要求以货币缴纳，但不久便改以实物和劳役。两税法的基本制度沿袭了几代，到明代，劳役的具体形式可以说五花八门，国家政权的运作很大程度

---

① 黄仁宇. 十六世纪明代中国之财政税收［M］. 阿风，等译. 北京：生活·读书·新知三联书店，2001：38.

上要依赖这些劳役。"正役包括力役，诸如为各级部门提供仆役，从县一直到中央政府。除去先前提到的门子、弓兵、信使、轿夫外，还有膳夫、吹喇叭手、挽船的洪夫、巡捕、狱卒、马夫、库子、闸夫以及书算手等，无论什么地方需要，都要从民众中金派"。① 在明代，税收的征收以及所缴纳实物的解运除运往京城的漕粮外，多由纳税户（按某种方式组织起来）负责。为便于税收管理和劳役的分派，明代对所有的人户登记造册，上呈中央政府的称为"黄册"。大多数人户被分为四类：民户、军户、匠户和灶户（指盐业生产的人户）。分籍管理的目的是确保军队补给与政府差役的完成。国家要求每一类户提供专门的服务。还有一些人户没有单独分籍，统称为"杂户"，也有相应服役义务，如猎户必须每年向国家上缴一定数量的动物皮毛，乐户有义务无偿演出，管理藩王菜园的户被称作"园户"，宫女则从"女户"中金派②。大户（大土地所有者）逃避劳役，沉重的劳役负担落到底层农民的头上，本来兼按财产和人口为标准分配的税收变得更接近按人口征收，税制的公平性成为问题。明万历年间推行"一条鞭法"，原本是想将所有的人头税并入田亩之中，但实际上只是将折算成货币的劳役负担的约三分之二并入田赋中。另三分之一，加上原先除田赋以外征收的实物一起，变成了人头税，不再以户为纳税单位。这部分人头税常可折银，称为丁银。由海瑞等人力主的"一条鞭法"，是人头税向财产税转化的又一次努力，但最终没有完成。到清康熙年间实行"摊丁入亩"，才真正在税制中废除人头税。

总之，农业社会税收制度结构的形成，明显与农业社会的经济活动以农业生产为主、商品经济不发达这样的社会现实有关，并可从这种社会现实得到合理解释。在农业社会较早时期的税收制度中，按田亩征收的租（粮食）、按人口征收的实物（手工产品）和按人口征收的劳役这种三分结构非常清晰，财产税（租或税）与人头税（赋和役）并立。由于当时对土

---

① 黄仁宇. 十六世纪明代中国之财政税收［M］. 阿风，等译. 北京：生活·读书·新知三联书店，2001：37.

② 黄仁宇. 十六世纪明代中国之财政税收［M］. 阿风，等译. 北京：生活·读书·新知三联书店，2001：35－36.

地的开发利用不足、农业生产力水平不高，土地的产出有限，通过按田亩征收的地租，换句话说，通过占有土地的直接产出即粮食，不足以满足统治者的全部需要。而在当时社会，除了耕种土地有余的剩余劳动力外，基本上不存在可供征税的其他税源，于是直接占有劳动力就成为可行的选择。一定程度上讲，早期社会，劳役成为独立的税收形态具有必然性。不仅如此，劳役在人类社会较早时期也可以说具有充分利用劳动力资源、发挥剩余劳动力作用的积极意义，并不完全是统治者横征暴敛的本性所致。统治者另一大项需求，即对手工产品的需求，并不能通过占有粮食和劳动而得到满足，因此存在另一种独立的税收形态，早期称为赋，实际上指国家征收的除土地直接产出物之外的实物（或对应的货币），只能是一些手工产品如绢、布、弓箭等。虽然手工产品的原材料多由土地产出，但手工制作与农业生产一样，是独立种类的经济活动，因此国家占有手工产品，按人口征收而不按田亩征收具有相对合理性，例如自己无地而租种他人土地者，也承担一定义务。总之，在农业社会较早时期，由于土地的开发不足、土地的利用效率不高，既按田亩征收土地税收，又按人口征收实物和劳役，是税收制度的现实选择，也具有相对合理性，当然这种相对合理性部分建立在土地占有相对均衡如北魏唐初推行的"均田制"等基础上。当土地兼并导致土地的集中度较高时，按人口征收的实物（手工产品）和劳役的合理性就相应降低。这就是中唐改革税制、推行"两税法"、意图将人头税（实物和劳役）并入土地税收中的动因。这种改革不能一步到位，是因为土地的开发利用程度和产出水平还不足以满足整个国家的财政需要。一直到农业社会后期，农业生产力有了较大提高，才能最终完成人头税向财产税的转换。有必要说明的是，中国古代税制中，按人口征收的实物和劳役，通常其课税基本单位是丁。丁在唐以前常不分男女但适当考虑年龄，丁女的人头税负担要低于丁男并且一般无劳役义务。丁自中唐实行"两税法"起则主要指成年男子，因此中国古代的人头税并非纯粹的人头税。

　　在农业社会，不论是土地税收，还是按人口征收的实物和劳役，在历史的不同时期，常被要求以货币缴纳或折算成货币缴纳。货币缴纳意着，纳税人必须将其土地耕作或手工生产的收获拿到市场出售以换取所需货币。但农耕社会，生产活动以满足自己需要为主，商品交易不发达。大量农产品上市交易，易引起物价波动和社会不稳定，是有着重农抑商思想的统治者所不愿看到的。农业社会的税收制度中，货币缴纳不可能完全取代实物缴纳和实际服役。在农业社会，税收制度中所规定的正税（含正役）负担并不沉重，仁政思想也不允许统治者过度征敛。但封建贵族和地方势力的巧取豪夺，导致名目繁多的杂税杂役，如日本德川时代，"各种税的数量据说超过两千种①"。税收制度中没有正式的税收程序制度和处罚制度，纳税人不时面临勒索和严厉处罚。这是农业社会人民实际负担较重的原因。由于商品经济和商品交易不发达，工商税收在整个农业社会历史中都不是税制的主流。根本原因是，农业社会除简单的手工产品外，基本不存在大工业生产，工业品的种类和范围十分有限。尽管汉代对工商业者全部财物征收"算缗钱"，但在农业社会，统治者重农抑商，对于重要工业产品如盐铁等实行专卖制度，即由国家垄断经营，一方面维持这些重要物资的价格以稳定民生，另一方面获取垄断利润、增加财政收入。即使到了农业社会后期的明代，工商税收入也很有限，只能归入杂项收入中，尽管明代的工商税收种类也不少，其中有在内陆交通水道征收的船钞和商税（大体相当于对远程运输货物在国境内设卡征收过境关税，有抑止贸易的作用），有对短途贩卖的货物征收的商税，有对进口货物征收的番舶抽分，有对街道两旁永久店铺征收的门摊税，有对国家专卖的酿酒业征课的酒醋税，有对房地契征课的契税，有对造船原料征课的竹木抽分，有对采矿业征课的矿银等②。

从农业社会的税收制度向现代工业社会税收制度转变的基本表现是，随着工业化发展进程，工商税收越来越重要，由税制的边缘走向核心，土地税收则沿着相反方向变化，最终土地税收经现代改造后，完全不同于农业社会的土地税收，对土地收益的课税变为所得税，对作为财产的土地本

---

① ［日］金子宏. 日本税法［M］. 战宪斌，等译. 北京：法律出版社，2004：31.

② 黄仁宇. 十六世纪明代中国之财政税收［M］. 阿风，等译. 北京：生活·读书·新知三联书店，2001：300 - 318.

身的课税则变为现代财产税。当这一过程完成，就是现代税收制度体系建立之时。这一过程不是很短的时间内可以完成的。例如英国作为工业化最早的国家，也是到1799年才诞生所得税这种典型的现代税收制度。日本从明治维新变革旧的封建税制，到二战后标志现代税收制度得以建立的"肖普税制"的实施，其间也经历了不短时间。中国从清末所谓的变法图强开始，税收制度就逐步向现代制度转变。直到20世纪末，中国的工业化仍未完成。进入21世纪后，我国取消按产量课征、代表农业社会税收形态的农业税，我国的现代税收制度体系才得以基本建立。因此，取消农业税只是必然发生的从旧的农业社会税收制度向现代税收制度的转变。

现代工业社会不同于农业社会的一个重要方面是，机器大生产取代了小手工生产，工业产品的种类和数量在前所未有地增长。社会财富的多样化直接颠覆土地作为主要社会财富的观念，成为税收制度的重心从土地转向其他方面的社会基础。在工业社会，在市场经济前提下，生产活动不再是为了满足自己的需要而是为了满足他人和社会的需要，经济活动的目的仅仅是追求利润最大化。出售商品或劳务，赚取利润即一种货币收入，不仅使经济交易的规模空前壮大，而且整个经济带有明显的货币经济特征。这种社会现实对税收制度的发展产生了重大的影响。首先，货币经济使得国家占有实物和劳役成为不必要。国家只需取得货币，就可以从市场上购买到所需的物资和劳动，实物税和劳役被货币税取代是必然的。而在自给自足的自然经济时代，市场规模较小，市场中交易的货物种类和数量都有限，国家即使取得足够的货币，也不太可能在市场上购买到全部所需，不得不直接占有实物和劳动。农业社会的税收不可能完全被货币税取代。在工业社会，经济活动的唯一目的或主要目的是追求利润最大化。这种最大化的利润表现为一种货币收入，一种所得，既是现代社会财富增长的源泉，也是现代社会重要的税源，所得税（income tax）制度由此得以建立并居于税收制度的核心。所得税制度是典型的现代税收制度，农业社会不可能产生所得税制度，因为对于主要为满足自己所需的农业生产而言，所得是一个抽象的、难以理解的概念。因此，所得税制度直到1799年才在工业化最早的英国诞生，既是偶然的，也是必然的。说它是偶然的，是因为英国当初是为了应付战争所需而临时开征所得税，准备到战争结束便予取消。说它是必然的，是因为当工业化发展到一定程度时，必然产生所得税制度，这是由工业社会、市场经济等社会现实决定的。正因为如此，所得税制度一经诞生，不仅没被英国取消，反而被许多国家相继采行。作为工业化时代的税收制度，所得税在我国整个封建时期都不存在（有人认为我国古代的地租因为对土地收益征税而具有所得税性质，但地租通常按田亩定额征收而不是按实际地租数量征收，与现代基于成本核算基础上的净利征收所得税不可同日而语），到民国政府时期才开始引进所得税制度。我国所得税制度的建立和发展，基本上与我国的社会现实相适应。在中国，"辛亥革命"是建立现代制度，走向现代社会的开始，此后工商业有了较大的发展。但整个20世纪，中国仍然是个农业社会，工业化程度仍然有限，这种社会现实决定了所得税等现代税收没能完全取代农业税收。作为典型现代税收制度的所得税制度，通常在制度结构上被分为企业所得税和个人所得税两部分。在我国，不仅所得税制度起步晚，个人所得税的发展更是滞后于企业所得税。新中国成立之初，虽然具有税收基本法性质的《全国税政实施要则》规定了薪给报酬所得税，但实际并未开征。新中国成立到改革开放三十年时间，个人的收入水平都非常有限，仅有的一点收入维持基本生存都困难，没有多余的钱用于纳税，不具有开征个人所得税的社会基础，税制中也没有个人所得税。只是随着改革开放和我国经济的持续发展，个人收入开始超过维持基本生存所需，初步具备了开征个人所得税的社会基础。不过到目前为止，个人所得税在我国税制中的重要性也不高，其地位受到个人收入水平的限制。

参与市场交易，出售商品或劳务，取得收入，是市场主体实现最大化利润即所得的基本手段。所得的实现有赖于市场的存在和交易自由。这样，自由贸易取代重农抑商成为现代社会的精神特征。由于经济活动之利润最大化目的只能通过交易才能实现，因此在现代社会，经济交易的规模和数量都有了极大的发展。所得可以说是现代经济活动或者经济交易的财务成果。现代税收制度常常把课税的重心从最终的所得前置到交易环节。这样，在巨量交易规模的背景下，课于交易环节的税收（流转税、消费税、销售税、货物税或商品税收等，除特别指出的外，以下依我国学界的习惯以流转税指代）就成为现代税法的整体制度构造中的另一个重要组成部分。早在农业社会时代，由于存在简单的商品交换，交易（流通）环节的税收早就存在。不过，在农业社会仅仅作为杂税的工商税收，到了现代工业社会经现代改造后，发生了较大变化并成为现代税制中的主体部分。这种课于交易环节的税收及其现代发展大体上可以从三个方面加以说明。

其一是对进口货物征收的关税性质的税收和对国内长途贩卖货物设卡征收的过境关税性质的税收，这类税收通常不分货物种类而按货物的价值征收。这类税收发展到现代，演变为普遍征收的关税（tariff, customs duty），而境内设卡征税因有碍自由贸易而被废止。那么在现代社会，对进口货物普遍征收的关税为什么不因抵触自由贸易而废止呢？首先，各国通常不对直接供出口的货物征税（免税），已经征收的税则在货物出口时退还给纳税人即实行出口退税，这样出口货物得以不含税价格参与国际市场竞争，其实质是货物出口国放弃对出口货物的税收管辖权，而货物进口国对进口货物则可以像国内市场销售的货物一样征收流转税。其次，当今的国际贸易制度（WTO）对明显抵触自由贸易精神的保护关税有严格的规制，发展中国家运用保护关税手段保护国内民族产业受到限制。但 WTO 对财政目收入目的的关税即财政关税似乎并无限制，以致财政关税在 WTO 法律框架中可以合法存在。这样，一国对进口货物既征收关税，又像对国内销售货物一样征收增值税、消费税等其他商品税收。由于关税与国内流转税具有相同性质，与国内销售货物只征收国内流转税相比，进口货物不仅征收国内流转税，而且征收关税，应当是一种重复征税。这种重复征税会加大进口货物的成本，不利于进口货物与国内销售货物平等竞争，阻碍国际经济交易的自由进行。从实质上看，关税包括财政关税和保护关税与在国内设卡征收的过境关税没有什么不同，其存在的合理性是有疑问的，我们认为从长远看，关税制度特别是财政关税制度应当取消。这种趋势从互免关税的自由贸易区在全球范围内被大力推动的现状可以看出端倪。

其二是对短途贩卖货物即流通中的货物所课征的税收，这些货物最初只是简单的农产品和手工产品，到我国明代和清代都称为商税。以后随着工业化的发展，交易货物的种类和数量都迅猛增长，发展到现代演变为普遍征收的增值税（value – added tax，VAT），其特征是课税范围包括所有的货物（和劳务），很少有例外，且实行多环节征收。增值税是在传统流转税的基础上加以改进而开征的一种新型流转税。传统流转税因按货物的销售收入全额计税而存在重大弊端：对商品价值中属于生产资料转移价值部分存在重复征税的现象，而且随着流转环节越多，重复征税现象越严重。在传统流转税制度下，货物的生产方式不同，其税负相差很大。如果纳税人采用所需原材料都自己生产加工这种"大而全"的落后生产方式，相比所有原材料都从市场购买的现代专业化协作生产方式，由于使用的原材料未在市场销售、不用缴税因而其产品的最终税负要轻很多。可见，传统流转税不仅因不同产品税负不均影响产品间的公平竞争，而且还在鼓励"大而全"这种落后的生产方式而不是相反的专业化协作生产方式。在农业社会，有着重农抑商思想的统治者并不关心多环节、按货物的销售收入全额征税对市场交易的发展所具有的阻碍作用。在工业化的早期，传统流转税的内在缺陷逐步被人们所认识。增值税的现代性就表现在，克服了传统流转税重复征税的弊端，货物的相对税负水平不会因流转环节的增加而增加，不再对市场交易的发展产生阻碍作用，符合贸易自由的现代精神。自1954 年法国首先实行增值税制度后，增值税制度就成为现代税收制度的重要组成部分。从传统流转税到现代增值税的改进，仍然是由市场经济要求的交易自由、公平竞争这种社会现实决定的。

其三是对单项货物在生产环节（有时包括批发环节）征收，如中外各国征收的盐税、茶税、酒税、烟叶税、糖税等。到工业化初期，这类税收被称为货物税（excise tax），课税货物的范围常常不再限于单项货物而是基于某种目的刻意选择的几类货物。这类税收的基本特征是实行单环节征收，中央税在生产环节征收，而地方税则常对同一税源在批发环节征收。这些税收在现代税制中得以保留，但其征收目的发生根本变化，以前是财政收入目的，现代则多半出于经济干预目的。例如我国对国内销售的货物在普遍征收增值税的基础上，再选择特定消费品征收一次消费税，其目的就在于矫正收入分配不公以及经济活动所产生的负的外部性等。普遍征收

的增值税只是财政目的税，而特别消费税则是经济干预目的税，这是一般
消费税与特别消费税不构成重复征税的重要理由。

　　总之，现代流转税的制度结构大体上包括关税、普遍征收的增值税
（日本称一般消费税）和对特定货物征收的货物税（特别消费税）。但各国
间表现出不一致，使得税制的国际比较呈现出诸多差异。欧盟各国开征增
值税，课税范围原则上包括所有的货物和劳务。美国则没有增值税①，联
邦税制的重心是所得税。流转税通常是间接税，但在美国，还存在一种销
售税（sale tax），在零售环节征收，属于直接消费税②。在我国全面"营
改增"完成之前，服务性行业不适用增值税制度，而是按传统流转税的做
法征收营业税。有的国家对特种消费行为征税，如日本的高尔夫球场使用
税、入浴税等。

　　所得税和增值税是典型的现代税收。所得税几乎在所有国家征收。除
美国以外的所有 OECD 国家和大多数发展中国家与转型国家均开征增值
税。估计不用太久，所有国家都会采用增值税③。在现代税收制度结构中，
除了对公司、个人的所得征收所得税，对商品和劳务征收流转税外，还对
财产征收财产税。在现代社会，工业化带来的高度生产力，从动产、不动
产到财产权利，财产的种类和数量都有了极大的增长。由于种种原因，如
税收成本、宪法对财产权的保障、社会对资本积累的客观需要（要求课税
不能损及资本）等，现代财产税通常不实行普遍征税原则，即不对纳税人
的包括动产、不动产及财产权利在内的全部财产征税，通常只对纳税人的
不动产和车船等少数动产征税。这可以说是现代各国财产税制度的共同特
征，但存在某些例外，比如许多国家征收的遗产税和赠与税，遗产税当然
是对死者的全部财产征税。现代各国的财产税制度，在课税范围上较为一
致，但具体税种上则有不同的名称。如我国征收房产税、车船税、契税

---

　①　财政部税收制度国际比较课题组．美国税制［M］．北京：中国财政经济出版社，
　　　2000：23.
　②　财政部税收制度国际比较课题组．美国税制［M］．北京：中国财政经济出版社，
　　　2000：263－265.
　③　［美］维克多·瑟仁伊．比较税法［M］．丁一，译．北京：北京大学出版社，
　　　2006：309.

等，而日本则征收地价税、固定资产税、自动车（汽车）税等①，美国的财产税就叫财产税，基本上是地方税（美国的地方政府指除联邦和州政府外的一级政府)②。

在现代税收制度的整体构造中，所得税、流转税（特别是增值税）居于税收制度的核心。财产税由于不实行普遍征税原则，重要性相对较低，位于税收制度的边缘，开征财产税主要是为地方政府开辟财源。同样为开辟地方财源，现代各国还开征一些其他税收，如印花税、资源税、使用牌照税、吨税等，很难归入某一类税收。

对比农业社会的税制结构和现代工业社会的税制结构，可以清楚地看到，从农业社会的税收制度到工业社会的税收制度，出现了颠覆性的变化，两者几乎没有可比性。引起这种改变的原因，只能归于社会现实发生的巨大变化，即税收制度的社会基础发生了根本改变。

社会的发展变化，改变的不仅仅是税收的制度结构，还有税收制度的目的。在农业社会，财政目的即满足整个国家财政所需是税收制度的唯一目的。现代税收制度除财政目的外，还有其他许多目的，其中最主要的是现代税法的经济干预目的。市场经济的实践表明，市场机制不是万能的，存在着市场失灵现象。通过税法上的制度安排，可以在一定程度上矫正某些市场失灵现象。这就是现代税法的经济干预目的，这些经济干预目的对现代税法的整体制度构造产生了深刻的影响。例如现代社会实行市场经济，市场经济的一个伴随现象是宏观经济周期性波动。宏观经济不稳定会带来许多社会经济问题，而其矫正要求国家干预即国家的宏观调控。这样，税收成为宏观调控的重要工具。宏观调控重要的税法机制之一是税收特别措施。如我国台湾地区，最初为促进经济增长，制定了作为税收特别措施法的《奖励投资条例》。当台湾地区经济发展到一定阶段后，宏观调控的方向由促进投资转向结构调整，于是制定了《促进产业升级条例》。《奖励投资条例》和《促进产业升级条例》都是税收法规，属于税收特别

---

① ［日］金子宏. 日本税法［M］. 战宪斌，等译. 北京：法律出版社，2004：11.
② 财政部税收制度国际比较课题组. 美国税制［M］. 北京：中国财政经济出版社，2000：296-297.

措施法，其内容涉及很多税种。中国大陆似乎在重复台湾地区的做法。从改革开放以来，通过给予外商投资企业巨大的所得税优惠和其他税收优惠，吸引外资，促进经济增长。进入新世纪后，经济已经发展到相当规模，于是修改企业所得税制，将税收优惠的重点从投资者身份改为高新技术产业等，以促进产业的升级换代。日本也制定有《税收特别措施法》，其中的部分内容属于宏观调控措施。日本为了促进中小企业的发展，在其法人税法（日本的法人税实际是企业所得税）和消费税法（日本的消费税实际是增值税）中都降低中小企业的适用税率。美国税法中也有对中小企业和软件产品的税收优惠规定。此外，日、德等国开征的地价税，不仅仅是财政目的的财产税，其最主要的目的是增加土地持有（保有）者的税收负担，以抑制土地投机，防止房地产业的泡沫化，稳定宏观经济，因此地价税的调控目的非常明显。许多国家实行累进税率制度，利用保护关税保护本国民族产业，通过出口退税制度发展对外贸易，开征资源税促进自然资源的合理开发利用，所有这些都具有调控的意义。现代税法超出财政目的的另一个表现，是运用税收手段实施财富再分配等社会政策。开征社会保险税，开征遗产税和赠与税，在个人所得税和一些财产税中实行累进税率，对社会弱势群体减免税收等，都体现了再分配目的。在现代税法中，为了鼓励文化产业、医疗服务业和其他公益事业的发展，通常有相应的税收优惠规定。现代税法在运用税收手段实现社会目的方面的最新发展值得关注，这些最新发展通常包括运用税收手段促进资源的合理开发利用，利用税收手段实现环境政策和能源政策。现代的资源税可以追溯到古代的矿税，古代的矿税以财政目的为主，现代的资源税则带有促进资源的合理开发利用的目的。美国、中国大陆等许多国家都开征资源税。以我国的资源税为例，我国开征资源税的主要目的之一是，将因资源的开采条件的不同而形成的级差收入归国家所有。同样，我国开征土地增值税的目的也在于将土地所生的级差收入归国家所有。总之，我国开征资源税、土地增值税、城镇土地使用税、耕地占用税，目的是促进自然资源和土地资源的合理开发利用。台湾地区"宪法"第 143 条第 3 项规定："土地价值非因施以劳力资本而增加者，应由国家征收土地增值税，归人民共享之。"① 可见，台湾地区的土地增值税的主要目的也是实施土地政策、促进土地的合理开发利用。包括发达国家和发展中国家在内的许多国家，通常在对商品和劳务普遍征收增值税的基础上，另选择若干特定货物征税。这类税收通常单环节征收（生产环节或批发环节），可针对单项货物征收，如烟税、酒税、石油税等；也可以一税而对若干货物征收，如我国的消费税，某些国家的货物税等。这类特别消费税的开征，通常出于特定目的，否则将会因重复征税而受到质疑。特别消费税的目的随经济发展阶段而有所不同。在工业化、市场经济发展的较早时期即大多数发展中国家，特别消费税主要是对高档消费品和奢侈品征收，以实现税负公平或抑制某些消费品的消费。由于高档消费品和奢侈品的具体种类随经济的发展而变化，因此课税物品的范围也在变化，如家用电器曾被认为是高档消费品，但很快就变为日常用品，我国的（特别）消费税曾将护肤护发品作为奢侈品征税，但不久就因已成为日常用品而被排除于课税范围之外，代之以实木地板等新的高档消费品。市场经济在实现资源的配置效率的同时，往往以牺牲环境为代价，并且对能源特别是不可再生能源的过度消费严重影响整个经济的可持续发展能力，因此发达国家的特别消费税主要是针对高能耗、高污染产品如汽油、柴油征收，主要目的是通过征税矫正市场主体之行为所生之外部性，使外部成本内部化，或者实现使用者付费原则（汽油、柴油的消费不仅产生污染，而且伴随道路等公共设施的使用）。这一目的的最新发展就是发达国家拟开征的炭税。总之，现代税法的经济干预目的尽管表现出多样性，但主要源自市场失灵这一社会现实。

相对于古代税制，现代税法的另一个发展是税收程序法的出现。重实体轻程序是古代法制的一个普遍现象，但它不是古代税制中欠缺税收程序制度的根本原因。在农业社会，生产力水平不高，社会财富的种类和数量都非常有限，除农业产品和一些手工产品外，没有可供选择的更多税源，统治者通过按田亩课征的粮食和按人口课征的手工产品尚不能满足整个国

---

① 葛克昌. 所得税与宪法 [M]. 北京：北京大学出版社，2004：9.

家财政所需，不得不直接占有劳动即课征劳役。土地税收、人头税和劳役一直是农业社会税收制度的支柱，它们出自两个税源：土地和人口（劳动力）。土地和人口通常都有登记资料，农业社会的统治者仅依登记资料监控税源，实行逐户上门征税是可行的。除非登记信息不真实，即使不存在制度化的税收程序，也不会产生太大的不便，例如纳税人的应纳税额容易确定，纳税人偷逃税收的可能性很低。当然在农业社会，也存在土地的丈量、人口的统计以及土地和人口的登记程序，但严格来说，它们不是单纯的税收制度。到了现代社会，不再课征人头税，课税基础事实已经从人口和对不动产的占有发展到各种所得以及各种交易行为。各种所得和各种交易行为通常没有相应的登记制度，从而税收行政机关失去了通过登记资料监控税源、确定纳税人的应纳税额的可能性。但纳税人对自己应纳税的情况却十分清楚。税收行政机关与纳税人间所存在的信息严重不对称现象引发了税收实现方式的重大变革，即由税收行政机关逐户上门征税到纳税人自行申报纳税。这样，就需要一种专门的税收程序，在这种程序中实现税收行政机关和纳税人的良好互动，以阐明事实、确定税额和实现税收，其前提是在程序中设定作为信息优势方的纳税人的信息提供义务如纳税申报义务等。可见，现代社会税收程序制度的产生仍然是由有关课税基础事实的信息在征税机关与纳税人间的不对称分布的社会现实所决定的。

总之，工业生产、市场经济的基本社会现实决定了现代税收实体法的基本架构，市场失灵及其制度矫正的需要决定了现代税法经济干预目的的产生，进而对现代税法的制度构造产生了深刻影响，课税信息不对称则引起了现代税收程序法的产生。

二、现代税法的观念基础

制度的建立不能离开现实的社会基础。同时，制度也是基于某些观念而刻意建构起来的。这是解读现代税法的制度构造所应有的立场。很明显，现代税法是在现代观念支配下建立起来的，例如没有所得的观念就不可能有所得税制度。现代社会的现代性不仅表现在机器化大生产取代手工生产上，更多的是表现在现代观念上。

支撑现代税法的观念首先是经济学思想。人类各种行为的经济意义是由经济学阐明的。农业社会只有零散的经济思想，没有系统的经济理论。近现代的经济思想所关注的一个核心问题是：什么是社会的真实财富？怎样才能有效增加社会财富？重商主义的回答是，货币（黄金白银）是社会的真正财富，应当通过鼓励出口、限制进口来增加黄金白银的数量即增加一国的财富总量，这是富国强民之道。重商主义的错误遭到了古典经济学派代表人物亚当·斯密的强烈批判。亚当·斯密分析了货币的起源及其效用①，认为货币只是交换的媒介，参与交换的劳动产品包括享受人生的必需品、便利品和娱乐品才是社会的真正财富②。这里的劳动产品应当包括了商品和劳务。亚当·斯密认为，社会财富是由劳动创造的，因为只有劳动才创造价值，劳动是衡量一切商品交换价值的真实尺度③。劳动是社会财富的源泉，但劳动所创造的价值并不体现在全部劳动成果即由劳动生产出来的商品和劳务上，因为在劳动中要垫支原材料等，劳动所创造的价值只是表现在劳动对原材料所增加的价值上④，即由劳动所新创造的价值上。亚当·斯密分析了商品的价格构成，认为商品价格中包含了工资、利润和地租这三个部分，"在进步社会，这三者都或多或少地成为绝大部分商品价格的组成部分"。⑤ 在亚当·斯密的理论体系中，劳动是社会财富的源泉，劳动所创造的价值体现在工资、地租、利润三者上。一个大国全体居民的总收入，包含他们土地和劳动的全部产物。在总收入中减去维持固定资本和流动资本的费用，其余留供居民自由使用的便是纯收入。这里的纯收入，实际上就是一种所得。国民真实财富的大小，不取决于其总收入的

---

① ［英］亚当·斯密. 国民财富的性质和原因的研究：上卷［M］. 郭大力，等译. 北京：商务印书馆，1996：20 – 25.

② ［英］亚当·斯密. 国民财富的性质和原因的研究：上卷［M］. 郭大力，等译. 北京：商务印书馆，1996：26.

③ ［英］亚当·斯密. 国民财富的性质和原因的研究：上卷［M］. 郭大力，等译. 北京：商务印书馆，1996：26.

④ ［英］亚当·斯密. 国民财富的性质和原因的研究：上卷［M］. 郭大力，等译. 北京：商务印书馆，1996：60.

⑤ ［英］亚当·斯密. 国民财富的性质和原因的研究：上卷［M］. 郭大力，等译. 北京：商务印书馆，1996：45.

大小，而取决于其纯收入的大小①。亚当·斯密回答了社会财富的性质和源泉，那么进一步的问题是，怎样才能有效地增加社会财富？亚当·斯密的结论是，劳动分工和分工基础上的自由竞争，换句话说，由市场配置资源，实行市场经济。生产要素包括土地、劳动和资本，每一项生产要素的所有者都有权利参与生产成果的分配，地主取得地租，工人取得工资，资本所有者取得利润。市场经济中，每一个人都是"理性经济人"，都在追求自身利益最大化。"每个人改善自身境况的一致的、经常的、不断的努力是社会财富、国民财富以及私人财富所赖以产生的重大因素"。②

亚当·斯密是现代经济学的奠基者，其理论成果至今仍是认识经济现象、进行经济分析的基本工具。经济学的基本观念对现代税法的制度构造产生了重大影响。例如实质课税原则是现代税法的重要原理之一，而实质课税原则的基本含义之一是指税法解释应当考虑税法文字的经济意义，这里所谓的经济意义当然是由经济学所赋予的。从这一意义上讲，实质课税原则具有使经济学理论经由税法解释而在税法的运行中发挥作用的意义，换句话说，实质课税原则给经济学理论进入现代税法提供了一个管道。税法理论中一直存在的税收中性原则或竞争中立原则，其目的就在于维护经济学所倡导的自由竞争。按照税收中性原则，国家征税应平等对待所有纳税人，避免对市场机制的干扰从而牺牲市场效率，不因征税而改变各自的竞争地位。此外，毫无疑问，现代税法在相当程度上建立在经济学理论成果的基础上。例如所得税制度在现代税法的制度构造中居于核心地位，实际上全部所得税制度都建立在所得这一概念基础上，而所得这一概念则完全来自经济学，并非生活中的简单观念。现代的所得税法正是按照经济学所阐明的所得的含义界定所得并展开其制度建构的。如前文所述，符合经济学理想的所得，是指一个社会一段时间内新创造的价值，是社会财富的源泉。所得不同于财产，不是指社会财富的存量，而是指社会财富的增

---

① [英] 亚当·斯密. 国民财富的性质和原因的研究：上卷 [M]. 郭大力，等译. 北京：商务印书馆，1996：262.

② [英] 亚当·斯密. 国民财富的性质和原因的研究：上卷 [M]. 郭大力，等译. 北京：商务印书馆，1996：315.

量，或者指一种财富流量。所得具体表现为劳动者的工资、资本的利润和土地的地租。从经济学的理想定义看，所得可以表现为其他形式和种类如利息等，但都来自工资、利润和地租这三个源泉。不同的人就其各自的所得纳税，如企业就其实现的利润缴纳企业所得税，个人就其工资所得等缴纳个人所得税。这里以企业所得税为例，看看现代所得税法是如何根据经济学的理论构筑其复杂的所得税制度的。从原理上讲，赚取利润是全部企业行为的唯一或主要目的，作为企业所得税课税对象的企业利润，是指企业在一定期间（一个纳税年度）内所实现的全部收入，扣除为取得这些收入而垫支的各种费用（成本、费用、损失及各种税金）后的余额。企业的收入包括主营业务收入、其他业务收入及营业外收入等。总之，不管是与业务有关的收入如销售货物或提供劳务的收入，还是投资收入，或非营业收入，都要计入企业的总收入之中。企业为了取得收入，要使用机器、厂房等固定资产和原材料、水电气等流动资产，这部分属于企业为取得收入而必须垫付的成本，不构成企业的利润，应当在计算利润时从总收入中扣除。在这些成本项目中，除原材料、水电气等支出服务于一次性收入因而可以从一个纳税年度的总收入中全部扣除外，企业经营活动中使用的固定资产、无形资产在其取得时虽然需要一次性支出，但由于将服务于多个纳税年度，并在多个生产周期中逐步消耗，因而不能从一个纳税年度的总收入中扣除，而应当通过折旧或摊销的方式分期分批地从多个纳税年度的各自的总收入中扣除。在计算企业的年度利润时，还应当扣除为实现收入而支付的财务费用、销售费用、管理费用等费用以及经营期间发生的损失和支付的各种税金。成本、费用、损失和税金都有许多项目，这是所得税制度复杂化的原因之一。还有其他一些原因也导致所得税制度的复杂化。如收入和成本、费用的期间归属问题。在不同时间以不同价格购买的同种原材料，在企业的生产经营活动中被持续使用，那么本纳税年度所使用的原材料应当以什么价格计入成本中从而在计算本纳税年度的利润时从总收入中扣除呢？这里没有绝对正确的办法，会计实践中形成了先进先出法（first in first out）、后进先出法（last in first out）、移动平均法、加权平均法等多种方法。此外，固定资产的折旧、无形资产的摊销涉及的问题也较多。例如首先需要明确可以计提折旧的固定资产的范围，如闲置不用的固定资产不允许计提折旧，其次是需要明确各类不同的固定资产的折旧年限，最后是折旧的方法，如平均年限法、工作量法等。总之，按照经济学所阐明的资本所得即企业利润的原理，所得税法将非常复杂。现代企业所得税法为避免过于复杂，不得不依赖于会计制度。这样，企业所得税法只需确认符合会计制度的会计核算方法在所得税法上的效力，并相应调整会计制度中不符合所得税制度要求的做法即可。大陆法系国家的所得税法都依赖会计制度，但美国等英美国家的所得税法独立于财务会计规则，这是其所得税法非常复杂的重要原因之一①（这种分野缘于英美国家的财务会计规则是由民间制定的，属于行业惯例性质。而大陆国家的财务会计规则是由国家根据商法的规定制定的，具有法律效力）。除所得税外，作为现代税法主要组成部分的增值税制度实际上也建立在经济理论的基础上。增值税在性质上属于一般消费税，是在传统流转税的基础上加以改进而开征的一种新型流转税。传统流转税按销售商品或劳务的销售收入全额计税，并且多环节征收，不可避免地会产生对产品价值中属于生产资料（生产经营中所使用的固定资产和流动资产）转移价值部分的重复征税现象。为了克服传统流转税所存在的重复征税弊端，增值税不再按销售收入全额而改按增值额征税。作为增值税课税对象的增值额显然是一个经济学概念，其计算需要从全部销售收入中扣除为取得收入而使用的生产资料的转移价值。理论上的增值额要准确计算很难，这意味着按增值额的经济学含义构造的增值税（所谓的直接计算法增值税）制度将非常复杂。同样为避免过于复杂，各国增值税制度通常不采用直接计算法，而采用间接计算法，即首先依传统流转税按销售收入全额和适用税率计算出一个税额（中国大陆、台湾地区称销项税额，日本称销售税额），然后再从中减去为生产应税货物和提供应税劳务而外购的生产资料（固定资产和流动资产）上已经承担的增值税税负（中国大陆和台湾地区、日本都称为进项税额），即通过销项税额减进项税额、两个税额相抵扣的办法间接地实现只对增值额征

---

① ［美］维克多·瑟仁伊.比较税法［M］.丁一，译.北京：北京大学出版社，2006：18.

税的目的。由于进项税额通常是增值税发票上记载的税额，容易确定，因此间接计算法增值税简化了增值税制度，但不能因此否认整个增值税制度是建立在经济学理论之上的这一事实。

当然，现代经济学在亚当·斯密理论的基础上也有了很大的发展。例如，亚当·斯密基本上是市场万能的信奉者，主张实行自由放任的经济政策，反对国家对经济生活的任何形式的干预，而现代经济学特别是凯恩斯主义经济学的重大成果之一就是市场失灵理论。按照市场失灵理论，市场并非万能，市场有着自身的缺陷和不足，存在着市场失灵现象。市场失灵是市场本身所不能克服的，必须通过强制性的制度安排即通过国家干预进行矫正。市场失灵有两种基本含义。其一是存在某些使市场机制不能充分发挥作用的障碍因素，包括垄断、外部性、信息不对称、交易费用的存在等。垄断对竞争的抑制已为人们充分认识。外部性指市场主体的市场行为带给（强加给）他人和社会的一些好的或者不好的后果，因此外部性分为正的外部性和负的外部性。正的外部性意味着他人或社会无偿地从市场主体的行为中获得利益，医疗、教育、文化、卫生、体育等行业之所以是公益事业，就是因为其行为具有强度不等的正的外部性。正的外部性同时也意味着行为人没有获得其行为所生之全部利益，这将损害行为人的积极性。因此对于正的外部性，需要国家的支持和补助，例如税收优惠，甚至由国家直接从事相应活动。这是我国以及各国普遍对公益事业进行税收优惠的重要原因。负的外部性指市场主体强加给他人或社会一些不好的后果，最典型的例子就是环境污染。负的外部性意味着行为人没有承担其行为的全部成本，因此产生负的外部性的产品如果由私人在市场上提供，将导致供应过度，这是市场失灵的表现。矫正负的外部性的方式有多种，其中之一是税收手段，这就是庇古税的实质。现代各国在普遍征收增值税的基础上，再选择汽油、柴油、煤、天然气等产生污染的产品征收特别消费税，加重其税收负担，其精神实质就在于运用税收手段矫正负的外部性，使外部成本内部化。信息不对称和交易费用的矫正通常采用税收以外的手段，与现代税法的制度构造的关系不大，这里略去不谈。市场失灵的第二种含义是，即使不存在障碍市场机制充分发挥作用的各种因素，经济学所假定的完全竞争市场现实存在，市场经济的结果也不理想，表现在两个方面，一是宏观经济周期性波动，二是收入分配不公。国家为反经济周期而采取的行动就是国家的宏观调控活动。宏观调控需要综合运用财政货币手段，但税收是国家宏观调控可供选择的重要手段。同样，税收也是国家实现收入、财富再分配的重要工具。宏观调控和再分配的要求已经对现代税法的制度构造产生了重大影响，这方面需要专门分析。作为临时关税的反倾销税、反补贴税实际上成了国际贸易中反不正当竞争的手段，从中也可以看出经济学思想对现代税法的制度构造的重大影响。

　　近现代哲学思想及法治思想是现代税法的制度构造的直接思想基础。近现代哲学以人文主义和理性主义为核心。人文主义主要来自近现代主体哲学。鉴于封建神权思想对人性的窒息和压抑，经过思想家们的启蒙，人们认识到，人是目的而不是手段。人有资格对构成我们环境的周围的万事万物（客体）主张一种优越地位，因为我们不仅仅在大自然的绝对命令裹挟下的洪流中随波逐流，我们还有能力认识自然，并按照适合我们目的的方式改造自然。这就是人的主体性问题。人的主体性指人的自主性、自为性和主观能动性等，以后发展到主体间性。人的主体性着眼于单个的个体，其提出的要求是无条件的、绝对的，强调主体对客体的支配和决定意义，强调人对客观世界的征服和构造作用。主体间性指在人与人的相互关系中考察人的主体性，人的主体性不应在相互关系中被消解，因而必须将他人作为同样的主体看待，而不能把他人作为客体，这样，人的主体性就不是绝对的、无限的。对人的主体性的强调，对人的价值和人格尊严的高度尊重，这种人文精神，反映在法治思想中，就是对人的自由和权利的强调。法律权利实际上就是对人的主体地位的肯定和确认，因为如果人在法律上只承担义务而不享有任何权利的话，其主体性就被完全消解而成为法律支配的客体，人与周围的万事万物在法律上的地位就没有任何区别。法律权利就像一个堡垒，划定了就连法律也不能随意干涉的个人自主空间，在这个堡垒之内，完全听由权利主体意思自治，以确保人的主体性和主体地位。为了保障人的自由和权利即人权，需要实行法治，由此产生了现代法治思想，人权保障则被认为是现代宪政和法治的核心价值。法治指法律支配下的社会状态，这里的法律指社会成员通过其代表表达出来的意志。法治意味着立法者制定法律决定社会问题，行政和司法则严格限于对法律的执行和适用，任何个人和组织都受法律支配并在法律之下活动。法律应当制定得很严密，不能给当事人留下任何自由裁量空间，否则就有违法治精神。因此，尽管法律的要素包括了原则、规则和概念，但严格意义上的法治指形式上的规则之治，而不是指法律原则之治，法律规则具有极大的权威，法治就意味着规则至上。尽管法律可能是为某种目的制定出来的，但法治只关注规则的形式，而不过问规则的内容。正如拉德布鲁赫所说，立法者将法律规范作为达到目的的工具，对法官而言法律规范则是目的本身①，纯粹因为其自身的存在而被适用。这种法治思想是现代税法的重要思想基础，其具体表现就是税收法律主义成为现代税法的基本原则并在现代税法的制度构造中产生重大影响。

法治思想本身倾向于关注规则的形式，而不关注规则的内容或目的。但由于人权保障被认为是现代宪政和法治的核心价值，因此现代法治思想就要求通过法律确认个人的权利和自由，并保障其不被非法剥夺。法律权利划定了不受外部干涉的个人自主空间，确保了人的主体性。个人作为权利主体，可以自主决定自己的事务，安排自己的生活，除非基于自己的意愿，他人和社会不得干涉。正如人的主体性不能被功利主义理解一样，法律权利也不能做任何目的论解释，不能从外部给权利强加功利目的，权利的实际意义完全由权利主体自主决定。可见，法律权利或人权，作为现代宪政和法治的核心价值，作为法律调整的目标，只是形式性的。为了维护个人的权利和自由，法律不能追求任何特定目的，任何目的都应当由权利主体自主决定。法律只提供一个权利互动的程序机制，通过这种程序机制，保证参与者能够实现各自的目的。这样，法律调整只能是形式化的，这种形式化的法律调整机制可以大体描述为，法律先划定各种私人权利和

---

①　[德] 拉德布鲁赫. 法学导论 [M]. 米健，等译. 北京：中国大百科全书出版社，1997：100.

公共权力，这是法律调整的（逻辑）起点。然后提供一个权利互动的机制，这种权利互动的法律机制就是所谓的法律行为。法律行为是一种程序结构，通过这种程序结构，保证参与者能够在相互关系中实现各自的目的以及常常是相互对立的利益。法律行为是保证权利主体的意志或目的能够实现的法律机制，具体表现为在参与者间创设、变更或消灭一定的权利义务关系即法律关系。权利互动的结果是法律关系，即一种新的权利安排（义务只是权利的保障）。这种新的权利安排通过追究法律责任的方式由法律保证实现，因此权利是法律调整的终点。权利既是法律调整的起点，又是法律调整的终点，因此权利甚至被法理学当作法学的基石范畴①。这种权利互动的法律机制之所以是形式性的，是因为本身没有预设任何结果，一切结果都出自参与者。由于这种形式化的法律调整机制即权利互动机制的最终目的仅在于保证参与者的意志能够实现，因此意思要素成为法律行为这种权利互动机制的唯一要素，行为的主体资格也仅仅受意志能力的限制，意思自治成为（私法）基本原则。形式化的法律调整机制服务于保障个人权利和自由的法治思想。提供这种形式化的法律调整机制的法律被马克斯·韦伯称为形式理性的法，以区别于实现特定目标的实质理性的法②。工业化之初，基于对人的主体性的张扬，法治思想要求私人权利最大化，公权力最小化。公权力来自私权利的让渡，他们之间有此消彼长的关系。为了维护社会成员的共同利益，通过让渡一部分私人权利而形成的公共权力应当限制在最小的范围内，仅限于建立国防、维护治安并为此而征收税收等方面。为了最大限度地张扬人（个体）的主体性，必须以严密的法律规则控制公共权力的运行，以保证私人权利不遭受公权力的不当侵害。税收法律主义既是这种法治思想的体现，也推动了这种法治思想。不少税法学者希望把这种以人权保障为核心价值的形式法治思想原封不动地适用于现代税法，这也成为现代税法理论构造的基本特征。问题是，税法从一开始就是实质法，全部税法规则和制度都有其直接目标，包括基本的财政目

---

① 张文显. 法学基本范畴研究［M］. 北京：中国政法大学出版社，1993：13.

② ［德］马克斯·韦伯. 论经济与社会中的法律［M］. 张乃根，译. 北京：中国大百科全书出版社，1998：25.

的和各种经济干预目的。形式法治思想适用于作为实质法的税法，不可避免地会带来现代税法理论构造中的深刻裂痕。例如，纳税人被称作纳税主体，但纳税人主要承担义务，较少享受权利，其主体性难以彰显。更重要的是，现代税法常常借助私法的法律形式界定课税对象，这就产生了对税法中使用的私法概念，是否应当按照与其在私法中相同的含义进行解释的问题，这一问题正是现代税法理论构造（理论体系）中的实质课税原则所涉及的实质性问题。私法的目的在于保证私人当事人的意志和目的得以实现，而不管其目的到底是什么。但税收（至少财政目的税）立法有一个直接目的，即实现财政收入。立法目的不同，就应当允许法律解释上有所差异。

现代哲学思想的另一个精神内核就是理性主义。本文把理性理解为人的一种能力，一种认识能力，指能够识别、判断、评估实际理由以及使人的行为符合特定目的等方面的智能。理性主义通常认为，人类可以根据一些基本原则如康德的"绝对命令"推理出其余知识，但也承认有一部分人类知识要从经验获得。按照现代法治思想，法治是指法律支配下的社会状态，法律具有极大的权威。法律的权威则来自理性。由于法律是调整人的外部行为的，与纯粹的认识活动不同，因此康德把法律与实践理性联系。与自然法则不同，实践理性的法则是道德法则①。自然法则是必然法则，而道德法则为应然法则，即应当这样行动但客观上可以不这样行动。按照康德的观点，理性为自己立法。康德把实践理性概括为一条基本法则，即康德的"绝对命令"："在一切情况之下，我必须这样行动，让我同时能够决意使我的准则成为一条普遍的规律。"② 主体德性的获得，需要克服自然冲动，听从绝对命令的召唤和指示。绝对命令的实质就是理性加于行动的限制，对主体而言就是一种义务。康德甚至把义务与主体性联系。"人，是主体，他有能力承担加于他的行为。因此道德的人格不是别的，它是受

---

① ［德］康德. 法的形而上学原理：权利的科学［M］. 沈叔平，译. 北京：商务印书馆，1997：14.

② ［加拿大］约翰·华特生编选. 康德哲学原著选读［M］. 韦卓民，译. 武汉：华中师范大学出版社，2000：189.

到道德法则约束的一个有理性的人的自由"。① 康德正是从义务中推出其权利体系的②。康德的绝对命令似乎是极端反主体性的，但按照康德的说法，绝对命令是自我心中的道德律，因此听从绝对命令的指示正是主体性的显示。

康德以实践理性论证了其权利体系。马克斯·韦伯把法律理性分为形式合理性与实质合理性。按照马克斯·莱因斯坦的解释，言其合理性，是指有基本规则，不管形式合理性还是实质合理性，都有基本规则。但规则的内容则有差异，可能是形式的，也可能是实质的，因此根据规则的内容把规则本身分为形式合理性的与实质合理性的③。韦伯实际上是用形式合理性与实质合理性概念描述现代（一般意义上的近现代）法律在内容上所具有的基本特征，形式合理性的法实际上指自由资本主义时期以维护个人最大程度自由为指向的法，之所以是形式的，是因为法律没有自己的特定目标、法律调整机制是形式性的，通过这种形式化的法律调整机制保证参与者各自的目的得以实现，而不管当事人的目的到底是什么。这种形式化的法律调整机制已在前文做过简单描述。韦伯所谓的法律的实质合理性，指全部法律规则按目的合理性的方式被构造出来并服务于一个最终目标。韦伯用实质合理性来描述当时法律中已经出现的法律实质化的倾向，这种倾向直到福利国家或干预国家兴起后才表现得非常明显，因此后来哈贝马斯直接用自由主义形式法和福利国家（干预主义）实质法④来指称韦伯所说的形式理性法与实质理性法。由于马克斯·莱因斯坦认为，韦伯所说的"逻辑形式合理性"实际上就是现代法哲学中为人熟悉的"概念法

---

① ［德］康德. 法的形而上学原理：权利的科学［M］. 沈叔平，译. 北京：商务印书馆，1997：26.

② ［德］康德：《法的形而上学原理：权利的科学》，沈叔平，译，北京：商务印书馆，1997：34.

③ ［德］马克斯·韦伯. 论经济与社会中的法律［M］. 张乃根，译. 北京：中国大百科全书出版社，1998：25.

④ ［德］哈贝马斯. 在事实与规范之间：关于法律和民主法治国的商谈理论［M］. 童世骏，译. 北京：生活·读书·新知三联书店，2003：241.

哲学"，① 这引起了对韦伯的形式合理性的不同理解，即法律的概念和规则体系（与法律的内容无关）中所体现出来的合理性。这样，形式合理性所对应的就是法治思想本身所要求的规则的形式性，而不是自由主义即反干预主义的社会理想。例如当代的税法理论通常把税收法律主义当作形式合理性在税法中的体现，即税法中的形式原理，或税法的形式法特征。不过税收法律主义只是法治思想本身的体现，法治即意味着形式上的规则之治，法治只关注规则本身，而不关注规则的内容，也就是不过问规则的内容是自由主义的还是干预主义的，也不过问全部法律规则是否服务于一个实质目标。实际上韦伯认为存在基本规则就是合理的，只有根据规则的内容才能区分这种合理性是形式的合理性还是实质的合理性，因此韦伯的形式合理性并非指法律规则的形式性。很明显，税（至少财政目的税）法的全部法律规则都服务于一个基本目标，即财政收入，因此税法根本不是形式理性法而是实质理性法，或者用哈贝马斯的话说，税法不是形式法，而是实质法。之所以强调这一点，是因为税法的实质法特征在税法的理论构造中有着深沉的重要性。既然税法的全部规则和制度都是按目的合理性的方式被构造的，那么在规则之外始终有一个目的在指导着规则本身，规则的解释就应当按照合目的的方式进行，这就是税法理论中的实质课税原理（原则）所提出的根本问题。换句话说，理性主义所要求的税法的合理性不会从一开始就是形式合理性，而只能是实质合理性。这种结论在方法论上的暗示意义是，税法理论不能一味追随传统法学方法。例如权利义务、法律行为、法律关系、法律责任等法学诸范畴作为思维模式或法学范式，实质上是服务于自由主义形式法的，这在前文对形式化的法律调整机制的简单描述中已得到说明。对形式法而言，由于法律没有自己特定的目的，法律规则就是一切，法学诸范畴作为认识工具能够完成任务。但对实质法而言，由于法律追求特定目标，法律规则本身并不代表一切，全部法律规则都要接受合目的性检验，

---

① ［德］马克斯·韦伯. 论经济与社会中的法律［M］. 张乃根，译. 北京：中国大百科全书出版社，1998：24.

因此在实质法的理论构造中，法学诸范畴即使有用，也只是被工具化地使用，并没有完成认识任务。对实质法如税收经济法而言，认识工作即理论的更大任务不是基于法学诸范畴的思考，而是运用经济学、社会学等理论对法律所欲实现的实质目标的合理性的论证，然后检验作为手段的规则和制度对该目的的有效性。这正是福利国家或干预主义实质法与自由主义形式法在方法论上的差异。

理性主义要求法律必须是理性的，但问题是什么样的理性。康德的实践理性表现在法律中，就是权利的普遍法则："外在地要这样去行动：你的意志的自由行使，根据一条普遍法则，能够和其他所有人的自由并存。"① 康德在他的绝对命令中明确表示不考虑任何动机和目的，因此其权利的普遍法则仅仅是在主体的相互关系中为使各自的自由能够并存而加诸自由（权利）的必要限制。放在主体性的语境下，就是主体间性这一道德命令对主体性提出的要求。限制自由的理由只能是自由本身而不能是别的（例如任何功利目标）。康德的实践理性，即康德的权利的普遍法则，只提出了对个体权利的最低程度的限制，与韦伯的形式理性所表达的维护最大程度的个人权利的社会理想是一样的。通常，道德被认为是理性对主体间的相互关系提出的要求，这其实就是正义问题，是道德哲学或伦理学的主题。但问题是包括平等在内的正义的诸原则对个人自由的限制可能超出维护个人最大程度自由的必要限度，因此出现了道德与法律的分离，法律中的理性只包含最低程度的道德命令，目的是为个人自由开辟道路。正因如此，许多人推崇韦伯的形式理性、康德的权利的普遍法则（实践理性在法律中的表现），而贬抑韦伯的实质理性或哈贝马斯的目的合理性。其目的是维护个人自由的社会理想而不是法治理想，因为不管是形式理性的法还是目的合理性的法，都是有基本规则的，只是规则的内容指向不同。法的形式理性只需对个人自由的最低限制，而法的实质理性则需要更多地限制个人自由以实现法律所追求的实质目标，如税法通过限制财产自由以实现财政收入，这是许多人具有法的形式理性优于法的实质理性的预定立场的

---

① ［德］康德. 法的形而上学原理：权利的科学［M］. 沈叔平，译. 北京：商务印书馆，1997：41.

根本理由。不幸的是，税法在本质上正是实质法或者实质理性之法，税法的全部规则和制度都是为了实现某种实质目标而不是直接确保个人自由。税法的这些实质目标包括最基本的财政收入目的、调控宏观经济维护宏观经济稳定的目的、实现财富再分配的目的以及矫正外部性的目的等。目的合理性或工具理性，被认为是价值中立的。如果目的合理性只考虑手段对目的的有效性，而不问所要实现的目标为何，则可以说目的合理性是价值中立的。但目的本身恰恰是价值权衡和选择的结果，如税收经济法所要实现的稳定宏观经济、实现财富再分配、矫正外部性等目标，正是福利国家或干预主义的体现，因此不能说是价值中立的。随着福利国家或干预主义的兴起，法律的实质化非常明显，法律中的目的合理性或工具理性在增加，而形式理性则在退让，许多人不满这种现象，认为这引发了法治危机。就目的合理性而言，由于法律规则必须接受合目的性检验，始终有一个实质目标在指导着所有的规则，法律规则的权威性可能受到损害，因此法律的目的合理性确实存在背离法治的倾向。而在法的形式理性的关照下，社会问题主要交由个人意思自治，法律只提供一个形式化的权利互动的机制，而不需要去决定太多的问题，法律可以表现出极大的确定性，不需要到规则之外去寻求根据，因此法的形式理性比较亲近法治思想。但是实质上讲，法的目的合理性对法治的背离，法的形式合理性对法治的亲近，都只是可能，而不是必然。如果人的理性能力是无限的，能够完全认清手段对目的的意义（有效性），那么即使是实质理性之法，也可以制定得非常严密，法律所要实现的目的将完全消失在法律规则之中，而在法律的运行中失去意义。问题的根源不是哪种理性，而是理性本身，即人的理性能力是绝对的还是有限的。形式理性与实质理性的对立，表面上是法治与人治的对立，但本质上是自由主义和干预主义两种社会理想的对立。法治的危机不是实质理性的危机，而是理性主义的危机。

现代（近现代）哲学对人的主体性和理性的张扬既是现代性的标志，也是现代性危机的根源。对主体性和理性的过度张扬，表现在人与自然的关系上就是人类中心主义，表现在人与人的关系上就是个人主义或自我主义。现代主体哲学强调主体对客体的优越地位，造成主体与客体的尖锐对立。人对大自然的无限索取在不断地制造生态灾难，人类的生存环境不断地被破坏。对主体性的强调造就了一个宏大的自我，这个宏大的自我在理性主义的旗帜下，无限制地追求自身利益最大化，主体性笼罩在物质利益的阴影下，人被物化而认不清自我。近代理性主义对人的认识能力充满了信心，认为理性可以成为自身的主宰并为自身的发展开辟道路。根据这种理性主义的立场，人们如税收立法者可以认清社会问题如税收问题的所有细节并事先做出制度安排，这样的制度安排完美无缺而无遗漏。这正是北野宏久的税法理论构造试图以税收法律主义统制全部税收问题的基本哲学立场。但到了当今社会，理性主义对人的认识能力的看法被认为是过于乐观，哈耶克就认为（绝对）理性主义是一种致命的自负。自从理性主义被黑格尔推到顶峰后，思想界就出现了对（绝对）理性主义的普遍质疑，出现了各种后现代思潮。但后现代思潮在批判理性主义的同时所具有的破坏性也是有危险的，即滑向怀疑论的深渊。因此我们的理论要避免无所作为，就不能完全放弃理性，只是要看到人的理性的有限性。哲学在实现语言学转向后，也没有完全抛弃理性，因为语言被理解为理性之具体化的普遍媒介①。加达默尔关于偏见（前见）的观点表明，他决心承认理解活动无可怀疑的有限性和历史性②。哈贝马斯为重建法律中的理性，提出了交往理性概念，这是一种弱的理性概念。按照这种交往理性，只要法律是人们在公共领域充分沟通而达成的共识，法律就是理性的，而不管法律是否追求功利目标。交往理性为福利国家或干预主义实质法留下了空间。"在形而上学本体论同一之任何人为的幻想破灭后，现代理论的建构中已不可缺少这样一种防御机制：它既能防止理论自以为是的本体论化，又能防止理论毫无作为的虚无主义"。③ 很明显，现代理论构造的基本立场只能是相对合理性。就税法而言，现代税法的实践可以说已经走到了理论的前面。

---

① ［德］哈贝马斯. 在事实与规范之间：关于法律和民主法治国的商谈理论［M］. 童世骏，译. 北京：生活·读书·新知三联书店，2003：11.

② ［德］汉斯－格奥尔格·加达默尔. 哲学解释学［M］. 夏镇平，等译. 上海：上海译文出版社，2004：5.

③ 张志扬. 偶在论［M］. 上海：上海三联书店，2000：2.

例如税法在不断地被运用于干预经济的运行、实现经济社会目标，而我们的税法理论对这种实质意义上的税收经济法或社会法这种现代法现象视而不见，还停留在传统法律思维模式中，致力于具有形而上学意义的税收法律主义和税收公平主义的理性思辨。例如北野宏久试图以税收法律主义统制税收立法和税法理论，实质上是对已经被后现代思想解构的（绝对）理性主义的回归。

三、现代税法构造的整体解读

无论是历史上的纵向比较，还是各国间的横向比较，税收制度在制度结构或制度体系上都存在巨大差异。因此，全面解读现代税法的制度构造，仅仅实证方法和现状描述是不够的。必须深入现代税法制度体系的背后，去探索支撑现代税法制度构造的基本原理。当然，这里所需要的立场不是单纯探索基本原理本身，而是从基本原理看现代税法制度构造的形成和发展。

理性是构造现代税法理论和制度的根基。后现代思潮对理性主义的解构，在很大程度上是要追问理性的限度，承认人的理性能力的有限性，而不是要抛弃理性。税法中的理性具体表现为税法中的一些基本原理。这些基本原理可大体上划分为技术性原理与公理性原理两类。技术性原理代表税法中的工具理性，公理性原理代表税法中的价值理性。技术性原理源自税法的实质法特质。税法本质上是实质法，全部税法规则和制度都有其所要实现的实质目标。为了实现这些实质目标，就必须以目的合理性的方式构造税法的规则和制度。技术性原理作为现代税法中的工具理性，其评价基准是作为手段的税法规则对税收立法目的的有效性，而不是这些规则的价值相关性。技术性原理的技术性主要表现在判断的客观性即价值中立性。税法中的技术性原理决定了在税收立法目的既定的前提下，税法制度得以展开的方式。技术性原理仅仅涉及对（达到目的的）手段的合理选择问题，而不涉及目的本身，可以说是较严格意义上的科学判断，而不是价值衡量。目的本身的选择并非价值中立，而是价值衡量的结果，因此不是技术性问题。技术性原理是现代税法的重要原理之一，是解读现代税法的制度构造时不可忽略的。不过，技术性原理决定手段的有效性，但不能决定其正当性。例如，可以有多种手段达到同一目的，并且同样有效，如为了实现财政收入目的，可以选择这种或那种财产课税，而不管该财产对其拥有者的基本生存保障所具有的意义，甚至也可以选择对人课税而不管该人的财产多寡。因此，税法中的技术性原理必须经过公理性原理的过滤。支配现代税法的重要原理并不仅仅是这些技术性原理，还包括税收法定、税收公平、税收效率等公认的税法价值目标，这是税法中的公理性原理。税法中的公理性原理赋予税法正当性，其实质性意义在于从多种有效的手段中选择符合某种价值标准的手段。因此，可以把技术性原理看作税法中的底层原理，公理性原理建立在技术性原理之上。公理性原理作为税法中的价值理性，决定税法规则和制度的价值关联，与价值权衡和价值判断相联系。公理性原理，特别是有关税收正义的原理，被传统法律思想及深受其影响的当代税法理论赋予本体论的意义，其结果是税法中的技术性原理受到刻意压抑、拒斥甚至扭曲。

为了实现财政收入，在传统行政法和在税收债务法的框架内都可以达到目的。即仅就单纯的技术意义而言，税法的整体制度构造既可以建立在传统行政法观念基础上，也可以建立在税收债务法观念基础上。税收债务法观念的真正意义在于以更为平等的眼光看待国家与纳税人的关系，因此现代税法的理论构造倾向于税收债务法，是价值权衡的结果，并非由单纯技术性决定的。为了实现财政收入，必须通过税法按某种标准将税收负担强制性地在私人之间进行分配，这决定了纳税义务即税收债务的法定性，这是税收债务作为公法之债不同于普通私法之债的地方。纳税义务即税收债务的法定性决定了必须从法律上明确纳税义务即税收债务成立的各种条件。当纳税人从事经济活动，发生应税行为和事实，满足了税法所定的某种税的纳税义务成立之全部要件，纳税义务就依法产生。法定的纳税义务成立要件被称为课税要件，有关课税要件的法被称为实体税法。可见，实体税法在具体制度构造上虽然非常复杂，但在税收债务法的观念下，其主要内容是成立纳税义务所必备的各项要件。课税要件以及课税要件的法定性，首先是一个技术性问题，因为这是达到税收立法的财政收入目的所必需的手段，只要考虑一下纳税义务的成立完全交由私人当事人意思自治的后果就应承认这一点。

如果说实体税法主要解决纳税义务的成立问题，那么程序税法则主要解决纳税义务的履行程序问题。现代税收程序法并非税收债务法观念在逻辑上的必然结果，正如私法之债没有专门的履行程序一样。现代税收程序法产生的真正原因在于纳税人与国家之间存在的课税信息严重不对称现象。古代税制的复杂性在某种程度上接近现代所得税法，但古代税制并没有因此而出现专门的税收程序，其关键在于古代税制所确立的课税对象主要是土地和人口，政府可以通过相应的登记资料监控税源，防止偷逃税，政府与纳税人之间不存在严重的信息不对称现象。在现代社会，课税基础事实主要是各种交易行为和各种所得，交易行为和所得多没有相应的登记资料，征税机关从而失去了通过登记资料监控税源的可能性，但纳税人对其应纳税情况却非常清楚。这种信息严重不对称现象使专门的税收程序成为必要，以便通过税收程序阐明事实、确定税额、实现税收。现代税收程序法首先是一个技术性问题，而不是价值权衡的结果，因为它是在客观存在的信息严重不对称前提下，为保证税收的实现所必需的。

现代税法的两个重要部分，即税收实体法和税收程序法，首先应当看作是由税法中的技术性原理所决定的，因为它们都是为了实现税收立法目的特别是财政目的所必需的。这种制度构造，不管是课税要件，还是纳税义务的履行程序，首先不是价值权衡的结果，而是按照合目的性即确保财政收入的方式建立的。除此之外，在现代税法理论构造中具有重要意义的实质课税原理，本质上也是税法中的技术性原理，不仅直接影响税法的制度构造，而且是税法的解释和适用中的重要原理。

税法是实质法，全部税法规范都有其明确的目标，包括基本的财政收入目的，以及各种经济干预目的如宏观调控、财富再分配、矫正外部性等。在税收立法目的既定的前提下，税收立法主要是按照目的合理性的方式即按照手段对目的的有效性的方式选择合理可行的手段，安排各项税法制度。因此现代税法的制度构建，包括税收债务法和税收程序法在内，首先是一个技术性问题。但有效的手段不一定正当，例如可能为达到目的而不择手段。现代税法中还必须借助公理性原理以维护其正当性。税法中的公理性原理，是当时社会公认的一些价值目标。在主体哲学的语境下，这些公理性原理主要源自主体间性这一道德命令。道德的本质是理性对主体间关系提出的要求。与自然法则反映必然性不同，道德法则反映应然性，即应当这样但实际上可能不这样，符合道德法则要求的才具有正当性，否则是不正当的。道德是主体间关系的理性命令，只有主体才受道德命令约束，客体只受必然性支配，即客体间不存在正义问题。按照一般的理解，道德理性的基础就是价值，如公平、正义、效率等。现代税法的这些公理性原理具体表现为现代税法应当遵循的基本原则，如税收法律主义、税收公平主义、税收效率原则等，这些基本原则反映了人们的价值诉求。税收法律主义要求严格依法征税，表面上看是一个技术性问题，实质上是有关税收正义的形式原理。税收法律主义之所以事关税收正义，是因为征税所依之法律，不能是统治者专断的产物，而必须是社会成员通过其代表表达出来的意志，在相当程度上反映了社会共识，代表了承担税收负担的社会成员即纳税人自己的意愿。从这一意义上讲，税收法律主义意味着，纳税义务作为一种财产上的牺牲，并非从外部强加的，因此符合正义原则。但税收法律主义只是税收正义的形式原理，尚不足以保证税收正义的真正实现，这已为法治实践所证明。税收法律主义只要求形式上有法可依，但所依何法即法律的内容是否公平则在所不问。问题是如果税法的内容本身不公平，则在税收法律主义的框架内难以补救，而且这种税制的不公平还会因税收法律主义的强制性而被无限放大，无法通过税法解释上的裁量自由加以缓和。因此现代税法还必须遵循实质性的税收正义原则即税收公平主义。税收公平主义要求税收负担在全体社会成员间公平分配，是税收正义的实质性原理。税收公平主义对税法的内容提出了要求，但与正义问题本身一样较为抽象。税收公平主义如果要真正成为现代税法制度构造的指导性原则，就必须提出有关税收负担公平分配的实质性标准。此外，对税收公平的无限追求可能会带来税收程序肥大化现象，不符合经济原则，也可能与税收立法的财政收入目的相悖。例如税收公平主义要求依法产生的纳税义务必须履行，以保证相同情况被相同对待。但问题是税收的实现是有代价的，当实现税收所付出的代价即税收成本过大，特别是与所实现的税收收入不相当时，其合理性本身就应当受到质疑。因此现代税法对税收正义的追求应当受到效率的必要限制，效率价值应当是现代税法的一个价值目标，税收效率原则应当成为现代税法制度构造中的另一个指导性原理。

这里从宏观层面对现代税法中的技术性原理和公理性原理做了一个简单梳理，目的是从纷杂的现象中厘清思路。其中的某些问题，如实质课税原则或者实质课税原理，一直在现代税法的理论构造中占据重要地位、但又一直似乎蒙着一层面纱、让人很难认清其真实意义。对实质课税原理的准确把握，差不多成了检验税法理论水准的一个有效标杆。由于一般认为，现代宪政和法治的核心价值是人权保障，因而当代法学研究通常有一个预设的立场，即以维护个人最大程度的自由和权利为己任。这一立场的一个明显后果是，随着经济干预主义的兴起，面对国家越来越频繁地运用税收手段调控宏观经济、矫正收入分配、矫正外部性、促进资源的合理开发利用，换句话说，面对税收立法对财政目的的偏离，当代的税法理论常常保持不应有的沉默。理论上的沉默通常表达一种拒斥。但经济干预主义的兴起有其客观必然性，市场经济的长期实践证明了这一点。经济干预主义的目的一是维护市场效率如宏观调控、对外部性的矫正等，二是维护社会公平，如收入财富再分配等。当今的税法理论不应当对税收立法实践中早已存在的现象视而不见，相反应当积极地将其纳入现代税法的理论构造中，而不是囿于传统法律思维，只在形而上学本体论上讨论税收正义问题，包括税收法律主义和税收公平主义。鉴于后现代思潮对（绝对）理性主义的解构，终极关怀也许超越了我们的理性能力，因此像北野宏久一样雄心勃勃地试图在形而上学本体论上以税收法律主义统制（整合或重构）整个现代税法的理论构造，不仅给税收法律主义设定了难以完成的重任，而且也不符合当今的主流思潮。应有的立场也许是，承认我们理性能力的有限性，在现代税法的理论构造中只赋予各项原理特别是具有应然性的公理性原理以相对合理性。这样，在表达这些原理时，就应该以本体论意义不强的税收法定原则和税收公平原则替代本体论意义较强的税收法律主义和税收公平主义。

第二章

现代税法技术性原理一：税收实体法的制度结构与功能

现代税法的技术性与税法作为实质法的特质有关。税法是实质法，全部税法规范和税法制度都有明确的目的。税收立法的最基本的目的是财政目的，即财政收入目的。就古代税制而言，财政目的是其主要甚至唯一目的。而对现代税法而言，除财政目的外，还包括调控宏观经济、实现财富再分配以及矫正外部性等经济社会目的。尽管目的的选择可能是价值权衡的结果，但在目的既定的前提下，首先需要考虑的是实现目的的有效手段。手段的有效性指手段的合目的性，对手段有效性的评价是理性的体现，不能实现目的的手段是无效的，是对手段与目的间关系的非理性的幻想。这种意义上的理性更多涉及的是科学意义上的认识，而不是价值权衡的结果，可以说是价值中立的。作为实质法的税法，在立法目的既定的前提下，全部税法规范和税法制度都只具有手段的意义即只具有工具意义。这样，税法规范和制度就应当受到税收立法目的的约束，接受合目的性检验。这就是税法中的工具理性，是价值中立的，因而是税法中的技术性原理。工具理性不完全等于目的合理性。目的合理性可以理解为手段的合目的性，这与工具理性的含义大体相当。目的合理性也可以表示目的本身具有合理性，由于目的本身的合理性要么来自科学意义上的必然性，要么是价值权衡的结果，税法所追求的目的本身的合理性通常指后者，因而并非价值中立的。可见，现代税法中的技术性原理不涉及对税收立法目的本身的评价和认识，而只涉及在既定目的约束下对手段的评价和认识。因此这里不讨论国家征税权的合法性基础这类对税收立法目的在法哲学意义上进行反思的问题，而是集中讨论通过什么样的税法制度安排才能有效实现既定的税法目的问题。税法中的技术性原理主要考虑手段对目的的有效性，但不能理解为是一个效率问题。效率本身是人类的一个价值诉求，并非是价值中立的。效率需要将手段与结果进行比较，要求以最小的代价换取最大化的有用结果。而税法中的技术性原理不要求这种比较，单纯关注手段对目的的有效性。由于摆脱了价值的负荷，实现既定税法目的的手段可能是多种多样的，人类曾经设想和实际开征的各种名目的税收能够证明这一点。从单纯技术的观点看，人类为实现既定税法目的而可能选择的手段主要受客观的现实社会环境的限制，这是现代税法的制度构造与古代税制的整体构造存在巨大差别的基本原因。技术性原理更多地属于科学认识的范围，而不是主观色彩较浓的价值评判，在一定意义上讲是必然性而不是应然性的表现。技术性原理不能赋予现代税法以正当性，因为法律的世界是当为的世界，受应然的道德法则支配，而不是只受必然的自然法则支配。法律当然需要尊重自然法则，但自然法则反映事物间关系的必然性，本身并无正当性可言，例如我们不能说太阳从东方升起是正当的而从西方升起则是不正当的。因此仅从技术性原理解读现代税法是不够的，还有必要从公理性原理解读现代税法，公理性原理才赋予现代税法以正当性。此外，税法目的的实现有必要借助法律手段，这些法律手段是长期的法治实践和法学理论研究中形成的，是解读现代税法可资利用的资源。从技术上讲，借助公法（行政法）和私法（债务法）观念都可以有效实现税法目的。税法对其中某种观念的依重是价值权衡的结果，这里暂不讨论。由于现代税法的理论构造倾向于在税收债务观念的框架下建立税法的理论体系，因此以下将直接在税收债务观念的框架内分析现代税法理论与制度构造中的技术性原理。

一、税收实体法基本构造的一般思考

现代实定税法大致可分为两种模式①。其一是全部税收问题集中规定于一部法典中。美国的《国内税法》（*Internal Revenue Code*）包括联邦税

---

①　［日］北野宏久. 税法学原论［M］. 陈刚，等译. 北京：中国检察出版社，2000：45.

收的全部内容。属于这一类型的还有法国。法典式税收立法具有使税法的概念和规范体系协调一致等优点，但也存在不理想之处，如内容庞大，美国的《国内税法》差不多是世界上最为庞大的一部法典；制度构造相对复杂，不易理解，一部法典有如一座迷宫，对立法技术要求较高；稳定性较强而灵活性不足，一旦修改往往牵动众多相关内容，税法难以追随经济社会环境的变化而适时微调。有鉴于此，大多数国家的税收立法不采用法典式，而是采用单行法式，即分税立法模式，一个税种制定一部税收法律。分税立法往往存在一些例外，主要表现是将各税种涉及的共通性问题集中规定在一部法律中，这部法律在其他国家通常称为《税收通则法》或者《税收基本法》，在我国则称为《税收征收管理法》。从原理上讲，每个税种所涉及的具体内容差别很大，从课税对象、计税依据、税目、税率到纳税人都各不相同，但总有一些内容是所有税种都涉及的共通性问题，如基本概念、基本原则、税收的缴纳和征收程序、税收行政复议和行政诉讼等救济程序、不履行纳税义务所应承担的法律责任等，这些内容通常不因税种的不同而不同，为避免重复、节约立法资源，有必要将这些内容集中规定。这样一部税收法律，其通则法的性质超过基本法的性质。当然，分税立法还存在其他一些例外，如日本就税收特别措施制定有《税收特别措施法》、就税收的滞纳处分（税收强制执行）制定有《国税征收法》。

　　一般认为，现代税法的制度体系或者制度构造，根据其规范的内容，可以划分为税收基本法、税收实体法、税收程序法、税收救济法和税收制裁（处罚）法五个部分①。但实际上，税收基本法除税法的基本概念、基本原则具有基本法性质外，大部分内容包括税收征收和缴纳程序、税收行政复议等救济程序、税收制裁（处罚）等具有通则性质，分别属于税收程序法、税收救济法、税收制裁（处罚）法，所谓的税收基本法并没有多少实质意义。此外，税收的缴纳与征收程序和税收行政复议程序可纳入广义的税收程序法，而税收制裁（处罚）法，就其针对实体违法和程序违法部分，可分别纳入税收实体法和税收程序法中。这样，现代税法的制度构造

---

① ［日］北野宏久．税法学原论［M］．陈刚，等译．北京：中国检察出版社，2000：43.

主要包括税收实体法和税收程序法两大部分①。

　　在法学上，对现代税法的整体制度构造的解读有两种基本的立场②。其一是以奥托·梅耶（Otto Mayer）为代表的德国传统行政法学派认为，税收法律关系是一种权力关系，是以国家或地方团体作为优越权力主体与人民形成的关系，具有权力服从的特征。但1919年的德国《税收通则》则以税收债务为中心，其第81条明确规定："税收债务在法律规定的税收要件充分时成立。为确保税收债务而须确定税额的情形不得阻碍该税收债务的成立。"据此，税法学者阿尔伯特·亨塞尔（Albert Hensel）认为，税收法律关系是一种公法上的金钱债务关系。权力关系说与债务关系说，代表了解读现代税法制度构造的两种基本的、对立的立场，相互间在理论形态上存在较多差异。但两种学说所改变的，更多的是我们看待现代税法的观念，对现代税法的实际制度构造影响有限。两者的最大差异在于，权力关系说认为纳税义务产生于税收行政机关的行政行为，而债务关系说则认为纳税义务即税收债务，作为法定之债，产生于法定要件充足之时，不以行政行为的介入为条件。权力关系说关注的重点是税收的缴纳和征收程序，而债务关系说则把关注的重点放在实体税法方面。实质上讲，权力关系说强调纳税人对国家的服从关系，而债务关系说则在较为平等的基础上看待二者的关系。因而两种学说所涉及的是价值权衡，而不是单纯的技术问题。现代税法的制度体系可以建立在两种学说中任何一种基础上，但现代税法的基本制度构造不会有大的不同。例如，课税对象制度、归属制度、课税标准制度、税率制度及主体制度构成实体税法的基本制度，在权力关系说和债务关系说下都是不可或缺的制度，即使对古代税制而言也是必不可少的制度。根本上讲，这些基本税法制度是为了实现税收立法目的（财政目的）而按照合目的性的方式建立起来的，是实现目的所必需的手段和逻辑环节，由税法制度构造中的技术性原理决定，因而不受我们的价

---

① ［日］北野宏久．税法学原论［M］．陈刚，等译．北京：中国检察出版社，2000：44.

② ［日］北野宏久．税法学原论［M］．陈刚，等译．北京：中国检察出版社，2000：158－159.

值评价的不同而根本改变。手段是由目的决定的，而价值权衡的意义只是从有效的手段中选择与我们的价值诉求相一致的手段。价值权衡不决定手段的有效性，而是决定手段的正当性。不过，尽管实体税法的基本制度结构不因权力关系说或债务关系说而根本改变，但两种学说毕竟代表两种基本的认识立场，会影响我们的认识结果，使我们对同一现象有不同的认识和不同的表达方式。例如课税对象等在行政法框架下被认为是前行政法事实，而在税收债务法框架下则被认为是纳税义务的成立要件或者税收构成要件，因而为了展开我们的分析，必须选择其中一种立场。"不难发现，在中国税法实践中，债务关系说早就被立法部门和执法部门所接受。可以作为佐证的是，自 1949 年新中国建立以来，对纳税义务发生依据问题，我国税法从来没有要求以行政行为作为前提。只要符合税法规定的条件，纳税义务即自动发生。"① 在中国内地，学界已经完全接受了税收债务说②，这与众多大陆国家保持一致。鉴于税收债务说是学界的多数共识，并为立法所肯定，我们的分析就采取税收债务说的立场。

如果说实体法规定权利义务本身，程序法规定权利义务的实现过程，那么很明显，基于税收债务说的立场，实体税法是规定税收债权的全部法律规范的总称。广义的税收债权有多种，如税收请求权、责任请求权、税收附带给付请求权、税收退给请求权、返还请求权等③。税收请求权是狭义的税收债权，指国家（以征税机关为代表）请求纳税人为一定金钱或实物给付的权利。责任请求权主要指税收债权人请求纳税担保人履行担保义务的权利。附带给付请求权指税收债权人为督促税收债务人履行义务而依法要求其在税款之外额外支付一定金钱的请求权，如滞纳金、利息、怠报金等。税收退给请求权指税收债务人之外的实际负担税收之人在满足法定条件时要求国家退还其所承担税收的权利，如增值税抵扣进项税额、出口退税权等。返还请求权指税收债务人请求返还超过法定金额而误纳之货币金额的权利。多样化的税收债权的存在可能会模糊理论分析的焦点。税收

---

① 刘剑文，熊伟. 税法基础理论［M］. 北京：北京大学出版社，2004：68.

② 刘剑文，熊伟. 税法基础理论［M］. 北京：北京大学出版社，2004：192.

③ 刘剑文，熊伟. 税法基础理论［M］. 北京：北京大学出版社，2004：189.

债务说满足了我们视人权保障为法治的核心价值、按权利体系构筑我们的法治秩序的潜在心理，但也同时带来了焦点不清、轻重混淆的潜在风险。人权保障作为法治的核心价值，是就法治整体而言的，不能排除法治的某些环节和某些部门如税法为保障公共利益而限制私人的财产权利等。就税收立法目的而言，狭义的税收请求权才是实体税法的逻辑主线，其他的税收债权不过是这条逻辑主线的逻辑副产品，不能与国家税收（税款）请求权相提并论。例如责任请求权和附带给付请求权的意义在于保障国家税收债权的实现，在现代税法的制度构造中并没有独立存在的价值。更为重要的是，纳税担保制度和税收附带给付制度主要是为保障国家税收债权的税收程序法制度，如果将其实体权利化，税收实体法与税收程序法的界线就被突破，其边界相对模糊化。纳税人增值税进项税额抵扣权本身不是一项独立的制度安排，只不过现代增值税制度逻辑体系中的一个逻辑环节。纳税人误纳款项的退还请求权本质上是对国家税收债权的一种限制，即将其范围限定在法律规定之内。由于税法是实质法，有明确的立法目的，各种制度安排如各项税收请求权，至少在经过公理性原理过滤前，都只具有工具意义，都要接受合目的性检验，而不具有终极的意义即不具有本体论上的意义。这意味着，即使依税收债务说按权利体系构造整个实体税法，这些权利也不具有现代法治思想或现代法哲学所赋予权利的终极意义，即税法的最终目标不是保证这些权利的实现，而是保证税收立法的财政收入目的等的实现。简单地说，它们只不过是实现税收立法目的的手段。因此，对实体税法的制度构造的解读，首先需要抛弃价值权衡，从单纯的技术性角度，将实体税法的各项制度视为实现目的的手段，并对之进行合目的性判断。一旦将手段视为目的，就可能本末倒置。离开税收立法目的，实体税法的各项制度没有存在的意义。

按照一般观点，法律规则（规范）由假定、处理、制裁三部分构成[1]。如果不考虑税收违法行为所应承担的法律责任，那么税收实体法的法律规则之逻辑结构就剩下法律要件与法律效果两部分。从理论上讲，税收实体

---

[1] 张文显. 法理学 [M]. 北京：高等教育出版社，2005：92.

法的法律效果分三种情况。其一是纳税义务的产生，其二是已成立的纳税义务的变更，其三是已成立的纳税义务的消灭。税收实体法的法律效果部分相对于法律要件部分，简单而明确，因此税收实体法的大部分内容属于法律要件部分。基于税收立法之目的，这些法律要件的法律效果基本上限于纳税义务的成立、变更和消灭三种。对于税收立法的财政目的（财政目的税）而言，关注的重点是纳税义务的成立，纳税义务的变更和消灭只是例外情形。这样，有关纳税义务成立的相关法律要件就成为税收实体法的主要内容。当然，现代税法的经济政策（宏观调控）目的和社会政策（再分配、环境保护等）目的，对税收实体法的内部构造的影响表现为，有关纳税义务的变更和消灭的法律要件（税收优惠的要件）部分相对增加，但不会改变纳税义务成立要件是税收实体法的主要内容这一基本结论。之所以如此，根本原因在于虽然现代税法已不限于单纯的财政目的，还肩负着调节经济的重任，但不可否认的是，财政目的仍然是首要的和基本的目的。进一步讲，财政目的决定了税收制度成为税收制度的基本性质，经济政策目的和社会政策目的建立在财政目的基础上，只影响税收实体法的内部构造而不改变其作为税收制度的本质。

有必要对上述观点做进一步的说明。严格地说，实体税法的功能不是一般意义上的财政收入。事实上，实现财政收入是实体税法与程序税法的共同目的。基于税法的财政收入目的，从纯技术的角度而言，实体税法的首要功能是在纳税人的财产上设定纳税义务，即划定属于税收的范围，而不是像我们通常理解的在社会成员（纳税人）之间分配纳税义务。因为如果纳税人没有任何可供执行的财产，那么为主体（纳税主体）分配的纳税义务是没有意义的，不符合税法的财政收入目的。那种把实体税法的功能说成是在纳税人之间分配税收负担以实现税收正义（分配正义）的说法，至少在技术意义上并不是完全科学的。因此从逻辑上讲，为了实现财政收入目的，税法必须首先确定适合征税的客观的课税对象。这些客观的课税对象之所以在技术上适合征税，是因为它们要么直接代表一定的社会财富如所得或财产或商品服务的流转额、要么间接反映一定社会财富的存在如那些以追求自身利益最大化为目的的各种交易行为和其他经济行为，适合作为税收的物质基础，具有技术意义上的可税性。可见，按照合目的性的要求，税收负担或纳税义务的分配基础应当是客观的课税对象而不是纳税主体。但在课税对象上成立的纳税义务没法自动履行，为了纳税义务能被履行，有必要找到应当为这些课税对象上成立的纳税义务负责的人即纳税人。确定纳税人的基本原则是：课税对象所归属的人，即课税对象在法律上或事实上所归属的人应当成为纳税人，从而为该课税对象上成立的纳税义务负责。这不仅符合伦理（税收正义）的要求，而且符合技术性要求，因为只有课税对象之利益所归属的人才有能力（财产能力）履行纳税义务，如果以其他人作为纳税人的话，则有可能不具备履行纳税义务的财产能力。另外，由于纳税义务是一确定数量的金钱或实物，在确定纳税义务的具体数额时，必须从技术上将课税对象数量化。这种量化的课税对象就是计税依据或课税标准，是为了确定应纳税额而必须做的技术处理。当然，为了确定税额，还必须确定征税的比例或尺度，这便是税率，舍此不足以确定应纳税额。这样，课税对象、课税对象的归属、纳税主体、课税标准、税率就成为成立纳税义务的必备要件。这些纳税义务的成立要件仅仅是现代税法财政收入目的在纳税义务成立问题上的逻辑展开。这意味着，实体税法的整体制度构造直接源自税法的财政收入目的，现代实体税法的制度体系是按照财政目的建构起来的。这里想强调的是，只有按照财政目的，才能建构起一套实体性的税收制度体系。尽管现代税法的经济干预目的越来越受关注，但无论如何，完全撇开财政目的而仅仅按经济干预目的是建立不起一套税收制度体系的。正是在这一意义上，我们说财政目的决定了税收制度成其为税收制度的本质。现代税法的经济干预目的不决定现代实体税法的整体制度构造，仅仅影响实体税法的个别制度。这方面的例证很多。比如，为了矫正市场经济普遍存在的收入分配不公现象，采用累进税率而不是比例税率，这表明这种经济干预目的只涉及税率制度而无关实体税法的其他制度。同样，资源税的目的如果是为了调节因资源开采条件的不同而产生的级差收入的话，那么就不应实行全国统一税率，而应当根据不同矿区开采条件的差异实行差别税率，因为不同矿区的开采条件是不同的。在土地公有制情况下，如果城镇土地使用税的目的是实现土地的有偿使用（其性质相当于土地租金），也不应实行全国统一税率，因为不同地区土地的价值不同，租金也不一样。有时，在对课税对象进行分类基础上采用差别税率，也能实现某些经济干预目的。我国曾经开征的固定资产投资方向调节税，其目的就在于通过征税，调节固定资产的投资方向，从而调整产业结构。为了实现这一目的，法规上将固定资产投资分为国家急需发展的投资项目、国家鼓励发展的投资项目、一般项目和国家限制发展的投资项目，并分别实行零税率、低税率、中等税率和较高税率。某些经济干预目的可能只与实体税法的课税标准制度有关，例如车船税的目的如果是矫正收入分配不公的话，就应当按照车船的价值计税，其法定课税标准就应当是车船的价值；车船税的目的如果是为了解决车船使用过程中的尾气排放、矫正车船使用过程中产生的负的外部性的话，就应当按排气量计税而不是按车船的价值计税；车船税的目的如果仅仅是将其对道路、港口等公共基础设施的使用变为有偿使用的话，则既不能以车船的价值计税，也不能以车船的排气量计税，而应按车船自身的重量或外部尺寸计税。不同的经济干预目的决定了不同的课税标准。可见，现代税法的经济干预目的通常只涉及课税标准和税率等个别实体税法制度，而不涉及全部的课税要件，换句话说，经济干预目的通常不影响实体税法的整个制度构造。实现经济干预目的更为常见的税法机制，还不是有关课税要件的各项税法制度，而是在纳税义务成立后给某些纳税人或某些课税对象一定的税收优惠或者加重其税收负担的制度，即包括税收优惠制度和税收重课制度在内的税收特别措施。例如为了调节收入差距而给予低收入群体的税收减免，为了鼓励投资、促进经济增长而实行的再投资减免，为了鼓励私人当事人从事更多的具有正的外部性（公益性）的活动，而给予教育、医疗、卫生、体育、科学、技术等以税收减免，等等。总之，现代税法的经济干预目的，不管是涉及纳税义务成立要件相关的税法制度，还是纳税义务成立后的税收优惠制度或者税收重课制度，都不会影响实体税法的整个制度构造。其原因在于，整个实体税法的制度构造是按照财政目的而不是按照经济干预目的建立起来的。经济干预目的最多影响实体税法的个别制度。

　　税收实体法的主要内容是有关纳税义务成立的诸要件，这些要件通常被称为税收构成要件或课税要件，不过这在概念的使用上可能会带来一些问题。现代税法所规定的法律要件，既包括税收实体法中的法律要件，也包括税收程序法中的程序要件，而且税收实体法中的法律要件可以进一步划分为有关纳税义务成立的要件、有关纳税义务变更的要件和有关纳税义务消灭的要件，税收构成要件或课税要件有可能用来指称所有这些法律要件。税法学中所使用的税收构成要件或课税要件，多数时候限于其狭义，即指纳税义务之成立要件，这已成为税法学用语的习惯，但有时也取其广义，这是需要辩明的。现代福利国家、干预国家在职能上的扩张，要求更多的税收予以支撑。就现代国家开征的多种税收而言，其课税要件的具体内容虽各不相同，但基本上包括以下五项：课税对象（征税对象、课税客体）、课税对象的归属、纳税主体、课税标准（税基或计税依据）和税率①。这些课税要件实际上是成立纳税义务在逻辑上所必不可少的部分，是成立纳税义务的逻辑中项，代表了税收实体法制度构造的基本逻辑结构。只有在这些法定课税要件的共同作用下，才能使纳税义务发生。任何单独一项课税要件，尽管可以承载经济干预目的，但不足以成立纳税义务，不足以承载现代税法的财政收入目的。从这一意义上讲，实体税法的整个制度构造是由财政目的决定的，经济干预目的只影响其中的部分制度内容。课税要件是有关某个税种的单行税收法律法规即实体性的税收法律法规所应有的内容，缺少其中任何一项便不完整，且无法实施。

　　课税要件是成立纳税义务所必须具备的条件。个人或者企业，从事某种经济活动，发生应税行为或事实，满足了有关某个税种的实体性税收法律法规所规定的全部课税要件，纳税义务便依法产生。从理论上讲，只要其中有一个要件没能满足，即使其余课税要件全部具备，纳税义务也不成立。课税对象、课税对象的归属、纳税主体、课税标准、税率，这五项课税要件，全部属于客观要件即客观事实，"它（客观课税要件）的存在取

---

① 刘剑文，熊伟. 税法基础理论 [M]. 北京：北京大学出版社，2004：190 - 191.

代了私法债务关系成立所需要的意思要素",① 只要发生（具备）了这些客观事实，纳税义务即税收债务就依法产生，而不需要考虑纳税人的主观心理状态。正如金子宏所说，在债务成立的要件上，公法之债与私法之债有很大的不同。私法之债偏重主观要件，甚至把意思表示作为有着创设私法之债效果的法律行为的唯一要素，而税收这种公法之债则纯由客观要件构成，几乎完全不考当事人的主观心理状态。这种差异的存在，根本原因在于，私法的目的在于保证私人当事人的权利和自由得以实现，以意思自治为原则，直接赋予当事人的意思以法律效果（私法之债的发生），而税收立法的基本目的是实现财政收入，只能赋予某些客观事实以法律效果（成立纳税义务），而不能受当事人意思的左右。当然，很多时候，课税的基础事实是私法上的法律行为，这些法律行为的私法效果与当事人的主观心理状态直接相关，并间接影响纳税义务的成立，这是否说明课税要件并非纯客观事实呢？实际上，这种情况不能推翻课税要件为单纯客观事实的基本结论，后文将要讨论的实质课税原理能够说明这一点。此外，在是否考虑当事人的主观心理这一点上，课税要件与犯罪构成要件也不同。众所周知，行为人的主观心理状态是构成犯罪的一个重要条件，这种主观心理状态以故意为原则，以过失为例外，没有主观过错则原则上不构成犯罪，这与纳税义务的成立只依据客观事实差别极大。其原因在于，犯罪构成涉及责任的追究即行为的可归责性或可罚性，而可罚性的依据主要涉及伦理评价，这种伦理评价本质上是一种价值权衡的过程，针对行为人的主观心理状态，不受行为人心理支配的事实则不具可罚性。而纳税义务的成立要件，首先是按照合目的性（财政收入目的）的方式，决定在什么条件下成立纳税义务，不需要进行伦理评价。换句话说，纳税义务的成立要件，首先是一个工具理性的问题即技术性问题，而不是一个价值权衡的问题。从单纯的工具理性看，课税要件不能考虑当事人的主观心理，因为纳税义务的成立如果受当事人主观心理的左右，与税法的财政目的直接相悖。此外，现代税法的税收法定原则也决定了不能赋予当事人的意思以税法

---

① ［日］金子宏. 日本税法原理［M］. 刘多田，等译. 北京：中国财政经济出版社，1989：93.

效果。

　　课税对象、课税对象的归属、纳税主体、课税标准和税率，是成立纳税义务所必须具备的五个法律要件。当纳税人从事某项经济活动，发生应税行为和事实，满足了这五个法律要件时，纳税义务就依法产生。按照我们的一般思维方式，要判断是否产生纳税义务，需要将所出现的客观情况与法律所定的要件进行比对，看是否相符。课税对象、课税对象的归属、纳税主体都可以进行这种比对，因为这三者都是对客观存在之事实的描述，是可能出现于现实社会中的，且其出现具有可能性但不具有必然性，只有当它们出现于现实社会之中时，我们才能说满足了税收实体法所定某种税的成立要件。但对于课税标准和税率这两个要件，我们似乎不需要进行这种比对。因为课税标准实质上是对课税对象的数量属性的描述，而税率则是课税对象数量关系的表达，它们对课税对象有依附性，不能独立存在于现实社会中。除非税法规定本身有遗漏，只要出现法定的课税对象，课税标准和税率要件就当然满足，而无须进行比对。课税标准和税率不是因为其自然出现于现实社会中而满足了法定的课税要件，而是由法律强制设定的。这样，我们在判断纳税义务是否产生时，实际上不需要考虑课税标准和税率要件，只要看课税对象、课税对象的归属和纳税主体这三要件是否满足即可。只有在我们确定纳税义务的具体数额时，才需要考虑课税标准和税率。这种情况可能引发一个疑问，即课税标准和税率是否为纳税义务的成立要件的问题。虽然我们可以根据课税对象、课税对象的归属和纳税主体这三项要件判断出纳税义务是否成立，但这种判断的结果只是一抽象的纳税义务，其具体数额并不明确，这种具体内容不明确的抽象纳税义务因无法履行而没有实际意义。只有当我们参考税法规定的课税标准和税率时，纳税义务的具体数额才能实际确定，纳税义务才会因内容明确具体而被履行。欠缺法定的课税标准和税率，纳税义务永远不可能明确化、具体化，从这一意义上讲，尽管课税标准和税率要件有一定特别之处，但它们作为纳税义务从抽象到具体的过程中所必须具备的条件，即作为纳税义务成立要件是有道理的。

　　税收实体法的主要内容是课税要件即纳税义务的成立要件。就现代税法的立法体例而言，除少数国家采行法典式外，多数国家采分税立法式。在分税立法体例下，每一个税种单独制定一部税收法律或税收法规。但分税立法有一定的例外，表现在通常将各税种共通性问题集中于一部法律中加以规定，这些共通性问题的一个重要方面就是有关纳税义务的缴纳和征收程序问题。可见，税收程序法通常不包括在有关各税种的单行税收法律法规中，有关各税种的单行税收法律法规也因此而被看作税收实体法的范畴。事实上，每个税种的课税要件都是由相应的单行税收法律法规规定的，并成为其主要内容。但这不意味着，有关税种的单行税收法律法规只有实体性内容而没有税收程序方面的内容。各单行税收法律法规通常包括一定的税收程序方面的内容，例如纳税地点、纳税期限和税款履行方式等。不过，本质上讲，纳税地点问题既非单纯的程序问题，也非单纯的实体问题。纳税地点之法律规定的实质性法律意义在于，在不同的税收行政机关（税务机关）间分配（国内法意义上的）税收管辖权。这种税收管辖权是税收行政机关启动税收征收程序，对具体的纳税人和课税对象行使法定权力的法律基础，可以说是现代税法中实体与程序的联结点，既非单纯的实体问题也非单纯的程序问题，正如司法管辖权一样。由于在分税财政体制下，税收管辖权的分配事关政府间税收利益的分配问题，为了统一界定税收行政机关的税收管辖权，税收管辖权最好不在各单行税法中规定，而应像德国《税收通则》一样①，在税收通则法、税收基本法或者我国的税收征收管理法中集中规定。当然，不同税种其税收管辖权的分配基础有所不同，如物税管辖权的分配基础通常是物之所在地，而人税管辖权的分配基础通常是人之所在地。各单行税法中规定的纳税期限，有的是程序问题，如纳税申报期和税收债务的清偿期（缴款期），因为各税种的纳税申报期和清偿期，其具体情况各不相同，因此不作为通则性问题规定于通则法中，而是规定于单行法中。各单行税法规定的纳税期限，还有一些属于实体性问题，如征税期间和纳税义务发生时间。现代税收并非都是随时税，即应税行为和事实发生时即产生纳税义务。现代税收在大多数时候是

---

① 陈敏. 德国租税通则［M］. 台北："财政部"财税人员训练所，1985：18 - 32.

期间税，在法定的征税期间内发生的应税行为和事实汇总缴纳一次税收即可，其纳税义务发生时间在理论上讲是征税期间届满的那一刻。按次征收还是按期征收，可能出于税收效率的考量，更多的是一个价值权衡的问题而不是一个技术性问题，这里暂时放过。这里想表明的是，随时税与期间税，其区别主要表现在纳税义务的成立时间（时点）上，前者为应税行为和事实发生时刻，后者为征税期间届满时刻。这种纳税义务成立时间，表面看是有关纳税义务成立的时间标准，应当作为一项独立的课税要件。但实质上讲，这种时间标准应当是课税对象的时间属性，内在于课税对象本身的，换句话说，不考虑课税对象的时间归属就没法确定课税对象本身，因此这种时间标准不宜作为独立的课税要件。当然，把这种时间标准单立为一项课税要件在理论上也是成立的，正如把课税对象的数量属性即课税标准视为独立的课税要件一样。总之，纳税义务的成立时间和征税期间本质上都是课税对象的时间归属问题，属于实体性问题而非程序问题。此外，并非所有的税收程序都属于通则性问题，除通常的申报纳税程序外，还存在一些特别的纳税义务履行程序，如源泉征收和印花税票纳税程序，这些特别税收程序适合在单行税法中规定，例如按我国现行个人所得税法的规定，我国的个人所得税主要采行源泉征收而不是通常的申报纳税程序。这里的分析表明，虽然单行税法通常被视为税收实体法，其主要内容是课税要件，但并不排除其他内容，如税收管辖权及税收的征收和缴纳程序等。

税收实体法的主要内容是课税要件或税收构成要件。各税种的法定课税要件的具体内容相互间差异较大，因此有必要对课税要件进行分类研究，以便对现代税法的实体构造有一个整体把握。当然，这种分类研究只是对现代税法实体构造之基本原理的整体解读，不能代替具体研究。

二、课税要件研究：课税对象

课税对象是承受纳税义务的物的基础。从技术性角度看，纳税义务需要落实到一定的客观对象上，被法定为承受纳税义务的对象就是所谓的课税对象，也称为征税对象、课税客体、税收客体等。按照日本学者金子宏的观点，究竟以什么为课税对象是立法者可以自由决定的①。但这不意味着立法者决定课税对象的权力没有任何限制。立法者选择的课税对象，除了必须具有税收负担能力的指标意义以外，至少还有一个最基本的限制，即必须是客观存在的对象而不是想象中的对象。课税对象的客观性表明，税收制度必须建立在社会现实的基础上，古代农业社会的税收制度与现代工业社会的税收制度间所存在的重大差异就清楚地表明了这一点。在农业社会，社会财富的种类有限，立法者选择课税对象的自由也受到客观条件的极大限制。由于土地是重要的生产资料和财产，土地（及其产出物）成为主要的课税对象，土地税收成为税收制度的核心。由于土地税收不足以满足整个财政需要，于是把人本身法定为课税对象，征收人头税和劳役。农业社会属于自给自足的自然经济，生产的目的是为了满足自己的需要，而不是满足他人需要（市场需求）并通过参与交易、出售自己的劳动产品以实现最大化的利润，因而农业社会不可能产生所得的观念以及在这种观念基础上的所得税制度。当然，农业社会也存在简单的商品交换，也存在对交易行为所课征的税收，但只是处于农业社会税收制度的边缘，与现代流转税制度不能相提并论。可见，立法者对课税对象的选择，受客观条件的限制。这种限制决定了法定的课税对象对于实现财政收入目的的有效性，反映的是手段的合目的性，是一个技术问题，而不是价值权衡的结果。

现代税法所定的课税对象既具有广泛性又具有有限性。言其广泛性，是相对于农业社会而言，社会财富的种类和数量都有了极大的发展，立法者可以在更广的范围内选择课税对象。言其有限性，指根据实质课税原理，只有具有经济意义的客观对象才能被法定为课税对象，不具经济意义的客观对象不能被法定为课税对象。实质课税原理是税法中的技术性原理，后文将专门讨论。从现代各国税法的规定看，法定的课税对象大体上可以分为四类。

其一是所得类，如个人所得或企业所得，这是现代所得税的课税对

---

① ［日］金子宏．日本税法［M］．战宪斌，等译．北京：法律出版社，2004：127．

象。所得税是典型的现代税收，是工业社会时代的税收制度，在农业社会中是不存在所得税制度的。所得税制度可以说是现代税收制度中最为复杂的一类实体性的税法制度，其复杂性不在别的问题上，而在于作为课税对象的所得本身的法律界定上。所得（Income）概念来源于经济学。经济学所关注的核心问题是，什么是社会的真实财富，怎样（通过什么样的资源配置方式）才能有效地增加社会的真实财富。正因为如此，亚当·斯密才把其著名著作定名为《国民财富的性质和原因的研究》。为了找出财富创造的源泉，经济学特别关注一段时间内（社会）财富的增量，所得概念由此产生。经济学意义上的所得代表了一个社会一段时间内财富创造的结果，代表了财富的增量，这种所得来自各生产要素即土地、劳动和资本所产生的收益即地租、工资和利润这三个源泉。如亚当·斯密所说："个人的私收入，最终总是出于三个不同的源泉，即地租、利润与工资。"① 经济学意义上的所得，不包括纯粹由于财富再分配的结果而带来的个人或企业的财富增加，如个人因继承或接受赠与而取得的财产，个人因国家实施再分配政策而接受的社会保险支付等就不构成个人所得，因为社会财富总量并不因此而有任何增加。基于相同的理由，纯粹由于对财产价值评价的不同而产生的财产价值增加的部分（资本利得，capital gain），如我国现行个人所得税法规定的财产转让所得，也不构成经济学意义上的所得。各种投机性交易如股票买卖的结果只具有财富再分配的意义而不增加社会财富总量，而且因股票转让而增加的收入只是对股票价值评价的不同所致，因此不构成经济学意义上的所得。不过现代所得税法意义上的所得，并没有盲目追随经济学的立场。法律意义上的所得基本上包括了经济学意义上的所得，并在此基础上拓展了其范围，其间的最大差别是：法律意义上的所得不考虑这种所得是否代表了社会财富总量的增加，而只考虑这种所得是否会改变纳税人的经济地位、增加纳税人的税收负担能力。因此前面所说的不构成经济学意义上的所得却正好构成法律意义上的所得。如果我们把经济学意义上的所得概括为所得的源泉说，那么法律意义上的所得则可以概

---

① ［英］亚当·斯密. 国民财富的性质和原因的研究：下卷［M］. 郭大力，等译. 北京：商务印书馆，1996：384.

括为所得的净资产增加说，意指所得是纳税人在一定期间内增加的净资产。法律意义上的所得可以简单地理解为财产产生的收益，所得税是对财产产生的收益征税而不是对财产本身征税，因此对储蓄存款所生之利息征税是所得税，而对储蓄存款本身征税则是财产税而不是所得税。同样，我国现行个人所得税法规定的特许权使用费所得，是指个人将其拥有的特许权（知识产权）许可他人使用而收取的许可使用费，而不包括特许权（知识产权）的转让收入，因为前者代表了作为一种财产的特许权（知识产权）所产生的收益，而后者则代表财产本身，只不过财产的存在形式因转让而发生变化。现行个人所得税法中的财产转让所得，作为一种所得，也不是指财产的转让收入，而是指转让财产的收入减除财产原值和自财产取得至财产转让期间的合理费用后的余额，即转让财产产生的增值收益。不过，法律意义上的所得并不限于由财产而生之收益，如纳税人继承的财产、接受赠与的财产由于会引起纳税人净资产的增加，也构成法律意义上的所得。总的来看，经济学意义上的所得与法律意义上的所得间的差异，反映了各自目的的不同。经济学研究所得，目的是追踪社会财富创造的源泉。但这一目的并不适合税收目的，税收立法的目的被认为是按照纳税人的税收负担能力分配税收负担以实现财政收入，因此所得税法关注的重点是个别纳税人的经济地位即税收负担能力，而不关注整个社会财富总量的增加。应当看到，所得税法并不是把引起纳税人净资产增加的各种情形都视为所得，例如债务豁免能够引起纳税人净资产的增加但通常不构成所得税法意义上的所得。一个拥有房屋的纳税人在一段时间后，其房屋的市场价值可能会增加，但只要房屋不被转让，这种房屋价值因市场评价的改变而自然涨价部分不被视为所得税法意义上的所得。对所得进行概念思辨，既非常复杂，也不是一个单纯的技术性问题，往往涉及价值权衡。法律意义上的所得概念不限于经济学所强调的科学意义上，而是把所得与税收负担能力相联系，就是价值权衡的结果，目的是实现税收负担的公平分配。鉴于定义所得非常困难，现代税法对所得的界定，通常不采用定义式而是采取列举式，即通过详细列举各种应税所得并规定一整套费用扣除规则的方式界定所得，由此带来了所得税法制度构造上的复杂性。虽然现代所得税法对所得的界定通常以某种定义为基础，但是否构成法律意义上的所得，不是根据某种定义进行判断，而是根据法律的列举性规定进行判断，各国所得税法规定的所得的具体范围存在一定的差异。准确地讲，某种情形，是否构成所得，是否征收所得税，不能仅仅根据概念进行判断。

课税对象的第二类是纳税人所拥有的财产，是财产税的课税对象。如房产税的课税房屋、契税的课税房地产、车船税的课税车船、遗产和赠与税的课税遗产和赠与财产。现代财产税法所法定的课税财产，通常不是纳税人的包括动产、不动产和财产权利在内的全部财产，而只是其中的个别财产，主要是不动产如房地产，也包括个别动产如车船等。不过，课税财产具体范围的选择，已经不是单纯的技术性问题，而是价值权衡的结果，其主要理由是：现代宪政国家对私人财产权的保障、社会对资本积累的客观需要以及征税成本等。

课税对象的第三类是各种交易行为，是现代流转税的课税对象。如我国增值税的销售货物行为、消费税的特定消费品的销售行为、关税的货物的进口行为等。以交易行为为法定课税对象的流转税，其最大特点是税收负担具有转嫁性，法律上的纳税义务人与经济上的税收实际负担者往往不是同一个人，法律上的纳税义务人并不实际承担税收负担。法律上的纳税人虽然是商品的销售方和劳务的提供方，但可以通过将税收负担计入商品或劳务的价格之内的办法转嫁给商品的交易对方即商品的购买方和劳务的接受方。通过层层转嫁，税收负担的最终承受者实际上是消费者。流转税的法定课税对象虽然是交易行为或者商品的流转额及劳务的营业额，但其事实上的课税对象却是消费者的消费支出。由于税收负担的转嫁性，法律上的课税对象与事实上的课税对象出现了不一致。正是在这一意义上讲，经济学通常将流转税称为间接消费税。但消费税本身既可能是间接的，也可能是直接的。直接消费税的法定的课税对象就是消费者的消费支出，此时商品的价格标签上将分别标明商品的价款和消费税税款。

课税对象的第四类是特定的经济行为，是行为税的课税对象。作为课税对象的特定行为，可以是法律行为，如车辆购置行为，也可以是事实行为，如印花税应税凭证的书立和领受行为、城镇土地使用行为、耕地占用行为、固定资产的投资行为等。

严格地讲，这里对课税对象所进行的分类，是对现代税法所定之课税对象根据其所具有的某些特征进行归纳的结果，而不是按照上位概念与下位概念间的种属关系进行划分的结果，不是按某种标准进行划分的结果，因此不具有逻辑上的周延性。这意味着，法律规定的课税对象并非只能有这四类。事实上，现代税法所规定的课税对象的具体范围主要是但不限于这四类，有的税种的课税对象不具有这四类课税对象的典型特征，不容易归入这四类中的某一类，如我国现行税制中的城市维护建设税、资源税、土地增值税、船舶吨税、烟叶税等。这种说法可能引起某种误解，即这些法定的课税对象之间缺乏一定的联系。实际上，由税收立法的财政收入目的所决定，税法必须通过这些法定的课税对象把握社会财富的存在形式。这些法定的课税对象，要么直接表现为一定的社会财富，如所得、财产，要么间接反映一定社会财富的存在，如作为流转税和行为税的课税对象的交易行为和其他经济行为本身虽不代表社会财富，但在现代市场经济中它们是追逐利润和财富的手段，因此这些法定的课税对象构成税收的物质基础，是税收的源泉。正是在这一意义上，经济学把法定的课税对象称为税源。从这里可以看出，由于税法是实质法，税收立法有其要实现的直接和明确的目的，不同于私法这种旨在保证私人当事人的意志（权利和自由）得以实现的形式法，尽管整个实体性的税收法律制度都建立在所得、财产和交易这些概念上，但税法更关注的是这些概念的实质即概念所具有的经济意义，而不是这些概念的形式。现代税法将所得、财产和交易法定为课税对象，并将整个实体性的税收法律制度都建立在这些概念基础上，无疑使这些概念成为税收实体法的基础的概念。然而遗憾的是，这些概念无论内涵还是外延都具有某种程度的不确定性。造成这种不确定性的重要原因之一是，税法把这些概念作为社会财富的直接和间接的表征，但问题是随着社会的发展和我们认识的深入，社会财富本身的意义也处于变化中。因此，当我们试图通过概念思辨，使所得或财产等概念从形式上固定化，使法律概念精致化，使税法调整精确化，增强税法的确定性，我们将遇到不小的困难。传统的概念法学的方法，对税法这种实质法而言，并不具有方法论上的根本意义。那么，这种概念上的难以定义性，是否会牺牲税法本身的确定性呢？回答是不一定。税收实体法的制度构造中，有一定的技术手段用来保证税法的确定性。这其中最主要的是，当法定的课税对象，其内涵和外延都不够明确时，税法往往通过列举税目的方式明确课税对象的具体范围，税目的法律意义就在于此。如我国现行个人所得税法将作为法定课税对象的个人所得具体规定为 10 项应税个人所得。如果通过列举税目还不能明确课税对象的具体范围，那么税法不得不对每一个税目做出许多补充或限制性规定。如我国增值税条例规定，凡在中国境内销售货物，都应依法缴纳增值税。但这一规定中，货物的含义有待明确，于是增值税条例进一步规定，货物指有形动产，包括电力、热力、气体在内，从而将销售不动产和转让无形资产排除在"货物"的概念之外。此外，对于不宜包括在课税对象范围之内的项目，税法还往往采取物的课税除外制度予以排除。为克服概念的不明确、保证税法的确定性而采行的立法技术，是现代税法复杂化的原因之一。

税目是使不确定概念明确化而采取的技术手段。如果某一税种的法定课税对象在内涵和外延上都比较明确，换句话说，课税对象的法律规定已经使课税对象的具体范围的边界较为清晰，则不需要列举税目，因此不是所有税种都规定税目，税目也因此而不是独立的课税要件。不仅如此，像所得这种课税对象，由于其概念上包括了各种收入以及需要从收入中加以扣除的、为取得这些收入而支付的代价即费用，在使所得概念明确化的过程中，不仅需要列举应纳税的各种收入、它们各自的具体范围，而且需要明确为取得这些收入而支付的费用的各种具体情形。以企业所得税为例，这些费用被称为成本、费用。其中费用是指财务费用（如借款利息支出）、销售费用（如广告费支出）、管理费用这三项费用，都包括很多项内容。其中的成本所包含的内容就更多了，最主要的是为取得收入而垫支的原材料等流动资产、机器厂房等固定资产、自行开发的无形资产等。企业垫支的流动资产，其价值会因其使用而一次性转移到所生产的产品和所提供的劳务中，全部价值都属于为取得收入而支付的代价，因此可以在一个纳税期中作为成本从收入中全部扣除。企业垫支的固定资产、无形资产，属于一次性支出而在多个纳税期受益的支出项目，因而不能将其全部价值作为一个纳税期的成本而从该纳税期的收入中扣除，正确的做法是根据其使用年限、服务年限或者受益年限分摊到多个纳税期并从多个纳税期的收入中扣除，其中分摊到某个纳税期的固定资产价值称为折旧。这一过程中还涉及许多问题，如固定资产折旧年限或折旧方法，可以计提折旧的固定资产范围，不允许计提折旧的固定资产范围等。由于涉及的问题众多，为避免税法过于复杂，多数国家所得税法往往规定成本问题的具体项目和标准以财务会计制度为准，税法除对特定开支如招待费做一定限制外，并无具体规定。税法特别是所得税法对财务会计制度的依赖性，本身也是税法为明确课税对象的具体范围而采用的技术措施。可见，为使作为课税基础事实的、法定的课税对象所涉及的不确定概念明确化而采取的技术手段，不仅仅是列举税目的问题，还包括概念本身所衍生出来的各种问题。有时，税法通过间接的方式界定课税对象，如现代的增值税法。增值税，其法定的课税对象本应是销售货物或者提供劳务所产生的增值额。但由于准确计算理论上的增值额非常困难，因此现代各国增值税法往往采用一种间接的方式界定增值税的课税对象。具体为，先以货物或劳务的销售收入全额计算出一个税额（销项税额），再从中减去为取得销售收入而使用的生产资料（固定资产和流动资产，其中流动资产不包括工人工资）上已经承担的增值税税负（进项税额），通过两个税款（销项税额与进项税额）相抵扣的方式间接实现只对增值额征税的目的。这种界定课税对象的间接方式，不同于直接列举税目的方式，也是现代税法中使不确定概念明确化所采用的技术性手段之一。此外，现代税法还通过税收行政机关行使税法解释权的方式明确法定课税对象的具体范围。税收行政机关行使税法解释权的方式很多，如通知、批复、解释、暂行规定等。一个较为普遍的现象是，现代税法的运行对税收行政机关的税法解释权的依赖性较大。虽然税收行政机关的税法解释权的行使，本质上属内部行政的范畴，只具有内部约束力，对外则不发生法律效力，税法的运行对税收行政机关行使税法解释权的过度依赖会产生是否违背税收法定原则的普遍质疑，但不可否认的是，税收行政机关的税法解释权也是使法定课税对象的具体范围得以明确化的必要的技术手段。总之，列举税目、规定物的课税除外、明确计算所得时的费用扣除的范围标准及方式、对财务会计制度的依赖、采用间接方式界定增值额，税收行政机关的税法解释权，都是明确课税对象具体范围所必需的技术手段。从原理上讲，现代税法用来指示课税对象而使用的所得等概念本身确实具有某种程度的不确定性，这些技术手段运用的结果并非法定的课税对象在概念上的必然性，而是用以设定课税对象具体范围的必要手段，具有创设性。这种情形可以解释，尽管各国税法所规定的课税对象不外乎所得、财产和交易这几类，但其具体范围却不尽相同、有时甚至差异很大的根本原因。可以说，课税对象的法律界定是现代实体税法制度构造中最复杂的部分，特别对所得税法而言更是如此。尽管现代税法通常建立在所得、财产、交易等多少具有不确定性的概念基础上，概念法学的思想方法即概念思辨的方法运用于作为实质法的税法会遇到许多困难，但由于上述技术手段的存在，现代税法并不因为作为课税基础事实的法定课税对象在概念上的不确定性而必然带来整体制度构造上的不确定性。事实上，法制发达国家税法确定性程度几乎不亚于任何其他法律。概念法学的思想方法之所以不完全适用于税法，其根本原因在于，税法是实质法，税法的全部制度安排都服务于立法目的。税收立法最基本的目的是财政收入目的，与财政目的相关，税法所定的课税对象应当表征社会财富的存在。随着社会的发展和人们观念的变化，财富的范围和种类都在变化，用来表征社会财富的法定课税对象在概念的内涵和外延上具有流变性，而不是稳定的。概念法学的思想方法，试图以稳定的概念造就现代税法的确定性，其结果只能是以概念剪裁现实，税法僵化而不能追随时代的变化。对税法这种实质法而言，重要的是概念的经济实质，而不是概念的形式。

三、课税要件研究：课税对象的归属

课税对象与纳税义务人的结合，税法称为课税对象的归属①。课税对

---

① ［日］金子宏. 日本税法原理［M］. 刘多田，等译. 北京：中国财政经济出版社，1989：109.

象的归属指课税对象与纳税人的连结因素。归属一词，通常用来描述客体对主体的依附关系。课税对象是客体，纳税义务人是主体。税法是实质法，税收立法的基本目的是实现财政收入。基于财政收入目的，税法必须透过法定的课税对象，掌握客观存在的社会财富，并把税收负担落实到这些课税对象上。这意味着，为了财政收入目的，税法实际上是在作为客体的课税对象上设定纳税义务，即纳税义务实际上存在于课税客体上。纳税义务的分配基准是客观存在的课税客体，而不是主体。人作为主体，其主体性的根据主要是人所拥有的、能动的自由意志，这是一种抽象掉人的所有外部特征如人所拥有的财产数量的抽象人格。这种抽象的人格，即作为主体的人，不能从外部强加任何功利性，直接地说不具有或不能被赋予经济意义，因此不适合作为分配税收负担的基准。因为将财政收入目的与抽象人格相联系，实际上是将不相干的因素纳入了考虑范围，违反了税收的事物本质或者事物的自然之理。这里只是强调，纳税义务的分配基准最初只能是直接或间接反映社会财富之存在的、客观的课税对象，并非否认纳税主体成为法定的课税要件之一。其原因在于，存在于课税对象上的纳税义务无法自行履行，有必要找到一个应当为这种纳税义务负责的人，即纳税主体。其次，在一个普遍稀缺的社会里，直接或间接反映社会财富之存在的、具有经济意义的课税对象总是归属于特定的主体。从原理上讲，只有课税对象所归属之人才成为纳税人，与课税对象没有任何关系的人，则不应为该课税对象负担纳税义务。课税对象的归属，作为课税对象与纳税人间的关系要素，其法律意义表现在，归属关系决定谁应当为存在于课税客体上的纳税义务负责，即由这种归属关系追踪到纳税人。

课税对象与纳税主体间的归属关系，可以是法律上的关系，也可以是事实上的关系。法律上的关系，如所有关系、用益关系等。事实上的关系，如作为行为税法定课税对象的应税行为在事实上之实施等。虽然课税对象、课税对象的归属、纳税主体是相互独立的课税要件，但在现代税法的制度构造中，这三者往往规定于同一条文中①。特别是课税对象的归属，

---

① 刘剑文，熊伟．税法基础理论［M］．北京：北京大学出版社，2004：195．

通常没有专门的法律条文，只是隐含于对课税对象或纳税主体的法律界定之中。这种现象引发了课税对象的归属是否独立的课税要件的疑问。不过，课税对象的归属作为课税对象与纳税主体在事实上或法律上的某种关系，在概念上就与课税对象或纳税主体相联系，因此在立法技术上也无法脱离课税对象或纳税主体而用专门的条文加以表达。课税对象的归属在实定税法的制度构造上不具有条文或制度上的独立性，并不表明课税对象的归属不是一个重要的问题。相反，后文对实质课税原理的分析表明，课税对象的归属问题实际上在现代税法的理论构造中具有相当重要的地位，是税法理论中的核心问题。

四、课税要件研究：纳税人

税法主体包括纳税主体和征税主体①。理论上的征税主体是国家，以征税机关（税务机关或海关）为代表。在纳税义务的成立环节，征税主体只能是抽象的国家。只有进入纳税义务的履行程序时，征税主体才以征税机关为代表。因此，当我们讨论纳税义务的成立要件或课税要件时，是不需要考虑征税机关的。不过，纳税义务的成立要件或课税要件问题，也只是涉及私人当事人在什么条件下产生纳税义务，此时作为征税主体的国家并不在关注的视野之内。纳税主体，通常用来指称承担纳税义务和其他税法义务的当事人。纳税主体在税法中的主要义务是纳税义务即税款缴纳义务。除税款缴纳义务外，纳税主体还需要承担其他税法义务。其他税法义务，指纳税主体于纳税义务以外，为保证纳税义务的正确履行、实现国家税收而依法承担的各种义务，如纳税申报义务、账簿记录义务、凭证保存义务、接受税务调查或税收检查义务等，有人称之为作为主义务的纳税义务的"附随义务"。其他税法义务本质上主要是一种信息提供义务，是由税收程序法设定的义务，与这里讨论的纳税义务成立要件没有关系。因此，作为课税要件之一的纳税主体仅仅是指纳税义务即税款缴纳义务的当事人，称为纳税义务人或纳税人更为恰当。

---

① 徐孟洲. 税法 [M]. 北京：中国人民大学出版社，2006：26.

在税法中，纳税主体主要是义务主体。从哲学（法哲学）上讲，人的主体性首先意味着人对自然（客体）所拥有的优越地位，法律上的权利和自由就是对人的主体地位的确认和保障。因此，主体性通过权利彰显，与权利相联系。但主体性并非不能通过义务彰显，只要这种义务是由当事人在其自由意志支配下自主创设的。问题是，如果义务不是基于自身的自由意志，而是由外部强加的，此时义务的承担者与其说是主体，还不如说是客体，是被支配的对象，其主体地位并没有表现出来。虽然现代税法理论通过对税收法定原则的强调，着力塑造纳税义务的"自我课赋"性格，但遗憾的是，也正是由于税收法定原则的强制性，难免留下从外部强加纳税义务的印象。即使我们承认，民主的立法程序能够保证税法体现（表达）了我们所有人的意志，但至少特定当事人的意志对纳税义务的产生没有任何意义。在纳税义务的产生环节，纳税人的主体性被笼罩在课税要件的法定性的阴影下，难以彰显。这样，纳税人的主体性很难通过纳税义务表现出来，纳税人被称作纳税主体也与我们的现实观感不太相符。纳税人的主体性因纳税义务的法定性而晦暗不明，于是提升纳税人的主体性就成为某些税法理论构造的主要精神特征，如日本的北野税法学就不满于税法仅仅作为征税之法，而欲将其改造为纳税人的权利之法。

人的主体性问题，重在对人的价值和人格尊严的关怀和尊重，本质上与价值权衡有关。如果暂时抛开价值问题，仅就现代税法的技术性原理而言，则可以把成立纳税义务而必须满足的各项课税要件或税收构成要件的制度安排看作实现财政收入这一基本的税收立法目的的工具。由于财政收入表现为一种物质利益，为实现财政收入，税收立法就必须追踪社会财富所在，将其法定为课税对象。纳税义务可以理解为存在于课税对象之上。问题是，存在于课税对象上的纳税义务无法自动履行，而且在市场经济体制下课税对象的财产利益通常归属于私人当事人，因此为了纳税义务能够被实际履行以实现财政收入，必须根据课税对象的财产利益所归属之人追踪到应当以其行为履行纳税义务并承受相应财产负担之人，即纳税人。因此，纳税人实际上就是课税对象之财产利益所归属之人。可见，纳税人作为法定课税要件之一，目的在于保证纳税义务的履行和税收负担的实际承担，而不是逻辑上的必然。换句话说，只要存在法定的课税对象，即使欠缺纳税人要件，只要不影响纳税义务的履行，纳税义务仍可在逻辑上（不是法律上）成立。事实上，在某种极端情况下，例如当作为课税对象之财产所归属之人不明时，纳税义务仍可产生，只是此时的纳税义务仅存在于课税财产之上，而无法根据课税对象的归属关系追踪到纳税人，这时通常将课税财产的实际管理人拟制为纳税人的法定代理人，代为履行纳税义务。法定代理人与纳税人的不同在于，法定代理人不需要以自己的财产承担税收负担。例外不能作为常态，为了纳税义务的实际履行，有必要（不是必然）将纳税人作为成立纳税义务的要件即课税要件之一。这里所要表明的是，纳税义务的成立并非以纳税人的存在为逻辑上的必然前提，纳税人的存在仅仅出于纳税义务的实际履行和税收负担的实际承担才有其必要。因此，只要不影响纳税义务的履行和税收负担的实际承担，纳税人是否具有某种资格，就不是值得关注的重要问题。实际上，无行为能力人、限制行为能力人、无权利能力（无人格）之社团，都可以成为纳税人，即成为税收负担的承担者，至于纳税义务的履行则需要由其法定代理人、执行业务人等代为进行。我国台湾地区税法学者通常强调纳税人的权利能力，强调纳税人的主体资格①。不过，如前文所述，纳税人的主体性被纳税义务的法定性遮蔽了。纳税人的主体资格问题，不管是指纳税人的权利能力、还是行为能力和责任能力问题，在纳税义务的成立问题上都没有特别的意义。纳税人的主体资格问题，如果仅仅是强调纳税人作为主体，不同于作为客体的课税对象的法律地位，也许有一定的意义。但课税要件的法定性，已经使纳税主体客体化了。由于纳税人的意思原则上不产生任何税法上的效果，在纳税义务成立问题上，所谓的纳税主体实际上是客体化的主体。

税法上的纳税人，仅仅指从事经济活动，发生应税行为或事实，依照税收实体法的规定产生纳税义务，并实际承担纳税义务的人。任何个人或组织，在纳税义务产生前或者消灭后，不处于纳税人的地位，因此不享有

---

① 黄茂荣. 税法总论：第1册［M］. 台北：台湾植根法学丛书编辑室，2002：266－267. 陈清秀. 税法总论［M］. 台北：台湾翰芦出版有限公司，2001：293.

纳税人的权利并且不实际承担纳税义务。个人或者组织，并不能一般地被视作纳税人。如果把纳税人与国家的关系扩张为私人与国家的关系，通过对纳税人权利的强调而捍卫基本人权保障，实际上已经超越了税法本身而成为整个法律体系的基本原理。税法本质上并非授权法，相反，税法的基本目的是要透过课税要件课私人当事人以财产义务，以实现财政收入。个人或组织，只有当其产生纳税义务后并在纳税义务消灭前的期间内，才处于纳税人的地位，才实际承担纳税义务并享有纳税人的权利，才成为纳税人。

纳税人不同于税收负担人。税收负担人在法律上并没有纳税义务，只是由于税负发生转嫁，才由税收负担人在经济上实际承担税收负担。纳税人也不同于其他税法当事人，包括扣缴义务人、纳税担保人、税务代理人等。扣缴义务人，日本学者称为征收缴纳义务人①，指依照税法规定负有代扣代缴、代收代缴税款义务的单位和个人。纳税担保人是指以自己的信用担保纳税人履行纳税义务的单位和个人。税务代理人指根据纳税人的授权，代纳税人办理某些纳税事项如纳税申报和税款缴纳等事项的单位或个人。扣缴义务人、纳税担保人、税务代理人自身并不负有法律上的纳税义务。

在有关税种的各单行税法中，并非所有纳税人的法律地位都是相同的，有时会根据某种标准将同一税种的纳税人分为不同种类。最常见的情况是，一个国家或地区的所得税法，除实行单一税收管辖权外，在兼采属人税收管辖权和属地税收管辖权（所得来源地管辖权）时，往往根据纳税人的居民和非居民身份，将纳税人分为无限纳税义务人和有限纳税义务人。税收居民负无限纳税义务，需要就其境内和境外来源的各种所得即世界范围的所得负担纳税义务。非居民则只负有限纳税义务，即只就其境内所得纳税。一些国家如我国的增值税法，往往根据纳税人经营规模的大小，将纳税人分为一般纳税人和小规模纳税人。在我国，两类不同的增值税纳税人的法律地位差异很大，如小规模纳税人不允许抵扣进项税额、

---

① ［日］金子宏. 日本税法［M］. 战宪斌，等译. 北京：法律出版社，2004：112.

（2020 年前）不允许开增值税专用发票、适用不同于一般纳税人的税率。此外，各国税法中的纳税义务还存在效力扩张的现象，表现为连带纳税义务和第二次纳税义务。连带纳税义务的存在根据，通常是法定的课税对象之归属人不止一人，如共有物、共同事业等①。由于各连带纳税人都对整个纳税义务负责，因此连带纳税义务实际上已经突破了"自己责任"这一现代法治原则，可以视为纳税义务效力扩张现象。就第二次纳税义务而言，从日本税法的规定看，当课税对象在法律上的归属人与在经济上的归属人不一致时，根据实质课税原则，通常将课税对象在经济上的归属人确定为纳税人。如果此时的纳税人无力履行全部纳税义务，那么就将课税对象在法律上所归属之人作为补充的纳税人，即第二次纳税人，以保证国家税收的实现，反避税的目的比较明显②。由于第二次纳税义务具有从属性、补充性③，可以视为纳税义务的效力扩张现象，也表明第二次纳税人与本来的纳税人不同的法律地位。当然，第二次纳税义务存在的主要前提是课税对象法律上的归属与经济上的归属不一致，但不限于此，还包括因课税对象的流动性而产生的第二次纳税义务，如法人清算时，如果没有缴纳该法人所欠缴的税款就直接分配剩余财产，那么接受清算人对该法人所欠缴的税款承担第二次纳税义务。

五、课税要件研究：课税标准

课税标准也称为计税依据或税基，是为计算税额而将课税对象数量化后所得出的数值。课税标准是课税对象的数量化，是量化的课税对象，是为了适用税率以计算应纳税额而必须做的一种技术处理。从哲学的角度讲，法定的课税对象，作为一种客观实在，具有包括数量特性在内的多种属性。课税对象的各种属性可能具有其他方面的意义，但不一定都与税法

---

① ［日］金子宏. 日本税法［M］. 战宪斌，等译. 北京：法律出版社，2004：115.
② ［日］金子宏. 日本税法［M］. 战宪斌，等译. 北京：法律出版社，2004：117 - 120.
③ ［日］金子宏. 日本税法［M］. 战宪斌，等译. 北京：法律出版社，2004：121 - 122.

的目的直接相关，对税收立法目的而言具有重要意义的属性是课税对象所具有的某种数量方面的属性。例如我们可以说流转税的法定课税对象是交易行为，交易行为作为一种法律行为，在私法上具有重要意义的是其意思要素，原因在于私法的目的在于保证私人当事人的权利和自由即其自由意志的实现，但交易行为的意思要素几乎完全没有税法意义，交易行为对于税法的意义在于交易行为所具有的经济价值，即通过交易行为所实现的销售收入或营业收入。进一步分析，销售收入或营业收入，在质的方面讲，代表了货物或劳务的市场价格。这种市场价格，从劳动价值论的角度看，由货物或劳务的内在价值所决定，受供求关系影响；从当代西方经济学的角度看，代表了对货物或劳务的效用的市场评价。销售收入或营业收入的质的规定性不管是什么，都没有直接的税法上的意义，与税法目的直接相关的是课税对象某种量的规定性而不是其质的规定性，因为税法的财政收入目的决定了必须明确每一课税对象或者每一纳税人应承担的税收负担的具体数额。当然，课税对象的质的规定性也具有重要的税法意义，至少，由财政收入这一税收立法的基本目的所决定，法定的课税对象必须具有经济意义，具有经济价值，能够直接或间接表征社会财富的存在。但这种意义只停留在税法原理层面，而与实体税法的法律效果即纳税义务的成立关系不大，因而其意义是较为间接的。虽然会带来很多问题，税法将一些不具有经济意义的现象法定为课税对象的可能性还是存在的。

为了能够确定每一课税对象或者每一纳税人所承担的税负的具体数额，必须将课税对象数量化，因此课税标准的法定化首先是技术上的需要，而非价值权衡的结果。这也表明课税标准是成立纳税义务必不可少的一个要素。由于课税对象的数量特性也有多种，例如课税货物就有体积、重量、件数、价值量等，为防课税标准的任意性，也有必要坚持课税标准的法定性。从税收立法的实践看，每个税种的法定课税标准各不相同，但归纳起来，不外乎两类。其一是课税对象的价值量，即以货币数量表示的课税标准，这是从价税的课税标准，如应纳税所得额、销售额、营业额、关税完税价格、实际完成投资额等。其二是课税对象的物理数量，这是从量税的课税对象，如船舶的吨位、车辆的辆数、天然气的体积（千立方米）、使用城镇土地的面积（平方米）、占用耕地的面积（平方米）等。从原理上讲，由于作为税收立法基本目的的财政收入表现为一种物质利益，因此最适宜的课税标准应当是课税对象的价值量。课税对象的价值量是最常见的课税标准。以课税对象的物理数量作为法定的课税标准，通常基于某种特别的考虑。例如以课税对象的物理数量取代其价值量作为法定的课税标准，相当于用近似的替代标准以回避因欠缺真实的交易基础而带来的评估课税对象市场价值的困难。对于某些带有收费性质的税种，以课税对象的物理数量而不是以其价值量为法定的课税标准，更具有合理性。如果车船税的目的是替代通行费或养护费，那么按照车船的吨位征税比按照车船的价值征税合理。如果车船税或车辆消费税的目的是替代排污收费，那么按排量征税比按价值量征税合理。此外，以课税对象的物理数量为法定课税标准，还可能出于反避税的考虑。例如单环节征收的消费税，如果按应税消费品的价值量征税的话，纳税人可能通过自己设立的销售机构很方便地规避掉其纳税义务，而按数量课税则可防止避税行为发生。以课税对象的物理数量为法定课税标准所存在的一个问题是，纳税义务易受物价因素的干扰①，不能随通胀情况而相应调整。

课税标准的确定，有时较为简单。如那些以源泉征收方式和印花税票方式履行纳税义务的税种，由于其课税标准的确定较为简单，被认为是无须专门的确定程序即可自动确定其课税标准。这是这些税收适用相对简便的特别税收程序而不适用通常的申报纳税程序的基本理由。课税标准的确定，有时则较为复杂。最典型的是所得税的课税标准即应纳税所得额的确定，因为应纳税所得额不是从概念上就可直接得出的数值，它涉及应税收入和为取得这些收入而付出的代价，这两方面都涉及许多问题。正是因为准确确定课税标准的困难，现代税法才构造出专门的税收程序即申报纳税程序，其目的之一便是确定课税标准。

---

① ［日］北野宏久．税法学原论［M］．陈刚，等译．北京：中国检察出版社，2000：
29－30．

六、课税要件研究：税率

税率是征税的比例或尺度。同课税标准一样，税率也是确定每一课税对象或每一纳税人税收负担的具体数额所必不可少的一个要素。缺少税率要件，就不可能确定税收负担的具体数额。从这一意义上讲，税率要件的存在是技术上的需要，而不是价值权衡的结果。但税率的形式和高低，并不完全是一个技术性问题。

现代税法所采行、可在确定税额时直接适用的税率制度或税率形式大体上可分为三种：比例税率、累进税率和定额税率。比例税率指不论课税标准数额的大小都按统一比例征税的税率。就比例税率而言，如果一个税种的适用税率只有一个，称为单一比例税率；如果一个税种的适用税率不止一个，则称为差别比例税率。对于差别比例税率而言，形成税率差别的依据只能是课税对象的不同项目即不同的税目或子目，而不能是课税标准的数额大小，否则就变成了累进税率。至于幅度比例税率，只具有授权的意义，并不是可直接适用的税率。比例税率通常采用百分比，有时也采用千分比或万分比。累进税率指对同一课税对象，根据其课税标准数额的大小，分为若干等级，每一个等级分别规定一个税率，课税标准数额越大税率越高。累进税率制度本身又可以根据其计税方法的不同分为全额累进税率和超额累进税率两种。全额累进税率在形式上是累进税率，但同一纳税人的同一课税对象（或其具体项目）的最终适用税率只有一个，即课税标准数额所达到的最高级次的税率。全额累进税率制度存在一个重大的制度缺陷，即在两个级距的临界点附近，会出现税负严重不公平的现象。因此，全额累进税率制度尽管在历史上曾经存在过，但现代税法则不再采行全额累进税率，而是采行超额累进税率。所谓超额累进税率，是指在累进税率制度的基础上，把同一纳税人的同一课税对象（或其具体项目）的课税标准数额划分为几个部分，分别适用相应级次的税率。超额累进税率有效克服了全额累进税率所存在的制度缺陷。定额税率则是按单位课税对象规定一个固定的征税数额的税率制度。比例税率和累进税率都是用相对数表示的税率，而定额税率则是用绝对数表示的税率。

现代税法所采用的税率制度的种类，并不包括我们所能设想的、逻辑上圆满的所有税率形式。其原因是，有的税率形式，因其明显的不公平性，从一开始就不被考虑，如累退税率；另有税率形式因实践证明不公平，不再采用。因此，现代税法所确立的基本税率制度只有比例税率、超额累进税率和定额税率三种。至于具体税率制度的选择，有技术上的考虑。例如，如果法定的课税标准是课税对象的价值量，则只能采用比例税率或累进税率；如果法定的课税标准是课税对象的物理数量，则只能采用定额税率。此外，相对于比例税率制度，超额累进税率制度作为一种制度安排，具有有效调节收入差距的制度功能，对于适度矫正市场经济必然伴随的贫富分化现象有积极意义。当然，税率制度的选择，并不完全是一个技术问题，也涉及价值权衡。如比例税率与超额累进税率间的选择，就涉及形式公平与实质公平的权衡。

课税对象、课税对象的归属、纳税人、课税标准和税率是成立纳税义务所必须满足的条件，即课税要件或税收构成要件。税收实体法所定的诸课税要件，作为一种制度安排，首先是实现税法财政目的的技术手段。这是解读税收实体法的制度构造的一个基本立场。当纳税人发生应税行为和事实，满足了某税种的单行税法所规定的全部课税要件时，纳税义务就依法产生。当然，纳税义务产生的前提是，某税种的法定课税要件必须同时具备。如果其中有一项要件不具备，即使其余要件全部满足于，也不能使纳税义务产生。有关成立纳税义务的这一前提条件，给避税行为提供了一种可能性。避税行为正是通过某种安排使法定课税要件中的某一项不被满足的方式规避纳税义务。避税行为的可能性在于，税法所定的课税要件事实多为私法行为或与私法行为有关，而私法行为以意思自治为原则，当事人对私法行为具有极大的形成自由。

七、税收实体法的其他制度及其功能

税收实体法的主要内容是有关纳税义务成立的诸要件，但课税要件并非税收实体法的唯一内容。除纳税义务的成立问题外，纳税义务的变更、纳税义务的消灭、不履行依法成立的纳税义务所应承担的法律责任，都是

税收实体法的逻辑体系中的组成部分。只是纳税义务的变更和消灭以及税法责任,与税收程序法有直接或间接的关系,很难说是一个单纯的实体问题。例如,作为承担税法责任之前提的偷税行为,不仅以课税要件的满足为前提,而且以不正确履行纳税义务的程序行为前提,即以纳税人的程序行为的某种瑕疵为前提。依法履行纳税义务是纳税义务消灭的重要原因,此时,纳税人正确履行纳税义务的程序行为是消灭纳税义务的要件事实。总之,纳税义务的变更、消灭以及税法责任都可能以纳税人的某种程序行为作为要件事实,因此并非单纯的实体问题。

纳税义务的变更,通常指依法成立的纳税义务在主体、内容等方面发生变化,而不包括客体的变更。客体的改变涉及新的纳税义务,而不是改变已经成立的纳税义务。引起纳税义务主体变更的要件事实(法律事实),主要是个人纳税人的死亡和企业纳税人的合并与分立。个人纳税人死亡,其生前成立但尚未履行的纳税义务,由其继承人在所继承财产范围内承担。企业合并或分立,合并或分立前的企业已成立但尚未履行的纳税义务,由合并分立后的企业概括继受。受税收法定原则所决定,纳税人不因当事人间的协议而改变,纳税义务不发生转让问题。日本等国税法所规定的第二次纳税义务,实质上是指当本来的纳税人事实上无力履行纳税义务时,由第二次纳税人承担补充性纳税义务,是纳税义务从本来的纳税人扩张到第二次纳税人,可以看作纳税义务的主体变更。纳税人依法获得减税待遇,可以改变纳税义务的内容,即纳税数额减少。除数额变更外,纳税义务的期限也可能发生变更,包括提前纳税和延期纳税两种情形。现代税法受税收法定原则所决定,原则上不能要求纳税人于法定的纳税期限前履行纳税义务,更不能要求纳税人履行尚未成立的纳税义务。但在纳税义务成立后履行期限届满前,如果纳税人的行为威胁到国家税收的安全,则纳税义务可能被要求提前履行。因此纳税义务的提前履行通常具有保全税收的目的。如果因为不可抗力等原因,致使纳税义务不能在法定期限内履行,通常允许延期履行。不管纳税义务的提前履行或延期履行,都属于纳税义务的期限改变,即纳税义务的内容发生变更。我国台湾地区及其他一些国家的遗产和赠与税法,还存在一种实物抵缴的制度①。遗产和赠与税原则上以货币缴纳，在特定情况下，纳税人不能以货币缴纳时，允许以实物抵缴，纳税义务因此而发生给付种类的变化，也属于纳税义务内容的变化。

纳税义务因某些事实的出现而归于消灭。引起纳税义务消灭的最常见的要件事实是纳税义务的履行，包括纳税义务的自动履行和强制履行。纳税人在法定的期限内自动履行其纳税义务，则该项纳税义务因履行而消灭。如果纳税义务在法定期限内没有被自动履行，那么税收行政机关可以依法启动强制执行程序或者申请法院强制执行，以强制实现税收，也可使纳税义务消灭。纳税义务因法定的免税事由的出现、纳税人取得免税待遇而被豁免，也是纳税义务消灭的常见原因。免税不同于物的征税除外或者人的征税除外，征税除外制度的法律效果是使纳税义务不发生，而免税制度的法律效果是使已经成立的纳税义务归于消灭，二者有所不同。在现代税法中，纳税义务还可能因时效期间届满而消灭。这里所说的时效期间，指税收行政机关追征税款的时间期限即税款追征期，在其他国家税法中通常包括核课期间和征收期间②，性质上都属于消灭时效期间而不是除斥期间，期间届满的法律效果都是使纳税义务归于消灭。现代各国税法通常在一定范围内允许纳税义务因抵销而消灭。总之，履行、免除、时效、抵销可使纳税义务消灭③。

在现代税收实体法的制度构造中，包括减免税在内的税收优惠措施以及税收重课措施被统称为税收特别措施。税收特别措施指在税法的一般规定外，给某些纳税人或者某些课税对象以税收优惠或者加重其税收负担的税收制度。税收优惠制度和税收重课制度，作为一种现代法现象，作为一种特别的税收制度安排，其主要目的不是传统的财政目的而是财政目的以外的其他目的，包括调控宏观经济、实现收入再分配、矫正经济活动的外部性以及促进自由竞争等。现代税法的这些财政外目的，实际上就是现代

① 刘剑文，熊伟. 税法基础理论［M］. 北京：北京大学出版社，2004：219.
② 刘剑文，熊伟. 税法基础理论［M］. 北京：北京大学出版社，2004：253.
③ ［日］金子宏. 日本税法原理［M］. 刘多田，等译. 北京：中国财政经济出版社，1989：272.

国家干预经济生活的基本目标，用来实现这些经济干预目标的税收制度安排也因此而被称为实质意义的经济法，即税收经济法。税收特别措施是现代税法实现财政外目的的主要法律机制和主要技术手段。现代税法中的税收优惠措施有多种。有的税收优惠制度比较少见，如只在所得税法中存在的加速折旧制度。常见的税收优惠制度包括起征点制度、免征额制度、减税和免税制度。起征点是税法规定的征税临界点，课税标准数额未达到起征点时不征税，达到或者超过起征点时则就其全部数额包括起征点以下的部分征税。免征额也称免税额，指税法规定免予征税的数额，免税额部分不征税，只对超过免税额部分征税。可见，起征点与免征额的法律意义有所不同，但都可以看作税法规定的征税起点。现代税法规定征税起点的基本理由，除一定的照顾目的外，更主要的是出于税收效率的考虑。因此起征点制度和免征额制度虽然可以视为税收优惠制度，但不是实现现代税法经济干预目的的有效制度安排。实际上，减免税制度才是实现现代税法财政外目的即经济干预目的的重要制度手段。减税指减征一部分应征税额，即纳税义务的部分豁免。免税指免征全部应征税额，即纳税义务的全部豁免。现代各国税法总是在不同程度上运用税收手段干预经济的运行。越是重视以税收手段干预经济的国家，其税法中减免税的内容就越多，越成为整个税收实体法的制度构造中的重要组成部分。这在我国表现得比较明显。单从技术角度讲，为实现经济干预目的，减免税等税收优惠制度与税收重课制度同样有效。但现代税法的一个普遍的现象是，更多运用税收优惠制度而较少运用税收重课制度。各国的税收重课制度，常见于关税领域，即反倾销税和反补贴税等。反倾销税与反补贴税以及报复性关税等，作为一种临时关税，旨在反对国际贸易中的不正当竞争，促进国际经济交易的自由进行。总之，税法是实质法或实质理性之法，不同于规定权利互动机制的形式法或形式理性之法，全部税法规则和制度都有其所欲实现的实质目标。如果说现代税收实体法中的课税要件的制度安排主要目标是实现财政收入的话，那么现代税收实体法中的税收特别措施则是为了回应市场失灵、运用税收手段干预经济的运行而做出的制度安排。这正是在当代兴起的经济法的主要诉求。税收特别措施也因此而被称为现代法现象，以区别于近代自由主义的形式法。事实上，不仅仅是税收特别措施，整个税收实体法的制度构造都可以按经济干预主义的指引进行改造。最典型的例证就是累进税率制度。累进税率制度不仅具有收入再分配的意义，而且具有宏观调控的意义。在累进税率制度下，整个社会的税收负担可以随宏观经济的变化而自动调整，是宏观经济的"自动稳定器"。税种的开征和停征，也可以根据宏观调控的需要决定。如我国曾经开征的固定资产投资方向调节税，就明显是调控目的税而不是财政目的税。运用税收手段干预经济的运行，可以说是一个普遍的法律现象。相对而言，我国更为重视，以致我国税收实体法的整个制度构造都打上了经济干预主义的烙印。这是在我国，税法被"无异议"地纳入经济法体系的主要原因。

税收实体法的制度体系在逻辑上还包括税收法律责任制度。税收法律责任的前提是税收违法行为。税收违法行为大体上可分为实体违法与程序违法行为。税收实体违法行为包括偷税、逃税、抗税、欠税等，其构成要件不仅包括未在规定期限内履行纳税义务，还包括或者说吸收了程序违法行为，如不申报或虚假申报等，因此税收实体违法与税收程序违法的划分并非绝对。这样，税收法律责任制度也不是单纯的实体税法制度。考察除中国外的各国税收法律责任的制度构造，可以发现一个明显的特征，那就是责任重心刑法化、行政责任税种化。在我国，税收法律责任，以行政责任为主，刑事制裁为补充和最后手段，税收犯罪的构成要件相对严格。而其他主要国家的税法中，基本没有直接的行政责任的规定，而是以征收附带税的形式替代，如滞纳金（滞纳税）、利息、过少申报加算税、不申报加算税、滞报金、怠报金等。由于附带税同样受税收法定原则支配，适用要件明确具体，因此以附带税取代行政责任，可以消除行政处罚中的裁量空间，更有效地保护纳税人的权利。此外，附带税的税率通常较低，极少超过违法金额的一倍，而我国的行政责任最高可到违法金额的五倍。在我国，定性为行政违法行为可以阻却其刑事违法性，行政责任和刑事制裁不能同时适用。而在其他主要国家，附带税的征收并不影响刑事责任的追究，刑事责任在直观上成为税收违法行为的主要制裁手段。由于没有行政责任的缓冲地带，税收犯罪的构成要件中的数额标准较低。

第三章

现代税法技术性原理二：税法实质课税原理解析

实质课税是税法的基本原理之一，是现代税法中的核心理论问题，通常称为实质课税原则。一般将实质课税原则作为税法的解释和适用原则，但实际上，实质课税不仅仅是税法的解释适用原则，而且是税法制度构建的基本原理。就实质课税原理在税法解释中的适用而言，当作为课税对象的事实或行为之形式与实质不一致时，实质课税具有反避税的实践功能，因而受到理论上的重视。不过，按实质课税原理解释税法，可能会越过税法条文的文字含义并因此牺牲税法的稳定性和可预测性，成为"滥用征税权力在法理上正当化的手段"，① 也受到颇多质疑。

一、税法实质课税原理的理论根据

实质课税与税收立法目的有关，是税收立法目的所引申出来的一个理论问题。如果不是为了取得财政收入，税收立法就没有存在的必要，因此全部税收立法有一个基本的和首要的目的，就是财政收入。在现代，财政收入直接表现为一种货币收入或非货币收入，一种实质的经济利益。财政目的决定了税收立法必须追踪流动中的社会财富，透过其文字形式，捕捉到存在于社会中的经济税源，并将其法定为课税对象。被法定为课税对象的经济税源，要么直接表现为一定社会财富如所得、财产等，要么间接表现一定社会财富的存在如以营利为目的的各种交易行为，它们共同构成税收的物质基础。这些经济税源在德国《税收通则》中被称为经济财产②，

---

① ［日］北野宏久．税法学原论［M］．陈刚，等译．北京：中国检察出版社，2000：93.

② 陈敏．德国租税通则［M］．台北："财政部"财税人员训练所，1985：49.

强调其经济性或利益性。税法的财政目的意味着，直接或间接具有经济意义或经济价值的事实才能被法定为课税对象，完全不具有经济意义的现象就不应被法定为课税对象。这是由税收问题的事物本质所决定的。事物本质系归纳事物所具有之特征，以作为存在与当为间之沟通桥梁①。为了财政收入目的即为了取得经济收入，当为世界的税收法律就应当以经济事实为其基础。一定意义上讲，税收立法是实现财政收入的手段。手段与目的间须具有正当合理关联，如无实质内在关联者，则不得相互结合②。如果税法所定课税基础事实不具有经济意义或经济价值，换句话说，税法纯粹就形式课税而不考虑事件的经济意义或经济实质，就是将与事件无内在关联的因素纳入了考虑范围，将不符合事物的本质即不符合事物的自然之理。例如以抽象的、无差别的人即纯粹形式意义上的人格为课税对象征收人头税，不考虑人作为人力资源所具有的经济意义，就不符合实质课税原理。财政收入目的意味着对税法而言，重要的是事件的经济实质而不是其形式。税法中的实质课税原理，首先表达的是税法中的工具理性，而不是价值理性，这种工具理性表现在手段对目的的有效性上。在这种工具理性的关照下，全部税法规则和制度都不过是实现税法目的的手段，并不具有终极意义，即不具有形而上的本体论意义。在许多人眼中，工具理性是形而下的，对于理论研究而言不具有根本意义。这样，把工具论"提升"到本体论，赋予税法理论以终极的意义，就成为现代税法理论构造的一个基本特征。这种理论倾向表现在对税法实质课税原理的理解上，就是赋予实质课税原理以价值理性的品格，即认为实质课税原理是从税收公平原则中引申出来的，是税收正义的要求。这一结论的推理过程是，税收公平原则要求税收负担的公平分配，而税收负担公平分配的依据只能是每一个私人当事人的经济负担能力即其经济地位，这种经济负担能力的评价当然应当考虑课税客体的经济意义或经济价值。不过，看似理所当然的推理过程，却可能隐藏着不小的疑问。因为正义问题来自主体性或主体间性这一道德命令。人之所以是主体而非客体，是因为人的具有能动性的自由意志而非

① 黄士洲. 税务诉讼的举证责任［M］. 北京：北京大学出版社，2004：8.
② 钟典晏. 扣缴义务问题研析［M］. 北京：北京大学出版社，2005：32.

人所拥有的能显示其税收负担能力的财产。从这一意义上讲，税收正义恰恰要求纳税人地位平等、不能根据纳税人的税收负担能力即纳税人的外部特征分配税收负担。即使我们认为税收正义不是形式正义而是实质正义，也不能完全弥合实质课税原理作为税法中的工具理性与作为税法中的价值理性间的巨大鸿沟。因为实质课税原理可能意味着，纳税义务仅仅存在于课税对象即客体之上，与主体无关，主体即纳税人的出现只是为了纳税义务得以履行的目的。按通常理解，税收正义主要表现在税收负担分配问题上。税收的实质正义只能理解为对形式正义的适当矫正，即税收负担分配时适当考虑主体即纳税人的经济地位即税收负担能力，而不能理解为纯粹根据课税客体分配税收负担。否则就不是一个正义问题，因为正义只存在于主体间，而客体间则不存在正义问题。因此，不管我们的理论怎样贬抑法律中的工具理性，我们必须承认，税法从根本上讲是实质法而非形式法。税法的直接目的并非保证当事人的地位平等和当事人自由意志的实现。税法有其自身目的，包括基本的财政目的和当代社会赋予税法的财政外目的即经济干预目的。税法作为实质法，要求按照目的合理性的方式构造税法的规则和制度，实质课税原理作为工具理性正体现了这一要求。税法的实质法特质表明，技术性原理如实质课税原理是税法的基础性原理。只是根据实质课税原理所得出的结论，即纳税义务存在于课税客体之上，正好在相当程度上（并非完全）与税收的实质正义的要求相吻合，实质课税原理才有可能被看作税收正义问题，但不能因此而否认实质课税原理本来的工具理性意义。主体哲学赋予由主体性和主体间性衍生出来的人权和正义以终极意义即本体论意义，而法学（法哲学）则视之为当然之理。工具论还是本体论，这正是现代税法理论构造中的深刻裂痕。现代税法理论普遍在本体论意义上讨论税收正义问题，追问纳税人的权利，使税收人税化，希望把税法改造成权利法，提升纳税人的主体性，刻意忽视税法中的技术性原理。只是我们在本体论意义上讨论税收正义和纳税人权利等问题并试图把这些公理性原理当作税法的唯一原理时，不能忘了，如果不是为了财政收入目的，根本不需要税收，也就谈不上税收负担公平分配问题。

二、课税客体应当具有经济意义或经济价值

实质课税意味着税法必须透过其文字形式捕捉到以不同形式存在的社会财富，并将其法定为课税对象。实质课税表明，税法关注的重点不是课税客体的存在形式而是课税客体所具有的经济意义或经济价值。历史地看，社会财富在农业社会与工业社会的存在方式或表现形式差别极大，因此农业社会与现代工业社会在整体税收制度结构上有着重大差异。农业社会的经济活动以农业生产为主，属于自给自足的自然经济，土地是重要的生产资料，劳动也是取得经济成果的重要手段，因此土地税制（田租）和人头税（古代人头税的课税人口通常是成年男丁，并非纯粹的人头税）在相当时间内是农业社会的重要税收制度。在农业社会的早期，由于土地和劳动的利用效率低下，国家税收甚至采取直接占有私人劳动的形式，即劳役。工业社会时代，人类的经济活动不再是直接满足自己的需求而是满足他人的需求即市场需求，经济活动的全部目的是通过市场交易追求利润最大化，所得税由此成为现代税收制度的核心，以交易行为为课税基础事实的流转税成为现代税收制度的重要组成部分。在现代社会中，土地、劳动和资本（既存的社会财富）仅仅是经济活动的一种投入，不是经济活动的最终目的，财产税制度在现代税制结构中因此退居次要位置。

很明显，事物所具有的经济意义是由当时社会主流的经济观念和经济思想予以阐明的。在自然经济中，还不存在资本和所得或利润以及储蓄和消费等观念，因此农业社会不可能产生所得税制度。所得的概念是在亚当·斯密以后的经济学的不断发展中逐步形成的，因此直到1799年才由英国首创所得税制。不过农业社会也存在简单的商品交换，能够给当事人带来收入，因此长久以来一直存在以某些交易活动为课税基础的税收，如我国对土地交易征收的契税、对食盐征收的盐税，以后随着商品交换的发展对大宗货物征收的货物税等。上述交易税收在农业社会与工业社会都不具有典型意义，可以说是农业社会税收制度向工业社会税收制度的过渡形态。只有在商品经济高度发达的当今社会，人们才清楚地认识到这些传统的交易税收制度的内在缺陷，并改进为增值税这种典型的现代税收制度。

此外，许多国家开征的印花税也可以说是农业社会向工业社会税收制度的过渡形态。因为印花税只是抓住了社会财富存在的表面事实而不是社会财富本身。印花税的应税凭证是营利目的的商事活动中产生的，记录了某种商事活动，能够表明商事活动的存在，但本身没有经济价值，从当今的经济观念看，其经济意义表现得过于间接，因此印花税更多的是对不具有直接经济实质的商事凭证的形式课税，不太符合实质课税原理。我国以前的使用牌照税，也与印花税类似。不过，在现代经济学产生之前，1624年荷兰首创的印花税或以后的使用牌照税，是与当时人们所具有的朴素的经济观念相适应的。总之，实质课税所要求的经济实质，其具体内涵是由不同时代的经济观念和经济思想决定或阐明的。

通常所说的经济意义或经济实质，意指一种物质利益，可以用货币衡量。因此实质课税就是指课税客体的物质利益相关性，即具有经济价值。税法的财政收入目的决定了税法必须透过其文字规定关注课税客体所具有的经济意义，而不是课税客体的存在形式。从这一意义上讲，以课税对象的价值量为法定计税依据的从价税更符合实质课税原理，而以课税对象的物理数量作为法定计税依据的从量税则与实质课税的精神不完全一致，如按车辆种类（不考虑车辆的价值或车辆使用中产生的收益）征收的车船税、按使用土地面积（不同地区土地之价值不同）征收的城镇土地使用税和耕地占用税等，除非课税客体的物理数量与其价值量保持等比关系。

实质课税原则要求从经济的角度评价课税对象的可税性，应当选择那些具有经济意义和经济价值的客观对象作为课税对象，这些客观对象能够直接或间接表征社会财富的存在。相比较而言，能够直接表征社会财富存在的客观对象如所得或者财产，更适合作为法定的课税对象；那些只能间接表明社会财富存在的客观对象，如作为行为税课税对象的各种经济行为，就不太适合被法定为课税对象。这是行为税总是处于现代税收制度的边缘而不是核心的重要原因。

实质课税要求课税客体应当具有经济意义或经济价值，这一要求引申出来的一个结论是：应当以课税客体之经济价值实现之时作为确定纳税义务发生的时间标准或者课税客体之课税期间归属的时间标准。这一结论具有重要的理论意义。比如，一般认为，流转税的法定课税对象是商品或劳务的流转额，简单地说，流转税是对商品的销售收入或劳务的营业收入征税，根据实质课税原则，就应当以货物的销售款或劳务的营业收入实际实现之时为纳税义务发生时间（针对按次征收的流转税）或者本次货物销售或劳务供应的课税期间归属的时间基准（针对按期征收的流转税）。如果采取分期付款销售货物，就只能对已经实现的销售款征税，尚未实现的销售款则不能征税，只能等到以后实际实现时再征税。如果货物销售后发生销货退回或折让，都应当按照实际实现的销售收入进行调整。如果虽然发生了货物销售或者提供了劳务，但没有实际收到相应款项，就不应征税。我国《增值税暂行条例》规定了增值税的纳税义务发生时间（严格地说，由于按规定增值税原则上按期征收，这里规定的时间不完全是纳税义务发生时间，主要是当次货物销售的课税期间归属的时间基准）：销售货物或者应税劳务，为收讫销售款或者取得索取销售款凭据的当天，先开发票的，为开具发票的当天。前半部分基本符合以课税客体经济价值实现之时为纳税义务的发生时间或者课税客体之课税期间归属的时间基准这一实质课税原则的要求，但如果先开发票就以开发票的时间作为纳税义务发生时间或者课税客体之课税期间归属的时间基准，则不符合实质课税的要求，因为开了发票也不一定能够收到货款。

以课税客体之经济价值实现之时作为认定纳税义务发生或者课税客体之课税期间归属的时间基准，大体相当于会计准则上的"收付实现制"，而不是"权责发生制"。换句话说，依"权责发生制"原则认定课税事实是否发生或实现及其课税期间归属，不符合实质课税原理。比如以买卖合同生效时间或者发货时间或者开发票时间作为增值税的纳税义务发生时间就不符合实质课税原理，因为此时课税客体之经济价值或者经济利益尚未实现，尚未收到货款，不应实际发生纳税义务。财务会计的目的是要核算一段时间内的经济活动之财务成果，因此采用"收付实现制"或者"权责发生制"具有相对合理性。但税法的实质课税原理要求，不能对未实现之经济利益课税，因此原则上应当采用"收付实现制"而不是"权责发生制"。这是导致财务会计与税务会计经常出现不一致的重要原因之一。这一要求对现代所得税制度而言具有更为重要的意义。计算所得的各种收入是否实际实现、各种成本支出是否实际发生，都是实质课税原理要求考虑的问题。实质课税原理在所得税制度中更为严格的要求是，应当按照固定资产的实际使用年限、而不是法定年限计提折旧，没有实际投入使用的固定资产不应当计提折旧。

实质课税原理要求以实际实现的经济利益、而不是期待利益作为课税的根据。期待利益，即使具有相当合理性，也不应作为课税的根据。因此虽然签订了买卖合同、该合同已经生效、甚至已经根据买卖合同发货或者开具发票，但因尚未实际收到货款，均不应作为增值税纳税义务发生的根据。企业的应收账款，进而言之，企业的所有债权，都只是一种期待利益，而不是实际实现的利益，在课征企业所得税时，不应认定为企业的收入，不应计算征收企业所得税。某人原先购买一套房屋，经过一段时间后由于房屋的市场评价发生变化，出现增值现象。但只要房屋所有人没有卖出该房屋，从而实现房屋的增值收益，这种利益就只能是一种期待利益，从而不构成所得，不应征收所得税。只有当房屋所有人在市场上出售该房屋，实际实现了房屋的增值利益，这里才有所得，才应征收所得税。同样，有价证券涨价后的潜在增值收益，不构成所得，不应征收所得税。其他合理的可期待利益，因没有实际实现，也不能作为课税的根据。被拖欠而没有按时发放的工资，不应课征个人所得税。

实质课税甚至要求以课税客体之经济利益实际发生地或所在地为纳税地点。纳税地点之法律规定具有在征税机关之间划分税收管辖权的意义，而在分税制财政体制下，这涉及政府间税收利益分配问题。那么税收管辖权合理划分的根据是什么呢？从实质课税的观点看，税收管辖权的划分应当以与课税对象之经济利益联系最紧密的地点、即课税客体之经济利益的实际发生地或所在地为基准。对不动产课征财产税，应当由不动产之所在地的征税机关行使税收管辖权；对商品或劳务之交易行为课征的流转税，应当以销售行为发生地或营业地的征税机关行使管辖权；对所得课税，则应分别情况以取得所得之原因事实发生地或者收入实现地的征税机关行使管辖权。

实质课税不仅仅涉及实体问题，而且涉及税收程序。最主要的是，征税机关应当根据证据事实所具有的经济意义而不是形式意义认定课税事实。不管是流转税，还是所得税，现代税制所涉及的重要课税事实是各种交易行为。实质课税要求征税机关在认定课税事实时，应当考虑课税所涉及的事实关系或法律关系的内容或实质（即其经济意义）、而不是其外观或形式。例如征税机关通过税收调查查明，甲乙两企业间曾经发生两项赠与行为，甲向乙赠送一批货物，而乙则向甲赠送一笔款项。如果有其他事实支持，两项赠与在时间或价值上的关联性，征税机关可以按照两项赠与行为所具有的经济意义认定，两项赠与行为实际上是一项货物销售行为，因此应对甲企业计征增值税和企业所得税。甲乙两企业之所以将统一的货物销售行为分解为货物与价款的赠与，其目的就在于避税，是一种典型的避税行为。通过各种复杂的交易安排，回避税法规定的课税要件，以便不纳税或少纳税，这是常见的避税行为。避税行为所做的复杂安排，有一个重要特征，就是不具有经济合理性，在英美国家称为不具有合理的商业目的。这种经济合理性或者合理的商业目的，具体指除了取得税收利益外，不能带来利润、减少亏损或节约成本。当然，避税行为也可能存在商业目的，但商业目的往往不是复杂交易安排的主要目的，税收利益往往是其主要目的。在英美法院的判例中，不具有商业目的的交易安排，对于课税而言没有意义，而只按照真实的商业目的认定课税事实。大陆国家的税法理论上也认为，应当否认不具有经济合理性的交易安排的税收效果，而应当按照其真实经济目的认定课税事实。可见，实质课税作为一种事实认定原则，要求征税机关在认定课税事实时，应当考虑课税所涉及的事实关系或法律关系（如各种复杂的交易安排）的内容或实质（所具有的经济意义）、而不是其外观或形式。这样，实质课税原则具有了强烈的反避税功能。在这方面，西方税法相对发达国家存在大量研究文献。需要指出的是，实质课税是从税法的财政目的引申出的原理，不仅仅因为其所具有的反避税功能才受到理论和立法的重视。

三、课税对象的经济效果产生的原因事实不影响课税

实质课税关注课税对象所具有的经济意义或经济效果，而不关注课税

对象的存在形式。只要法定课税对象产生了相应的经济效果，就应依法课税，至于引起这种经济效果产生的原因事实则不影响课税的成立。如果实际上产生了可供个人支配的应税个人所得，就应依法课征个人所得税，而不管这种个人所得的取得是否合法。如果在中国境内销售货物并取得销售收入，就应依法课征增值税，而不管产生销售收入的交易行为本身的法律效力。当然如果上述个人所得或销售收入的取得因为不合法而被取消，则不应课税，但不课税的原因不是因为个人所得或销售收入取得的原因不合法，而是因为个人所得或销售收入不再存在。对此，德国《税收通则》有明确规定。《税收通则》第40条规定，实现税法构成要件之全部或一部之行为，不因其违反法律之命令或禁止，或违反善良风俗，而影响到其租税之课征。《税收通则》第41条规定，法律行为无效，或嗣后归于无效，而当事人仍使其经济效果发生，并维持其存在者，不影响租税之课征，但法律另有规定者，不在此限①。当然，如果法定的课税对象在形式上存在，但并没有产生相应的经济效果，则不应课税。如当事人为了规避某种法律后果通谋而为伪装行为，通常不会被当事人实际履行，不会产生实际经济后果，因而不应课税。

只要法定课税对象所欲捕捉到的经济效果实际发生并得以维持，就应依法课税，而不管引起经济效果产生的原因事实是否合法有效。因此，根据实质课税原理，所谓"征税会使征税对象合法化"这种被许多人误以为真、看似不证自明的命题并不成立。澄清这一点，对我国的税法实践具有重要意义。在我国，由于法制不健全，一些个人的灰色收入普遍存在，国家机关或事业单位的某些收费项目的合法性广受质疑，但这些都不应影响课税的成立。

四、实质上享受课税客体利益之人为其归属人即纳税人

实质课税原理要求课税对象应当具有经济意义，完全不具有经济意义的客观事实就不应被法定为征税对象。换个角度看，实质课税原理就意味

---

① 陈敏.德国租税通则［M］.台北："财政部"财税人员训练所，1985：51－52.

着，纳税义务成立于客观的课税客体之上。如果我们把具有经济意义或经济价值的课税客体看作一种财产的话，那么也可以说，纳税义务存在于财产之上。在这一意义上讲，实质课税原则不属于正义原则，因为正义只存在于主体间，客体间则不存在正义问题。因此实质课税原理是税法制度建构中的一个技术性原理，而不是伦理性原理。现代税法学普遍将实质课税原则看作由量能课税原则或税收公平原则引申出的一个税法解释和适用原则，这一立场有相当的误导效果。

实质课税意味着税法仅仅为客观存在的课税客体设定纳税义务。税法首先关注课税客体的存在而不是纳税主体的存在，只是由于存在于课税客体上的纳税义务无法自动履行，纳税主体才进入立法者的视野，由课税客体追踪纳税主体，而不是相反的程序。那么，按什么原则确定谁应当为存在于课税客体上的纳税义务负责呢？很明显，实质课税原理要求，课税客体之利益的实质归属人为纳税人，即实质上享受课税客体利益之人为纳税人。由于在市场经济下，具有经济意义或经济价值的课税客体作为一种财产通常为私人当事人所拥有，原本于课税客体上存在的纳税义务就意味着私人当事人的财产上的牺牲。不能要求与课税客体之利益无关的人为课税客体做出财产牺牲，因此纳税人必须是课税客体之利益所归属之人。不是课税客体之利益归属之人可能为纳税义务的履行承担义务，但并不处于纳税人的地位，因此不必以自己的财产履行纳税义务，如自然人的法定代理人、法人的代表人、无权利能力之人合组织体及财产组织体的执行业务人、破产财产的管理人或清算人、遗产管理人或遗嘱执行人等[①]。就实质课税而言，重要的是课税客体的存在，纳税人在私法上是否具有行为能力甚至是否具有权利能力都不是至关重要的。无行为能力人或限制行为能力人只要拥有房产或车船，就可以成为房产税或车船税的纳税人。无权利能力的个人独资企业和合伙企业以及某些财产组织体，也可以成为企业所得税的纳税人。境外企业设在中国境内的不具有法人资格的机构、场所，可以成为独立的纳税主体。此外，企业财产来自企业成员但相对独立于企业

---

① 陈敏. 德国租税通则［M］. 台北："财政部"财税人员训练所，1985：43 - 44.

成员，尽管在自然意义上只有个人才是课税客体之利益的最终归属人，企业不是课税客体之利益的真正归属人，但由于不能要求任何一个企业成员个人单独为企业财产上成立的纳税义务负责，因此企业可以成为纳税人，这与实质课税原理并不抵触。

实质上享受课税客体利益之人为纳税人，要求以课税客体之利益的经济上的归属人而不是法律上的归属人为纳税人。多数时候课税客体之利益在法律上的归属与经济上的归属保持一致，例如物的所有人直接享受物的利益，因此所有权人应当对所有物上存在的纳税义务负责，如房屋的所有人应当负责属于其所有的房屋的房产税，车船的所有人应当对属于其所有的车船的车船税负责。取得工资收入的个人应当对该笔工资收入的个人所得税负责，取得货物销售收入之人应当对该项销售收入的增值税、消费税负责。当课税客体法律上的归属与经济上的归属不一致时，实质课税要求以经济归属为准。如登记为企业的车辆，如果完全供其投资者个人使用，就不能作为企业的固定资产计提折旧。采取加盟经营或连锁经营方式时，纳税主体应当怎样认定①？不管加盟店的营业设施是由加盟店自己提供还是由加盟主提供，也不管加盟店是否以加盟主的名义对外营业并以加盟主的名义开具发票（包括增值税专用发票），如果加盟主仅向加盟店收取一笔权利金，加盟店的经营利润和经营风险由加盟店自负，那么加盟店应当就其经营收入或经营利润缴纳营业税、增值税或者所得税。如果加盟店不自负盈亏，那么加盟店就不是独立的纳税主体。总之，在加盟经营中，应当根据相互关系的经济实质确定纳税人。同样，在出租车经营活动中，应当根据出租车司机与出租车公司关系的经济实质来确定出租车运营业务的纳税人。在融资租赁关系中，虽然租赁设备的所有权在租赁期间归属出租人，但实际上租赁期满时，承租人仅以象征性价格取得租赁设备的所有权，承租人支付的租金实际上考虑了设备的转让价格，融资租赁近似分期付款的购买，因此从融资租赁关系的经济实质分析，租赁设备在税法上应当归属承租人并允许承租人计提折旧。在信托关系中，信托财产法律上的

---

① 黄茂荣. 税法总论：法学方法与现代税法［M］. 台北：台湾植根法学丛书编辑室，2002：126 - 127.

归属与经济上的归属也存在不一致，这是各国税法专门就信托税收做出规定、即存在所谓的信托税制的原因。

五、作为税法解释原则的实质课税原则

实质课税不仅是税法制度建构的原理，它还是税法实施中的原则即税法的解释原则。实质课税表明，为了取得财政收入，税法必须追踪社会财富所在，透过其文字（概念）形式，捕捉到经济税源并将其法定为课税客体，课税客体应当具有经济意义或经济价值。就实质课税而言，重要的是课税客体所具有的经济意义或经济价值，而不是其概念形式，因此除非税法特别对不具有经济意义的课税客体课税外，税法解释当然不能拘泥于所使用的文字，而应当按文字所具有的经济意义进行解释。本质上讲，所谓的经济意义或经济价值不过是当时社会主流的经济观念或经济思想的反映，因此作为税法解释原则的实质课税原则，可以说是经济学理论进入税法适用中的一个管道。税法中的有些概念，直接来自经济学，如所得、成本、费用、折旧、增值额、投资、资本等，除非税法对其含义有特别限定，这些概念应当按经济学含义进行解释。税法中还有一些概念是借用其他法律主要是私法的概念，税法对借用概念的使用也是注重概念所具有的经济意义或经济实质而不是其概念形式。税法使用"货物销售"来捕捉销售收入，使用"财产租赁"来捕捉租金收入，"所有"意指课税客体之利益的实际归属而不是所有物的法律上的归属。总之，实质课税要求税法的解释不能拘泥于所使用的文字，而应按照符合其经济意义的方法加以解释，这在德国被称为"经济观察法"。

实质课税要求按照概念所具有的经济意义进行解释，而实质课税本身是由税收立法的财政收入目的引申出来的，因此作为税法解释原则的实质课税原则实际上是法律解释方法中的目的解释方法[①]。这种解释方法在实践中具有强烈的反避税功能。我国增值税法规定，在我国境内销售货物应依法缴纳增值税，销售货物指有偿转让货物的所有权。很显然，税法使

---

① 葛克昌. 所得税与宪法［M］. 北京：北京大学出版社，2004：188.

用"销售"一语，是想透过"销售"概念捕捉到经济交易中产生的销售收入。如果"销售"的意义与其在私法中的含义保持严格一致，那么就不包括无偿赠与。这样，纳税人将发现，利用私法上的意思自治即利用私法上的权利和自由，将货物销售分解成货物与价款的赠与（此即理论上的避税行为），就可以有效规避增值税纳税义务。销售变赠与，原本应该产生的销售收入就消失了，销售收入对应的增值税义务也就不成立。但货物与价款的赠与从经济效果上看与货物销售无异。因此我国增值税法规将无偿赠与规定为视同销售行为，对"销售"做了扩张解释，没有与私法上的含义保持一致。按照实际经济效果对税法中的私法概念进行扩张解释，就是实质课税原则作为税法解释原则的具体运用，具有强烈的反避税功能。

通常认为，作为税法解释原则的实质课税原则实际就是法律解释方法上的目的解释法，并且这里的目的不是一般的财政收入目的，而是各种具体的目的。按照这种观点，所谓的实质，就是指税收立法目的。不同的税法制度有不同的目的，除了一般的财政收入目的外，还包括各种经济干预目的以及其他目的。例如起征点和免征额制度就至少具有两个目的，其一是给低收入群体以免税优惠，其二是将征税难度大、征税成本高的零散税源排除在法定的征税对象之外，以方便征收、节约征税成本。起征点和免征额制度的解释，就应当符合这两个目的。各种税收优惠制度的目的是对某些纳税人或者某些征税对象以税收优惠，即减轻或者取消其税收负担。税收优惠目的明显不同于财政收入目的，因为要实现财政收入就不应该有税收优惠。增值税中进项税额抵扣制度的目的，是要通过税额的抵扣，间接地实现只对商品或者劳务的增值额征税的目的，是间接计算法增值税制度整个逻辑链条中的一个逻辑环节。个人所得税中的费用扣除制度、企业所得税的成本等扣除制度，其目的在于通过从收入中扣除这些成本或者费用，以实现对所得征税。因此，增值税的进项税额抵扣制度和所得税的成本费用扣除制度，解释上都应当符合各自的目的，而不能要求符合一般的财政收入目的。在税收程序法中，纳税担保制度、税收保全制度、税收优先权制度等，其目的都是为了保全税收。而税收时效制度是保证税收法律关系的稳定性、防止税收法律关系长期悬而未决。其目的也不是一般的财政目的，因为时效制度事实上有悖财政收入目的。总之，按照德日等国税法学的一般观点，作为税法解释原则的实质课税原则，实际上就是法律解释方法上的目的解释法，并且这里的目的指税法具体制度中的具体目的，而不是一般的财政收入目的。不过，本文将实质课税原理理解为从现代税法的财政收入目的引申出来的一个技术性原理，当其作为税法解释原则时当然可以看作是目的解释法，这里的目的实际上只限于财政收入目的，指税法的解释应当符合财政收入目的。符合财政收入目的的税法解释方法体现了实质课税的要求，但并不是符合所有税法制度目的的解释方法都体现了实质课税原理的要求。税法的解释当然也应当符合包括经济干预目的在内的其他各种目的，但本文认为这已经超出了一般意义上的实质课税原理。在西方税法学者看来，以一般的财政收入目的解释税法，是枉顾纳税人权益的官僚法学。不过，基于不同的立场对税收立法之目的有着根本不同的解读。在西方税法学者看来，财政收入的实现依靠纯粹的权力即可，本来是不需要税法的。税法的目的不是为了保障财政收入，而是通过严密的法律规则划定征税权运行的边界、规范其运行轨迹，以保护纳税人合法权益不受征税权滥用之侵害。尽管西方税法学认为现代税法的目的是保护纳税人而不是保障财政收入，但不通过财政收入目的很难说明现代税法的制度构造、特别是各项课税要件作为实体税法的主要制度构造的理由。因此一般认为财政目的还是现代税法的主要目的。更为重要的理由是，保护纳税人所要求的是税收法定原则，及作为税收法定原则逻辑延伸的形式课税，而不是实质课税。保护纳税人的目的首先要求形式课税，其次才是实质课税，会极大地压抑实质课税原理的本来意义。这是实质课税原理在西方税法学中争议极大甚至被有意忽视的重要原因。当然，财政收入目的已经不是现代税法的唯一目的，现代税法除财政收入目的外，还包括各种经济干预目的。税法规范和制度的解释当然应当符合其各自的目的。但只有财政目的才规定着税收成其为税收的本质，因此税法的解释首先应当考虑财政目的，这是实质课税的基本要求。这只是作为现代税法底层原理的技术性原理，在这种底层原理的上面，不排除存在其他各种原理。因此我们认为，把实质课税看作由现代税法的财政目的而不是其他目的引申出来的观点是成立的。从理论上讲，所有的目的解释均可看成实质解释，而不是仅仅根据法律规范之表面文义进行解释。但严格地讲，目的解释仅仅是实质解释，但不是实质课税解释，准确地说不是实质课税所要求的解释方法，实质课税所要求的解释方法只能是符合现代税法之财政收入目的的解释方法。因此不应当把实质课税所要求的符合财政收入目的的解释方法与一般意义上的目的解释法混为一谈。

六、实质课税原则的适用限制

实质课税是从税收立法的财政收入目的引申出来的，因此实质课税原则适用于财政目的税应无疑问。但现代税法已不是纯粹的财政目的，还肩负着调节经济的重任。实质课税原则对于所谓的经济干预目的税，对于调控经济、收入再分配、保护环境等社会经济政策目的的税收是否适用？我们认为，不管财政目的税还是经济干预目的税，都没有排除其作为税收的本质，仍有必要从税法文字所具有的经济意义思考问题，仍有实质课税原则的适用余地。此外，实质课税原则是否适用于程序税法？我们认为，程序税法的功能之一是对实体税法要件事实的阐明。实质课税不仅是税法制度建构即税收立法的基本原理，也不仅是税法的解释原则，它还涉及事实认定问题，需要考虑证据事实所具有的经济意义，因此程序税法也有实质课税原则的适用余地。总之，实质课税作为税法的基本原理是成立的。

实质课税适用的真正限制来自税收法定原则。实质课税原理来自税收立法的财政收入目的。但从税收法定原则的立场看，税收立法的目的是要用严密的法律规则限制征税权力，以保护私人的财产权，这是对税收立法目的的另一种解读。为了保护私人权利，税法的解释就应当限制在税法条文的可能含义之内，禁止类推解释和扩大解释①。对税法解释而言，即使考虑税法的文字所具有的经济意义，也应限制在税法的文义可能范围内，概念的经济实质不能脱离概念的形式，离开税法的特定条款的解释而孤立

---

① ［日］金子宏．日本税法原理［M］．刘多田，等译．北京：中国财政经济出版社，1989：75.

考虑交易的经济实质几乎没有意义①，这就是越过形式的实质（substance over form）或法律实质（legal substance）主义。根据这种法律实质主义，法律漏洞的填补应当属于立法范围，法律漏洞发生于法律解释穷尽处②，超越税法条文的可能文义进行的所谓类推解释和扩大解释实际上已经从税法解释走向漏洞补充。因此，税收法定原则要求尊重税法的文字规定，拒绝"真正的经济实质主义"（real economic substance doctrine），即拒绝以税法解释为名行类推适用以填补税法漏洞之实。日本学者北野宏久认为，贯穿整个税法解释与适用的基本原理是租税法律主义，不允许以经济实质主义作为税法的解释原则③。在税法解释问题上，法律实质主义与经济实质主义的区别在于是否将解释的结果限定在税法条文可能的文义之内。与北野宏久不同，不少税法学者认为，除税收法定原则外，现代税法还应当遵循税收公平原则，由税收公平原则可得出实质课税原则（指经济实质主义）可作为税法解释原则的结论。

这里，争论的实质是税法的解释结果是否应当限定在税法条文可能的含义范围内，而所谓的税法条文可能的含义范围，主要指税法中借用其他法律的概念之含义应与在其他法律中的含义保持一致，例如除非税法另有规定，即使在某些情况下赠与和销售的经济效果相同，也不能将销售解释为包含赠与。实质课税与税收立法的财政目的有关，但如果认为财政目的是税收立法的唯一目的，确实有为了国库利益而枉顾纳税人利益之嫌。本文的观点认为，实质课税要求考虑税法的文字或概念所具有的经济意义，是税法中的基本原理之一，可以作为税法的解释和适用原则（经济实质主义）。但其理由不是基于税收公平而是基于技术性考量，因为实质课税只是要求考虑税法文字所具有的经济意义，与正义问题没有直接关系。但实质课税原则作为税法的解释原则其适用应当谨慎，应当平衡国库利益和纳

① Jinyan Li. The Economic Substance Doctrine and GAAR：A Critical and Comparative Per-spective，written for the GAAR Symposium（Nov. 18, 2005），P3.

② 陈敏. 德国租税通则［M］. 台北："财政部"财税人员训练所，1985：55.

③ ［日］北野宏久. 税法学原论［M］. 陈刚，等译. 北京：中国检察出版社，2000：92－93.

税人的利益，即应当受到税收法定原则的适当限制。此外，对于以基本不具有经济价值的课税对象所课征的税收，如印花税、使用牌照税，作为税法解释原则的实质课税原则就没有适用的余地。

税法中不是只有实质课税原理在起作用，还有其他的税法原则也在对税收关系发挥规制作用，都可能限制实质课税原则的适用。不过，现代税法的税收公平原则被解读为实质公平而非形式公平，即应当按照纳税人的经济负担能力而不是按纳税人的抽象人格分配税收负担，换句话说税收负担的分配基准应当是纳税人的财产而不是纳税人，是客体而不是主体。这样，现代税法之税收公平原则与实质课税原则在诸多要求上保持一致。很多西方学者也认为，实质课税原则是从税收公平原则中引申出来的。本文承认实质课税原理契合了税收公平原则的要求，但实质课税是税法中的技术性原理，税收公平原则是税法中的公理（伦理）性原则，实质课税代表税法中的工具理性，税收公平代表税法中的价值理性，二者有着根本的不同，不应当认为实质课税原则是从税收公平原则中引申出来的。总之，现代实质平等意义上的税收公平观不限制实质课税原则在税法中的适用。但其他税法原则，除税收法定原则外，税收效率原则也会在一定程度上限制实质课税原理的适用。很多时候，实质课税原则在税法中的适用会导致程序上的复杂性。例如对房屋课征财产税，按实质课税原则的要求，应当根据房屋的实际市场价值、而不是房屋的某种外部特征如房屋的壁炉数或窗户数（英国曾开征过壁炉税或窗户税，实际上是变形的房产税）或建筑面积计税，但房屋的实际市场价值的获得有赖于复杂的评估程序，因此现代房产税通常不按房屋的实际市场价值计税，而是按容易获得的成交价或者公告价格计税。按照实质课税的要求，课税事实的认定应当采用"收付实现制"而不是"权责发生制"，但如果"收付实现制"会导致税收制度过于复杂的话，为了节约税收成本，也会有"权责发生制"的适用余地。课征企业所得税往往涉及固定资产折旧问题，按实质课税的要求，应当按固定资产的实际使用年限而不是法定年限确定折旧年限，但由于固定资产的实际使用年限通常不容易确定，为简便起见，就以法定年限取代实际使用年限。

七、实质课税原则之反避税功能

实质课税原理既是税法制度建构的原理，同时也是税法解释和事实认定的原理。在税法理论研究中，往往重视实质课税原则作为税法的解释和适用的原理所具有的反避税功能及其对税收法定原则的反动或冲击。

1977 年德国《税收通则》第 42 条规定："税法不因滥用法律之形成可能性而规避其适用。于有滥用之情事时，依据与经济事件相当之法律形式，成立租税请求权。"① 通常认为，这是德国法中的一般反避税条款，其精神实质在于反避税。那么什么是避税行为呢？我国税法学以前通常采经济学上的避税定义，其典型者如："避税的确切含义是指：纳税人利用合法手段和方法，通过资金转移、费用转移、成本转移、利润转移等方法躲避纳税义务，以期达到少纳税或不纳税的一种经济行为。"② 不过，经济学研究避税的目的是为避税行为（税收筹划）提供方法论上的指导，因此经济学上避税的定义事先假定避税是合法行为，并且采用列举的方式界定避税行为。税法学研究避税行为的目的则是要找到一种有效的法律规制方法。如果税法学直接采纳经济学上避税的定义，则存在不足之处。因为列举式的界定方式，其缺点是只能罗列避税行为的主要类型而不能穷尽其所有类型，按经济学的思路制定税法的反避税条款，就意味着只能制定针对个别避税类型的特别反避税条款，而不能制定针对所有避税类型的一般反避税条款。因此税法学如果要找到一种针对所有避税类型的法律规制方法，就不能满足于列举式的避税行为界定方法，而必须找出涵摄所有避税类型的避税定义，这需要抽象出所有避税行为的共同特征。避税行为的这种共同特征，根据德国《税收通则》第 42 条的规定，就是滥用法律之形成可能性。"法律之形成可能性"，就是指法律形式的形成自由，即私人当事人根据其自由意志决定所采取的法律形式的自由。所谓"滥用法律之形成可能性"，简单地说，就是滥用私法的意思自治，或者滥用私法的自由

---

① 陈敏. 德国租税通则 [M]. 台北："财政部"财税人员训练所，1985：54.

② 谷志杰，许木. 避税论：合理避税的方法、途径及其理论依据 [M]. 北京：学苑出版社，1990：1.

和权利。"滥用"则是指欠缺经济合理性，以取得税收利益为唯一目的或者主要目的。因此一般认为，如果行为人采取税法所定课税要件即税收构成要件之文义所不能包括，并与行为人所欲达成的经济效果不相当之法律形式，以实现与税法构成要件相同之经济效果，借以免除或减轻税收负担，就构成避税行为①。日本学者金子宏认为，纳税人利用私法上的法律形式的选择可能性，在不具备私人交易固有意义上的合理理由的情况下，而选择非通常使用的法律形式，如果一方面实现了企图实现的经济目的或经济后果，另一方面却免予满足对应于通常使用的法律形式的课税要素，以减少税负或者排除税负，这种行为称之为避税（tax avoidance）。② 其他许多税法学者对避税行为的理论认识也基本一致③。

避税行为之所以可能，是在于税法所规定的课税对象如所得、财产、交易等，原本属于私人生活事实，受私法调整。但在以意思自治为基本原则的私法世界里，私人当事人拥有极大的自由。为达成一定的经济目的，可以自主选择所采取的法律形式，如自主选择交易形式并自主决定交易条件等。避税行为正是利用私法上的权利和自由，通过非常规的安排，以避免满足相应税收的法定课税要件。例如，早期征收的遗产税并不同时征收赠与税，纳税人通过生前赠与的方式就可简单地规避遗产税纳税义务。在现代经济生活中，大量的避税行为发生在跨国公司的众多关联子公司之间，通过以明显低于市场价格的价格在关联企业之间销售货物，或者向关联企业支付明显偏高的管理费或贷款利息的方式避税。私法上的权利和自由的存在意味着，当事人可以通过多种法律形式达到同一经济目的或经济效果，但税法只能将其中的常态的法律形式法定为课税对象，这就给纳税人通过异常的法律形式规避纳税义务提供了空间。避税行为不同于违法的偷税行为与合法的节税行为。偷税是指隐瞒已经发生的课税要件事实的行

① 陈敏. 德国租税通则 [M]. 台北："财政部"财税人员训练所，1985：54.

② ［日］金子宏. 日本税法原理 [M]. 刘多田，等译. 北京：中国财政经济出版社，1989：80.

③ ［日］北野宏久. 税法学原论 [M]. 陈刚，等译. 北京：中国检察出版社，2000：148 - 149. 葛克昌. 税法基本问题 [M]. 北京：北京大学出版社，2004：11.

为。避税则是通过事先的非常规安排使课税要件事实不发生的行为。节税指通过税法明确允许或者鼓励的方式谋求税负减少或者免除的行为。避税行为在形式上合法，即不违反法律（税法或其他法律）的任何具体规定，但实际上是利用税法漏洞规避纳税义务的行为。节税不仅在形式上合法，而且也符合税法的精神实质。

避税行为种类繁多，有的避税安排还十分复杂。但所有避税行为都有一个共同特征，即滥用私法上的权利和自由，滥用私法上的意思自治。这为我们找到一个针对所有类型的避税行为的法律规制方法提供了可能。避税的法律规制方法，大体上包括立法规制以及通过执法和司法中的法律解释进行规制两类。避税的立法规制，指在税收法律法规中制定专门反避税条款的方法规制避税行为。税收法律法规中，针对所有避税类型的反避税条款，称为一般反避税条款（General anti-avoidance rule，GAAR），针对个别避税类型的反避税条款称为特别反避税条款。就各国税收立法实践看，多数国家的税法中只有特别反避税条款。如我国统一《企业所得税法》出台前，税法中专门适用于关联企业避税行为的反避税条款和其他一些特定的反避税条款，日本的《法人税法》和《所得税法》中针对家族企业中的避税行为及其他一些避税行为的反避税条款。有少数国家在税法中规定了适用于所有类型避税行为的一般反避税条款，其中最有名的就是德国《税收通则》第42条的规定。有学者将各国所得税法中规定的反避税条款称为一般反避税条款①，应当是不太合适的，因为其规定只适用于所得税。一般反避税条款与特别反避税条款的立法体例各有优劣。比较而言，特别反避税条款针对性强，其适用要件相对明确，带给税法的不确定性较小。但由于各主要的避税情形都需要专门规定，因此特别反避税条款正是导致现代税法制度构造极其复杂的重要原因或主要原因。一般反避税条款的适用要件相对不够明确，容易引起滥用，带给税法较大程度的不确定性，但对税法的简明化非常有利。

不管是一般反避税条款，还是特别反避税条款，其反避税的基本原理

---

① ［美］维克多·瑟仁伊. 比较税法［M］. 丁一，译. 北京：北京大学出版社，2006：344－359.

都是不按照纳税人所选择采用的异常法律形式课税，而是按照达到同样经济效果的通常法律形式课税，否认纳税人所选择的异常法律形式的税法效果，因此税法中的反避税条款又被称为避税行为的否认规定。例如在我国，税法反避税的重点是有关关联企业避税行为的否认规定。按照我国关联企业税制的规定，如果关联企业利用相互间的关联关系通过以明显低于市场价格的价格销售货物或提供劳务的方式规避纳税义务，那么就不按纳税人申报的成交价格计税，而是赋予税务机关对计税价格的调整权，按照独立企业间的经济交易（arms length transaction）对关联企业间的成交价格进行调整，调整到正常市场价格后计税。这表明，反避税是通过否认避税行为的税法效果的方式进行的，因此与公司法上的法人格否认制度不同。反避税所否认的是行为的法律效果，而法人格否认制度否认的是法律人格。作为异常法律形式的避税行为的法律效果被否认后，代之以新的、对应于正常法律形式的税法效果，而法人格否认后，是公司的控制股东直接对公司的债务承担责任。如果适用法人格否认制度反避税，那么就关联企业间的避税行为而言，其结果将不是税务机关对计税价格的调整权，而是直接就纳税人的税收债务追索交易对方。关联企业间避税行为本质上表现为，课税客体经过人为安排后，部分或全部变为非课税客体。反避税的基本原理就是，否认经过改造而变为非课税客体的事实的税法效果，而代之以改造前的课税客体所对应的税法效果。在这一意义上讲，对税法而言，重要的是课税客体的实质而不是其形式，因此税法的反避税条款正是实质课税原理的体现。另外，当避税行为表现为通过使课税对象之经济上的归属偏离法律上的归属以谋求税负减少时，实质课税要求不按课税对象法律上的归属，而按其经济上的归属决定课税，即税法效果取决于经济实质，而否认其法律形式（被滥用的法律形式）所对应的税法效果。总之，不管哪种避税类型，其反避税的原理是一样的。

在法律制定有相应反避税条款时，实质课税原则的适用是有充分法律依据的。问题是在法律没有相应反避税条款时，能否通过法律解释适用实质课税原理，换句话说，实质课税原理是否税法解释和适用的基本原理？税法学界持反对立场的似乎是少数。日本的北野宏久认为，税收法定原则是税法解释和适用中的唯一原理，否认实质课税原则作为税法解释和适用原理的可能性①。认同实质课税原理作为税法解释和适用原理的主要理由是税收公平。经过人为安排的经济交易可以获得有利的税收待遇，而具有相同经济效果的正常的经济交易反而获得不利的税收待遇，相同情况没有获得相同对待，这是不公平的。因此从税收公平原则可推导出实质课税原则。按照这种观点，税法中的专门反避税条款只具有宣示性而不具有创设性，即使没有这些反避税条款，也可直接依据税收公平原则推导出实质课税作为税法的解释原则的结论。这其中又有两种不同的立场。其一是法律实质主义（legal substance doctrine or substance over form），认为税法解释当然应考虑税法文字的经济意义，但须限制在税法文字的可能含义之内，不能越过税法的概念形式进行类推解释和扩大解释。其二是经济实质主义（real economic substance doctrine），认为税法解释应当符合税法的目的，不拘泥于税法的文字或概念形式，而须按照税法文字的经济意义进行解释。法律实质主义与经济实质主义的主要区别是，税法解释能否突破税法规定的文义可能性的范围。法律实质主义比较接近传统的文义解释（literal interpretation）方法，将解释的结果限制在法律的文义可能性之内，而经济实质主义则更倾向于现代的体系解释（contextual interpretation）和目的解释（purposive interpretation）方法，解释的结果可能超越法律的文义可能性的范围。法律实质主义反对通过类推适用补充税法漏洞，认为类推适用属立法权的范围，而经济实质主义则把类推适用变为税法解释问题。

经济实质主义似乎已经成为大陆国家的主流观点。而英美国家也存在不同的立场。英国的立场比较保守。在有名的 1935 年威斯敏斯特公爵（Duke of Westminster）一案中，英国上议院建立的一套原则在英国产生的深远影响一直持续到不久之前，并在今天仍然影响着加拿大。这些原则是：①法令应接受严格的和字面的解释；②一项交易应当根据其法律形式而非其经济或者商业实质进行判断；③一项交易，即使没有商业目的，仅

---

① ［日］北野宏久. 税法学原论［M］. 陈刚，等译. 北京：中国检察出版社，2000：93-94.

仅为了规避税收而存在，在税法上也是有效的（is effective for tax purpo-ses）①。直到 20 世纪 80 年代，英国上议院才开始认可目的解释方法并逐步认识到经济实质主义与制定法解释问题的相关性。不过，英国的经济实质主义概念不如美国宽广，仅仅停留在作为制定法解释问题，而不是更自由的（普通法上的）反避税规则②。加拿大最近于所得税法中增加了一般反避税条款。在此之前，经济实质主义并不是加拿大法律的一部分。当提到"越过形式的实质（substance over form）"时，"实质"是指法律实质而非相反的经济实质。例如，在 Continental Bank of Canada v. R.（1995）一案中，法官 Bowman 认为，所得税法中要求考虑"越过形式的实质"，不意味着一项交易的法律效果是无关的，也不意味着授权人们把实质等同于经济效果。他认为他不能忽略本案中有约束力的法律关系的形式，因为交易的性质不能够为所得税的目的而通过术语改变③。即使在加拿大所得税法增订一般反避税条款之后，法官的适用也是相当谨慎的。美国法院对实质课税原则的适用就积极得多。在美国，自 Gregory v. Helvering. 一案产生的实质课税原则一直指经济实质主义。美国的经济实质主义既是司法（普通法）反避税规则，也是制定法的解释原则④。但在美国，实质课税原则也有一个发展过程。美国联邦所得税法理的发展实际上是税收筹划者与承担岁入保护责任者之间的无休止斗争的历史。纳税人有权利以使税收负担最小化的方式安排自己事务的原则成为早期的观念。这种机会激发了税收顾问的才能。足智多谋的税收战略家裁剪交易以便绕过麻烦的管制、司法判例和制定法条款以取得有利的结果。为了应对仅仅为税收目的而策划的人为安排的挑战，法院引入了起支配作用的是交易的实质而非交易的形式这

① Jinyan Li. The Economic Substance Doctrine and GAAR：A Critical and Comparative Per-spective，written for the GAAR Symposium（Nov. 18，2005），P8 – 9.

② Jinyan Li. The Economic Substance Doctrine and GAAR：A Critical and Comparative Per-spective，written for the GAAR Symposium（Nov. 18，2005），P10.

③ Jinyan Li. The Economic Substance Doctrine and GAAR：A Critical and Comparative Per-spective，written for the GAAR Symposium（Nov. 18，2005），P12.

④ Jinyan Li. The Economic Substance Doctrine and GAAR：A Critical and Comparative Per-spective，written for the GAAR Symposium（Nov. 18，2005），P32 – 33.

一学说①。有美国学者对这一学说提出批评，认为保护岁入的愿望、不应允许一个人与他自己的行为相抵触的感觉、其他一些判断者的个人因素、加上这一学说不成型的特征，导致了这一学说的不一致并缺乏清晰的表述②。

实质课税原则在司法中的适用，常常涉及事实认定，以致存在实质课税原则到底是税法解释原则还是事实认定原则的疑问。在美国及其他一些国家，实质课税原则意味着，缺乏经济实质的交易（避税行为的典型特征）在税法上没有意义，即否认经过人为安排的交易形式的税法效果。交易是否具有经济实质，其判断依据主要是交易是否存在商业目的，如取得利润、减少损失、承担风险的可能性。如果一项或一系列交易除了带来税收利益外没有其他任何商业利益，就是没有经济实质的交易。很显然，以取得税收利益为唯一目的的交易是没有经济实质的交易，容易判断。当一项或一系列交易同时具有税收利益和真实商业目的时，则会带来认定上的困难。困难在于，多大程度的商业目的才足以构成交易的经济实质。这是实质课税原则带给税法的不确定性并引起一些批评的原因。不管怎样，实质课税原则的适用与事实认定有关，但不能看成一个单纯的事实认定问题，因为离开税法特定条款的正确解释问题而孤立考察交易的经济实质几乎没有任何意义③。因此通常认为实质课税原则的适用属于税法解释问题。

尽管经济实质主义已成为一种趋势，但对其理论根据，本文的看法与主流的观点有所不同。主流观点认为实质课税原则是税收公平的体现。本文认为，实质课税原则最初是由税法财政收入目的引申出来的，根据手段对目的的有效性之考虑所提出的要求，反映了税法中的工具理性，是税法中的技术性原理。只是因为实质课税原理正好契合税收公平的主张，实质课税原则才被赋以价值理性的品格。但是如一些批评所说，一般地以财政

---

① Myron Semmel, Milton H. Stern. Tax Effect of form in the acquisition of assets ［J］. Yale Law Journal, 1954, 63（4）: 765.

② Myron Semmel, Milton H. Stern. Tax Effect of form in the acquisition of assets ［J］. Yale Law Journal, 1954, 63（4）: 769.

③ Jinyan Li. The Economic Substance Doctrine and GAAR: A Critical and Comparative Perspective, written for the GAAR Symposium（Nov. 18, 2005）, P3.

收入为出发点，是国库主义的表现，是官僚法学。此外，实质课税原则也带给税法一定程度的不确定性。实质课税原则要求税法的体系解释或者目的解释，但有时这种解释的结果并不能发现某个税收法规的一致的政策和目的，而是代之以大量异常的、前后不一的、特定的目的，以回应特定的案件的司法判决、预算的起步、即时的收入需求甚至特殊利益集团的院外游说活动①。在某些情况下，税法可能仅仅根据交易的法律形式而对相同或类似的交易规定不同的待遇，国会也可能让纳税人在两种待遇中进行选择。例如，由于融资成本（股息或利息）的不同待遇，纳税人可能通过债务融资而不是证券融资以利用利息扣减规定。同样，将利润保留于公司而不是通过分派股息方式分配给股东以提升股东所持股票的价值，可获得有利的税收待遇，因为资本利得（股票等财产转让所得）与股息所得的税收不同②。可见，税法解释即使应当参考税收立法的目的，如果以一般的财政收入目的为出发点，也可能得出错误的结论。因此实质课税原则的适用应受到一定的限制，其理由在于税法中不只有技术性原理，除技术性原理外，税法中还存在一些公理性原理。技术性原理可能构成税法的底层原理，显示手段对目的的有效性，但不能赋予税法正当性。

八、有关实质课税原理的案例分析

相对于公司的投资者而言，公司具有独立的财产和独立的法律人格，是独立的纳税主体，需要就其经营活动中实现的利润缴纳企业所得税。公司将其税后利润分配给投资者个人时，公司的个人投资者需要就其从公司分得的利润缴纳个人所得税。然而在有限责任公司特别是一人有限责任公司中，公司的财产与其投资者的财产在法律上的归属和在经济上的归属往往出现不一致，由此产生很多税法问题。比如由公司提供资金购置的车辆，其购车发票在公司名下，并登记在公司名下，但实际上并不用于或者

---

① Jinyan Li. The Economic Substance Doctrine and GAAR：A Critical and Comparative Perspective，written for the GAAR Symposium（Nov. 18，2005），P51.

② Jinyan Li. The Economic Substance Doctrine and GAAR：A Critical and Comparative Perspective，written for the GAAR Symposium（Nov. 18，2005），P51.

不主要用于公司的经营活动中，而是用于投资者的个人生活中。或者由公司出资购置的车辆，其购车发票和车辆户籍均不在公司名下而是在投资者个人名下，但主要用于公司的经营活动。在这种情况下，购置车辆时所产生的车辆购置税的纳税义务的纳税主体是公司还是投资者个人？该车辆是否应当计入公司的固定资产账下并计提折旧？该车辆所缴纳的保险费是否应当计入公司的经营成本？是否构成偷税？公司还是投资者个人是车辆本身产生的车船税纳税义务的纳税主体？此外，财政部国家税务总局曾发文规定：个人投资者以企业资金为本人、家庭成员及其相关人员支付与企业生产经营无关的消费性支出及购买汽车、住房等财产性支出，视为企业对个人投资者的红利分配，依照"利息、股息、红利所得"项目计征个人所得税。个人投资者使用登记于公司名下的车辆，是否应当缴纳个人所得税？

一个关键的问题是：应当按照课税对象法律上的归属还是事实上（经济上）的归属确定课税对象的归属。实质课税要求，按课税对象事实上（经济上）而非法律上的归属确定其归属。这一案例涉及车辆购置税、企业所得税、个人所得税、车船税等税种，由于不同税种的具体情况有所不同，我们可以分别讨论实质课税原理在不同税种中的适用情况及其限制。

首先是车辆购置税。我们知道，车辆购置税的法定纳税环节是车辆购置环节，在车辆注册登记前缴纳，需要凭完税证明办理车辆的注册登记。在纳税的当时，既无法确定车辆在事实上或经济上的归属，也不能确定车辆在法律上的归属（尚未注册登记），这是否意味着既无法按车辆事实上所归属之人、也不能按车辆法律上所归属之人确定纳税人？实际上，车辆购置税是行为税而非财产税，其课税对象是车辆购置行为，而不是车辆本身，所以不能以车辆本身在事实上或法律上之归属人确定纳税人，而应以购置车辆的行为在事实上或法律上所归属之人作为纳税人。按现行法的规定，就是以购置车辆的单位或个人为纳税义务人，换句话说，就是以支付购车款并取得车辆所有权（在注册登记前以占有方式公示）的行为所归属之人为纳税人。代为购买车辆的人，作为代理人，其行为的全部后果包括经济上和法律上的后果都归被代理人，因此不以代理人、而以被代理人作为车辆购置税的纳税人，既符合实质课税的要求，也符合形式课税（税收法定原则）的要求。

与车辆购置税以购置车辆的行为作为课税对象不同的是，车船税的课税对象是车船本身。因此从实质课税原理上讲，车船税就应以车船在事实上所归属之人为纳税人。我们知道，车船税是按期征收的期间税，而不是按次征收的随时税，其法定征税期间是一年即一个纳税年度。期间税纳税义务发生时间是征税期间届满的时刻。车船税的纳税义务发生时间就应当是纳税年度的最后时刻，由于我国的纳税年度采公历制，车船税的纳税义务发生时间就是公历年度的最后时刻。在此之前，由于没有实际发生纳税义务，尚不需纳税。按期征收的车船税，可以根据课税车船的实际使用情况以课税车船在课税期间内事实上或经济上所归属之人为纳税人。这在技术上并不复杂。因此，如果公司出资购买车辆，虽登记在公司名下，但并不用于公司的生产经营，而是用于公司投资者的个人生活，其车船税的纳税人就应当根据车辆的实际使用情况即车辆的经济上所归属之人确定。同理，如果公司出资购买车辆，虽登记在公司的投资者个人名下，但实际上主要用于公司的生产经营，该车辆的车船税纳税人就应当是公司。

与车船税一样，公司缴纳的企业所得税也是期间税。企业所得税按年征税，其法定征税期间是一年，即一个纳税年度（公历年度）。只有当公历年度届满后，才实际产生企业所得税的纳税义务。在此之前，由于尚未发生企业所得税纳税义务，车辆在事实上或法律上归属公司还是公司的投资者，与企业所得税无关。只有当企业所得税的纳税义务发生时，我们才需要将车辆在法律上或事实上的归属情况作为课税的根据。按照实质课税的要求，我们可以根据车辆在课税年度的实际使用情况做出相应的税务处理。如果公司出资购买车辆，并登记在公司名下，但并不用于公司的生产经营，而是用投资者的个人生活，那么可以认定车辆在事实上或经济上归属投资者个人，而只在法律形式上归属公司。根据实质课税的要求，车辆不能计入公司的固定资产账下并不能计提折旧，车辆发生的保险费也不能计入公司的经营成本。公司如果将车辆计入固定资产并计提折旧，或将车辆的保险费计入公司成本，构成偷税，应承担相应法律责任。相反，公司出资购买车辆，虽登记在投资者个人名下，但课税年度实际上主要用于公司的生产经营，可以认定车辆事实上归属公司。因此公司可以将其计入固定资产账下并计提折旧，车辆的保险费也可以计入公司的经营成本。

需要厘清的是，车辆的归属问题，在私法上是单纯的法律问题。但在税法中，实质课税所涉及的车辆归属问题，既是一个税法解释问题，又是一个事实问题。作为税法解释问题，实质课税涉及税法中诸如"车辆的所有人"其中"所有"二字是指车辆的法律上的归属还是其事实上的归属问题。作为事实认定原则，实质课税原则要求考虑课税事实所具有的经济实质或者经济效果，而不是其法律形式。实质课税的这种要求，适用于按期征收的期间税，不会遭遇大的问题，但如果适用于按次征收的随时税，则可能出现意想不到的困难。例如，如果想根据车辆的实际使用情况确定车辆的归属，并进而决定是否对公司的个人投资者征收个人所得税，几乎是不可能的。这是因为，课税客体法律上的归属可以在课税客体发生的当时确定，但课税客体事实上或经济上的归属只能在事后确定。期间税可以根据课税客体在课税期间内的实际使用情况，确定课税客体事实上或经济上的归属。但对按次征收的随时税而言，课税客体发生时，其实际使用情况尚未发生，无法根据实际使用情况确定课税客体事实上或经济上的归属。我国现行个人所得税法规定，对个人的利息、股息、红利所得，按次征收个人所得税。实质课税要求根据课税客体事实上或经济上的归属作为征税的事实根据，问题是在车辆购买或者登记时，只能确定车辆法律上的归属，而无法确定车辆事实上的归属，因为相关的事实尚未发生，我们还不知道车辆将用于公司的生产经营还是公司投资者的个人生活。换句话说，我们无法在车辆购置时就根据实质课税原理的指引，认定车辆在事实上构成公司给予投资者个人的"利息、股息、红利"所得，并据此征收个人所得税。那么这是否意味着，实质课税要求的根据课税客体事实上的归属征税这一原理不适用于按次征收的随时税呢？也不一定，只是问题复杂化了。可以先根据车辆在法律上的归属确定是否对投资者个人征收个人所得税，然后根据车辆的实际使用情况决定补征个人所得税或者退还已征的个人所得税。

在税收实践中，税务机关发现，私营企业普遍存在这种现象：为图年检和按揭的方便，以公司的名义出资购置车辆，但购车发票和车辆户籍均不在公司名下，而是在公司投资者个人名下。于是税务机关提出下述处理意见。如果有证据证明企业所购车辆用于企业经营，或者无法查实是用于企业经营或者投资者个人生活，那么由于固定资产入账手续不具备，不能计入公司的固定资产并计提折旧，所缴的车辆保险费也不能在税前列支，由此少交的企业所得税应予补交；责令企业限期明确车辆权属，若限期内车辆过户到企业名下，从过户之日起计入固定资产计提折旧，若超过限期没有过户，则根据财政部国家税务总局的解释，视为企业为投资者个人购置的车辆并按"利息、股息、红利所得"项目征收个人所得税。税务机关的处理意见有值得思考之处。其一是根据实质课税原理的要求，税务机关应尽量查清车辆的实际使用情况，并以车辆的实际使用情况作为征税的事实根据，不能在事实不清的情况下做出相应征税决定。其二是税务机关不应干预车辆权属的归属，不能责令企业限期明确车辆权属，要求将车辆过户到企业名下。车辆权属在私法上属于法律问题，车辆到底归公司还是归公司投资者个人，在私法上应由当事人意思自治。税务机关没有权利干预当事人对车辆权属的自主决定。车辆权属在税法上只是一个事实问题，是税务机关征税决定的事实根据。税务机关只能根据实际发生的事实做出征税决定，而不能干预当事人对车辆权属的处置。实际上，本案中的车辆权属并非不明确，只是存在车辆在法律上的归属与经济上的归属不一致。实质课税要求只考虑车辆在经济上的归属，而不考虑车辆在法律形式上的归属，因此税务机关完全可以根据车辆的实际使用情况确定车辆的归属，并据此征税，而不用考虑车辆在法律上的归属，因此不用责令限期将车辆过户到企业名下。

在很多时候，实质课税原理在税法中的适用会带来税收程序上的不便和税收成本的增加。有时，按次征收的随时税，无法事先确定课税客体之事实上或经济上的归属，可能给征税带来困难。期间税虽然可能根据课税期间内课税客体事实上或经济上的归属征税，但也可能带来车辆在不同的课税期间归属不同的情况。按车辆的实际使用情况确定车辆的归属，并据此征税，明显会增加征税机关的调查成本，使税收成本增加。

问题的解决有赖于税收法定原则，通过税收法定原则限制实质课税原理在现代税法中的适用。税收法定原则具有高度的形式性特征，要求按照课税对象之法律形式上的归属而非经济实质上的归属确定课税对象的归属。税收法定原则要求，纳税人的经济生活事实，只要满足了税法规定的有关纳税义务成立之形式要件，就直接产生纳税义务，而不用考虑纳税人发生的经济生活事实之实际经济效果。与实质课税原则正好相反，税收法定原则要求形式课税而不是实质课税。当实质课税成为不可能或者会导致税收程序复杂化时，就应当考虑税收法定原则所主张的形式课税。例如当固定资产的实际使用年限无法在事先确定时，就只能按照固定资产的法定使用年限计提折旧。公司购置的车辆在注册登记时，还不知道将实际用于公司的生产经营或者用于公司投资者的个人生活，可以先按登记的车辆所有人决定是否征收个人所得税，如果以后车辆的实际使用情况所表明的车辆事实上的归属与登记的归属不一致，则可按实际使用情况补征个人所得税或者退还已征的个人所得税。当然，如果税法中明确规定按法律形式课税，那么这种规定就具有限制实质课税原理在税法中之适用的意义，这时就不用考虑固定资产的实际使用年限或者车辆的实际使用情况。有时，形式课税具有简化税制，节约税收成本的意义，符合税收效率原则。

第四章

现代税法技术性原理三：税收程序法的制度结构与功能

一、从技术观点看税收程序法的产生

按照一般观点，实体法规定权利义务本身，程序法规定权利义务的实现过程。相应地，税收实体法主要规定纳税义务产生的各项课税要件，而程序税法则规定纳税义务的履行程序。因此，这里所说的税收程序法是指有关纳税义务履行程序的法，或者有关税收的缴纳和征收程序的法，而不包括税收救济程序如税收行政复议程序和税收行政诉讼程序。

同所得税、增值税制度一样，税收程序法是典型的现代构造，古代（农业社会）税收制度中是没有专门的程序制度的。这是一个值得深思的现象。农业社会的税收制度中为什么不存在专门的税收程序制度？为什么没有产生现代的纳税申报制度？"重实体轻程序"可能是其观念上的根源，但不是根本原因。根本原因在于当时的现实社会基础。农业社会的生产活动主要是农业种植和简单的手工加工，土地是重要的生产资料。农业社会的产出主要是粮食等农产品和布匹等手工产品。这种社会现实决定了农业社会税收制度所规定的课税对象主要是土地和人口（劳动力），而农业社会的税收则需要以农产品和手工产品等实物缴纳（货币缴纳只是例外）或者服劳役。统治者所需粮食按土地征收，形成土地税制度，即田租；所需手工产品和劳役则按人口征收，形成人头税制度，即口赋和劳役。这是农业社会税收制度的基本构造，尽管其间一直伴随着将人头税并入土地税收中的努力。在农业社会，土地和人口作为最主要的课税对象，都建立有相应的登记制度，征税权主体即国家可以很方便地获取相应的资料和数据。

正是因为税收制度以有效的土地和人口登记制度为基础，因此古代各朝都建立有严格的人口登记制度即户籍制度①和土地登记制度。另外，在农业社会对土地征收的粮食和对人口征收的手工产品和劳役，都分别按土地面积和人口数量采取定额征收的办法。这在唐初的租庸调制的规定中有直观的反映（唐初实行均田制，因此其税制中的租也按人口征收，间接按田亩征收，比较特殊）。唐《赋役令》规定，凡男女始生为黄，四岁为小，十六岁为中，二十有一为丁，六十为老。丁年十八以上授田一顷，内八十亩为口分，年老还官。二十亩为永业。授田者丁岁输粟二担，谓之"租"。丁随乡所出，岁输绫、绢、绝各二丈，布加五之一。输绫、绢、绝者兼绵三两，输布者麻三斤，谓之"调"。用人之力，岁二十日，闰加五日。不役者日为绢三尺，谓之"庸"。有事加役二十五日者，免调；加役三十日者，租、调皆免。通正役不过五十日②。可见，不管是租（按田亩征收的粮食），还是庸（按人口征收的手工产品，其原料是农业产出物）或者调（按人口征收的劳役），都实行定额征收，租和庸都没有按农业的实际产出量据实征收。定额征收而不是据实征收，其带来的征税上的方便是显而易见的：只要作为课税对象的人口数量不发生变化，作为课税对象的土地的自然性质不（因洪水等）发生大的变化，税收定额就不用调整。在这种税收制度下，纳税人的税额可以在多年内保持不变。这意味着，不需要专门的税收程序去确定税额。很多时候，今年的税额就是去年的税额，征纳税双方在纳税期到来之前就已经清楚。

税收的效力是转移私人的财产权，涉及征、纳税双方的利益。不管古代农业社会还是现代的工业社会，一个基本事实是，课税事实和课税资料都首先掌握在纳税人手中，征、纳税双方对课税资料等信息的占有总是处于不对称状态。相对而言，古代税制中土地、人口等最主要的课税对象的基本信息都可以通过人口和不动产物权的登记制度取得，极大地缓和了征纳双方所存在的信息不对称现象。定额征收而不是按产量据实征收的制度构造，也使得税制的运行不需要以对农业产量等信息的占有为前提，减少

---

① 陈锋.中国古代的户籍制度与人口税演进［J］.江汉论坛，2007，（2）：51－55.
② 张怡.税法［M］.北京：清华大学出版社，2007：81.

了税制有效运行所需要的信息量，进一步缓和了征纳双方所存在的信息不对称。这是古代税制不需要专门的税收程序制度的现实社会基础。实际上，古代税制中并非不存在程序制度，税额的评定、土地的丈量、人口的查实，都需要通过一定的程序进行。古代税制中只是不存在专为纳税义务的履行而设的、具有类似现代税收程序之功能的程序制度。在古代，税额评定后，发给纳税人记载有税额的钱粮文册（明代称"由贴"）①。每到纳税期到来时（田赋为夏秋两季），官府上门催告，纳税人则将相应的钱粮送交到指定收储场所。这种征收过程可以从我国直到21世纪初才予以废止的古老的农业税的征收过程看出端倪，新中国的农业税实际上是古代田赋的延续。

到了现代工业社会，征税基础事实已经从人口和对不动产的占有发展到各种交易和所得。各种交易和所得，大多没有相应的登记制度，征税权主体从而失去了通过登记资料掌握纳税人应纳税情况的可能性。另一方面，课税资料掌握在纳税人手中，纳税人对自己应纳税情况一清二楚。征、纳税双方在对课税信息的占有上存在严重不对称现象。这种信息的严重不对称现象，引发了税收实现方式的重大变革，即由征税机关上门征税到纳税人自行申报纳税。由此产生了纳税申报制度，成为现代税收程序的核心组成部分，并承载了现代税收程序的主要功能。现代税收程序法产生的另一个重要原因是，在现代社会，征税所依据的要件事实非常复杂，并非可以简单确定。特别是对于所得税制度，因为所得数额的确定并非根据所得定义即可直接得到，而是要根据完整准确的有关营业活动、财务收支的会计记录并经过复杂的计算才可得出。

税收的实现，税法的有效运转，首先需要确定税额，而确定税额的前提是有关课税要件事实的阐明。在古代社会，课税要件事实的阐明较为容易，只涉及人口的查实、土地的丈量和等级评定等，通过征税机关的税收调查即可完成。这表明，在古代，课税要件事实的阐明不太依赖纳税人提供相关课税资料即课税要件事实之信息，没有通过纳税申报制度课纳税人

---

① 黄仁宇. 十六世纪明代中国之财政税收 [M]. 阿风，等译. 北京：生活·读书·新知三联书店，2001：190.

有关要件事实的信息提供义务的紧迫性。而在现代社会，课税要件事实涉及众多市场主体不断发生的海量的经济交易以及这些交易所产生的、收支相抵后的财务成果（所得），单靠置身这种市场交易之外的征税机关的税收调查权这种制度安排，要阐明课税要件事实几乎是不可能的。因此有必要通过一种制度安排，让直接参与经济交易、直接占有课税要件事实之信息的纳税人承担相关信息的提供义务，以阐明事实。这种制度安排就是纳税人的信息提供义务，如纳税申报义务、接受税收调查的义务和某些报告义务。其中最基本的是纳税人的申报义务，即当纳税人从事经济活动，发生应税行为或事实，满足了实体税法规定的各项课税要件后，必须将有关课税要件事实的相关信息如实报告征税机关的义务。有关纳税人纳税申报义务的制度安排就是纳税申报制度。

总之，税收的实现，必须首先阐明事实，以确定税额。现代税收程序法的出现，源于在课税信息严重不对称的情况下，阐明课税要件事实的现实需要。这里所说的事实的阐明，既不单指纳税人对事实的主张，纳税人对事实关系的单方主张还必须得到征税机关的认可，才可能在法律上有效，也不是指征税机关对事实的臆断，而是指经过法定程序确定事实。经过法定程序所阐明的事实，在法律上有效，能够产生税额确定的效果。现代税收程序法的基本功能就是通过对课税事实的阐明，确定税额，实现税收。事实的阐明，不能靠臆断，其坚实的基础应当是证据。现代税收程序法要阐明事实，就必须合理配置税收关系中的利害关系人即征、纳税双方以及其他知情者的证据提供义务，合理配置当事各方的证明责任。当然，这里所说的证明责任与诉讼法上的证明责任稍有不同。在诉讼法中，提出证据以证明自己对事实关系的主张更多的是当事人的诉讼权利而非必须履行的义务。或者更准确地说，这是一种程序义务，但这种义务不具有直接的强制性。当事人不提供证据所需承担的不利后果即证明责任，仅仅与讼争的权利义务有关，即判决结果将对其不利，而没有其他的不利后果。在税法中，纳税人不将应纳税事实报告征税机关，即不履行纳税申报义务，将产生直接的不利法律后果（行政处罚等），这表明纳税人的这种义务具有强制性。此外，由于税务案件通常是行政案件，证明责任被认为在行政主体一方，行政相对人则不承担证明责任。但有点奇怪的是，在税法理论中，征税机关所承担的证明责任被认为以纳税人承担的课税要件所涉及的事实关系的报告义务即纳税申报义务为前提。纳税人如果不履行纳税申报义务，不仅遭受行政处罚或附带给付等不利后果，而且还将通过推定课税制度的适用以减轻征税机关的证明负担。这样，纳税人对阐明课税要件事实所承担的义务就不宜直接称为证明责任或者证据提供义务，尽管纳税人义务的实质内容是纳税人就课税所涉及的事实关系发表自己的主张并提出证据证明这一主张。也可以根据这种义务的实质内容，称其为证明责任，但这只是纳税人在税收程序中的证明责任，而不是纳税人在诉讼中的证明责任。虽然都称为证明责任，但其含义有所不同。税收程序中的证明责任指提出自己对事实关系的主张、并提出证据证明这一主张的义务，是一种积极责任；而诉讼中的证明责任指不能提出证据证明自己的主张将承担的不利判决结果，是一种消极责任。纳税人在税收程序中依法承担证明责任，即对课税事实之阐明承担义务。纳税人在税收行政诉讼中，却不承担证明责任，税收行政诉讼中的证明责任完全在征税机关一方。不过，理论上认为，征税机关在税收行政诉讼中的证明责任以纳税人在税收程序中的证明责任为前提，纳税人不承担税收程序中的证明责任，将会导致推定课税制度的适用，即减轻征税机关在税收行政诉讼中的证明责任。尽管两种证明责任之法律意义有所不同，但其间存在某种法律上的联系。纳税人对阐明课税事实所承担的义务在现代税收法律法规中被称为纳税申报义务、报告义务、接受税收调查的义务等。但在理论上，可以通称为信息提供义务。这种信息提供义务，是在纳税人的（税款）给付义务之外的作为义务。在税法中，给付义务是纳税人的主要义务，而为实现这一义务，纳税人还承担一些程序义务，也是纳税人的附带义务，包括提供信息等积极的作为义务和不反抗税收强制执行的消极的容忍义务即不作为义务。

在课税资料为纳税人掌握，课税信息严重不对称的情况下，产生了现代税收程序法，基本目的是通过法定程序阐明事实，以确定税额，实现税收。因此，税收程序法的首要问题就是如何配置征、纳税双方以及其他知情者事实阐明责任和义务，以最有效地阐明事实。很明显，由于一方面课税事实是在纳税人的生产、经营和生活活动中产生的，课税资料为纳税人所掌握，纳税人在课税信息的占有方面具有天然的优势；另一方面，由于课税事实不是简单的人口数量或对不动产的占有，而是复杂的交易活动及其财务成果（所得），税收关系的另一方即征税机关要想通过自己的调查取得充分的课税资料，几乎是不可能的。这样在课税事实的阐明过程中，首先课纳税人向利害关系的另一方即征税机关公开课税事实相关信息的义务就成为必然的选择。纳税人的这种信息公开义务，就是纳税人的纳税申报义务。由于纳税信息可能涉及纳税人的个人隐私或商业秘密，因此纳税人的纳税申报义务作为实质上的信息公开义务，只向利害关系的另一方即征税机关公开，而没有义务向社会公开，目的在于向征税机关发表自己关于事实关系的主张，并提供证据证明自己的主张，以争取征税机关的认可，进而成为法律上有效的事实关系并产生确定税额的效力。通常而言，纳税申报所提交的资料，除纳税申报表外，还包括其他的文件和资料。纳税申报表的主要意义在于表达纳税人对事实关系的主张，而其他文件和资料则是其证明材料。原则上讲，纳税人应当对其通过纳税申报表所主张的事实提供充分的证明材料，但现代税收程序法对纳税人的"证明责任"的边界有所限定，否则纳税人将不堪证明负担之重。主要表现在两个方面。其一是税法通常列举纳税人需要提交的主要证明材料，纳税人需要提交的证明材料的范围并不完全听由征税机关决定，如我国税法规定纳税人在纳税申报时需要提交纳税申报表、财务会计报表、损益表以及税务机关要求提交的其他资料。多数国家税法都将税务机关要求提交的其他资料限制在必要范围内。所谓必要范围，解释上可认为是纳税人所能提供的、确实有助于事实之阐明的资料，其他与阐明课税要件事实无关的资料，不应当要求纳税人提供。其二是推定纳税人申报的事实真实有效。有时这被概括为纳税人的诚实纳税推定权，但这种概括让人触摸不到问题的实质。推定纳税人申报的事实真实有效，在或大或小的程度上被多数国家的税收程序法所认可①，是一个普遍的法律现象，也可以说是一个不得已的做法，因为

---

① 黄士洲. 税务诉讼的举证责任 [M]. 北京：北京大学出版社，2004：203 - 204.

如果我们完全不信任纳税人的纳税申报，那么将找不到任何其他的阐明事实的有效方法。从这点上看，这是技术性考虑的结果，而不是价值权衡的结果。推定纳税人纳税申报的真实有效，就意味着，除非存在相反的事实，征税机关不能推翻纳税人通过纳税申报所主张的事实。征税机关要推翻纳税申报所主张的事实，必须提出确实的证据资料。在课税所涉及的事实关系的阐明过程中的这种税法构造，其实意味着纳税人承担了主要的事实阐明的负担（本质上就是证明负担），征税机关也对事实的阐明承担责任，但只是一种补充性的责任，这种补充性的证明责任通过征税机关的税收调查权这样一种制度安排实现。税收调查权作为一种职权，具有不可放弃性，从而成为征税机关对于事实阐明的职责或责任。税收调查权的基本目的是搜集有关纳税义务成立之相关要件事实。如果说在古代社会，税收调查权承担了几乎全部的课税要件事实的阐明责任，那么在现代税收程序法中，税收调查权对于课税要件事实的阐明仅承担补充性的责任，旨在监督纳税申报的正确性，这是现代税收程序构造的一个明显的特征。总之，在现代税收程序中，基于课税事实之信息偏在于纳税人一方、在征税机关与纳税人间存在着严重的信息不对称现象，作为信息优势方的纳税人承担了主要的课税事实阐明责任（义务），而作为信息劣势方的征税机关则仅通过税收调查权承担补充性的课税事实阐明责任（义务）。不管怎么说，现代税收程序法所阐明的、在法律上有效的事实，即能够产生确定税额之效力的事实，不是单纯由纳税人所主张的事实，也不是征税机关臆断的事实，而是由纳税人通过纳税申报所主张，并经征税机关的税收调查因没有发现相反事实而认可的事实。不难看出，在这种制度安排中，税收关系的利害关系双方对课税事实的阐明都承担了法律上的责任和义务，只不过纳税人承担了主要的责任，而征税机关承担的是补充性的监督责任。德国税法学者 Seer 在其教授资格论文《租税程序上之事实阐明》中认为征纳双方具有课税事实阐明的合作关系①。在现代税收程序法的理论构造中，有点扭曲的是，举证责任或证明责任一语已被诉讼法垄断。诉讼法中的证明责

---

① 黄士洲. 税务诉讼的举证责任［M］. 北京：北京大学出版社，2004：133.

任，用来表达讼争事实真伪不明时的风险归属，即在原、被告均已尽提出证据之能事，系争事实仍真伪不明时，法院不得拒绝裁判而必须就该事实真伪不明之证明风险，决定由何造当事人负担①。另外，税务案件通常作为行政案件，其诉讼中的证明责任被认为在征税机关一方，纳税人则不承担诉讼中的证明责任。由上述两方面原因所决定，税收程序法中，纳税人对阐明课税事实所负的义务被称为协力义务，似乎只承担协助征税机关阐明事实的义务。这种构造的扭曲之处在于，掩盖了纳税人在税收程序法而不是诉讼法中所承担的主要的证明负担。纳税申报义务是否能够看成是协力义务，这与各国税法赋予纳税申报的法律效果有关。日本《国税通则法》直接赋予纳税申报确定税额的效力，这样，纳税申报就不能认为只是协助征税机关阐明事实。我国现行税法虽未直接赋予纳税申报确定税额的效力，但从《税收征收管理法》第 35 条有关税务机关税额核定权之规定的反面解释看，实际上是间接承认了纳税申报税额确定的效力。因此在我国，也不能把纳税申报看成是协助征税机关阐明事实。但是在德国、韩国和我国台湾地区，纳税申报并不直接产生确定税额的效力，纳税人的应纳税额一律由征税机关在审核纳税人提供的申报资料后确定，并通知纳税人。在这种情况下，纳税申报实际上仅仅是为征税机关认定事实、确定税额提供辅助资料，因此纳税人的纳税申报义务被称为协力义务是有一定道理的。必须指出的是，即使在后一种体制下，把纳税申报义务称为协力义务也是不妥当的。纳税申报义务如果仅仅是协力义务，纳税申报制度就不是一项独立的税收程序制度，纳税申报制度就将笼罩在税收调查权制度之下，而成为税收调查的一个环节，纳税申报就相当于纳税人接受征税机关税收调查时按要求提供相关资料。把纳税申报义务看作协力义务，隐含了这样一种理论认识，即在税收关系中，征税机关作为行政主体，承担事实阐明的主要责任，只是因为课税要件事实发生于纳税人的生活与经营活动中、为纳税人所知悉和掌握，才把纳税人的协助即通过纳税申报提供资料看作是征税机关阐明事实的必要前提。问题是，在当今差不多任何一个国

---

① 黄士洲．税务诉讼的举证责任［M］．北京：北京大学出版社，2004：1．

家或地区的税法中，纳税申报义务都是法定义务，纳税人是根据税法的规定而不是征税机关的要求提供申报资料，而且纳税人不履行纳税申报义务，将通过推定课税制度的适用减轻征税机关的证明负担。义务本身的法定性和消极后果的法定性，都表明纳税申报制度的独立性，并不依附于征税机关的税收调查权。就算我们承认在现代税收程序法中，征税机关承担事实阐明的主要责任并以纳税人的协力义务为前提，一个不可否认的事实是，没有纳税人的资料提供义务，征税机关要阐明事实几乎是不可能的。"协力义务"满足了税法理论与行政法和行政诉讼法关于事实阐明责任或证明责任理论相协调的要求，但贬低了纳税人在现代税收程序法中对于事实阐明的意义。实际情形是，不管税法是否赋予纳税申报确定税额的效力，纳税人对于事实的阐明都承担了主要责任，把纳税申报义务称为协力义务掩盖了这一事实。因此我们没有必要追随德国学者而使用"协力义务"一语。

在现代税收程序法中，纳税人通过其承担的纳税申报义务，对课税要件事实的阐明承担了主要责任。但是很明显，由于利益关系，仅仅指望通过纳税申报就可发现真实事实是不现实的，纳税人总是存在隐瞒课税要件事实的天然倾向。因此，事实的阐明，除了纳税申报这种制度安排外，还必须辅之以征税机关的税收调查权。税收调查权的基本功能就在于，搜集纳税义务成立之相关要件事实，监督纳税申报的真实性，保证税收的实现。应当承认，在现代税收程序法中，纳税人通过纳税申报，对事实的阐明承担了主要责任，而征税机关对事实的阐明只是通过税收调查权承担补充性责任，主要目的是起幕后监督作用。税收调查权之所以对课税事实的阐明有意义，是因为作为现代税收最主要的课税基础事实的各种经济交易，其参与者不只纳税人一方。这意味着，课税要件事实并非只在纳税人的掌握之下，交易的对方以及为交易办理结算的金融机构、为上市公司出具审计证明的机构、甚至为课税财产办理产权转移登记的机构等，都是课税事实的知情者。征税机关可以通过对税收关系当事人以外的第三方进行税收调查，取得相关资料，以印证纳税申报的真实性和准确性。此外，征税机关也可通过对纳税人的实地调查，以取得相关资料。知悉案件事实的第三方，由于有接受税收调查的义务，也在税收程序法中承担了事实阐明的责任。就这种责任的性质看，第三方没有主动提供证明的义务，只在征税机关调查时才承担义务，因此是一种真正的协力义务。不过按我国的用语习惯，通常称作第三方的协助义务而不是协力义务。

现代税收程序法推定纳税人的纳税申报真实有效。征税机关在税收调查中，如果没有发现相反的事实，就不能推翻纳税人通过纳税申报所主张的事实。当然，如果纳税人的申报与征税机关的调查不符，则征税机关可以通过法定的程序推翻纳税人申报的事实，修正纳税人申报的税额并确定正确的税额。如果纳税人根本不申报，征税机关则可适用推定课税制度，以减轻自己的证明负担。可见，现代税收程序法存在的首要的理由和基本功能是课税事实的阐明。通过这样一种税收程序所阐明的事实，就是法律上真实的事实，在法律上有效，能够产生确定税额的效力。当然，通过税收程序所阐明的事实只是法律上真实的事实，法律上的真实不等客观真实。实际上从哲学上讲，事实一旦产生，就成为历史，对事实的阐明只能尽可能还原事实真相，而永远不可能达到客观真实，因为客观真实的判断以我们知道客观真实为前提，而如果我们知道客观真实的话，通过税收程序阐明课税事实就完全没有必要，这是一种二律背反。

现代法治思想要求我们，法律的适用必须以事实为根据。但问题是课税要件事实一旦发生便成为历史，我们所能做的只是设定某种程序，以便通过这种程序能够阐明已经发生的事实。现代专门税收程序法的产生，其目的首先是通过法定程序阐明事实，以便适用税收实体法，以确定税额，实现税收。但无论我们怎样构造或安排我们的税收程序制度，也只能使通过税收程序法所阐明的事实尽可能接近客观真实，而始终不能等同于客观真实。我们之所以能够接近真实，是因为一方面，事实一旦发生总会留下某些痕迹，这些痕迹可作为还原事实真相的证据事实；另一方面，税法以外的某些其他法律制度也有助于保障课税事实的真实性。例如现代所得税的课征所依赖的财务会计记录的真实性，就可能通过社会审计机构所出具的审计证明予以保证。不动产登记制度有助于课于不动产交易环节的财产税之相关课税事实的阐明。银行的转账结算制度（相对于使用现金）有助于课于交易环节的流转税之相关课税事实的阐明。这些其他法律制度可以减轻税收程序法对事实阐明的负担。尽管理论上讲，我们可以无限接近真实，但由于课税要件事实发生于纳税人的生活和经营活动中、为纳税人所掌握这一现实所决定，现代税收程序法才不得不通过纳税人的纳税申报义务，并辅之以征税机关监督性的税收调查权这样一种程序构造来阐明课税要件事实。很显然，这种程序构造只能保证所阐明的事实接近事实真相，只能达到法律上的真实，而不能保证其客观真实性。实际上，现代税收程序法也没有试图确保在任何情况下所阐明的事实的真实性。这通过税法关于事实推定的规定就可以看出来，这表现在两个方面。其一是，现代税收程序法推定某些情况下的事实真实有效。德国《租税通则》第158条规定："纳税义务人之账册与凭证符合本法第140条至148条所定之要件，且于个案中并无任何理由可推翻其事实上之正确性者，即应作为课征租税之认定基础。"一般认为，德国《租税通则》第158条之规定性质为法律上事实推定①。由于推定的事实可能与实际发生的事实不符合，这种法律上事实推定可以被相反的事实推翻。当然，法律上事实推定还包括另外一种情况，即以法定标准取代实际发生的事实，且不能被推翻。如一般认为，个人的工资薪金所得，在征收所得税时应扣除纳税人本人及其赡养、扶养人之生活费，但其扣除额通常是一个法定的固定数额，而不是实际发生额。另外，所得税法中，固定资产通常按法定年限计提折旧，而不是按其实际使用年限计提折旧。德国和我国台湾地区税法学者习惯将法律上事实推定（特别是数额的推定）称为税法中的类型化规定或类型化观察法，包括可以推翻的类型化和不能推翻的类型化，不能推翻的类型化称为实质类型化，可以由纳税人举反证推翻的类型化称为形式类型化②。其二是推定课税制度的适用。所谓推定课税制度，是指当课税所需要的要件事实之直接资料难以取得时，根据征税机关调查所得的间接资料推定纳税人的课税标准和税额的制度。例如课征所得税所依据的收入资料、成本资料、费用资料因纳税人的财务会计记录不健全而难以取得时，征税机关可以根据纳

---

① 黄士洲. 税务诉讼的举证责任［M］. 北京：北京大学出版社，2004：203－204.
② 黄士洲. 税务诉讼的举证责任［M］. 北京：北京大学出版社，2004：15－16.

税人的注册资本、雇工人数、使用的机器台数等间接资料，推定纳税人的经营规模和利润额，并据以课征所得税。推定课税制度本质上也是关于事实推定的制度，但它是在个案中对事实的推定，与法律上事实推定有所不同。推定课税是由征税机关以相对容易取得的间接资料、按照法定的方法推定课税所需的无法直接取得的直接资料，而法律上之事实推定，是由法律直接规定在某种情况下据以课税的事实。不管是法律上的事实推定，还是推定课税制度中的事实推定，推定的事实总是存在与实际发生的事实不一致的可能性，而且这种可能性还相当大。这表明，通过税收程序法所阐明的事实，只要求达到法律上的真实，即在法律上有效并能够产生税额确定的效力，而不要求达到客观真实。这一结论如果从税收行政诉讼的证明责任这一角度，看得更清楚。证明责任或举证责任，把法律上还原已经发生并成为历史的事实的过程转换为证明程度问题。税法所要求达到的证明程度，是接近真实的高度概然性，而不是绝对真实性，而且课税要件事实所要求的证明程度低于刑事诉讼法上犯罪事实的证明程度。

阐明事实是适用税收实体法的前提，这一技术性的需要引起了现代税收程序法的产生，并成为现代税收程序法的主要功能，但不是其唯一功能。现代税收程序不仅要阐明课税要件事实，而且要保证税收的实现，因此税收强制执行成为现代税收程序的重要组成部分。

二、一般税收程序研究

现代税收法规体系中，并没有一部专门的税收程序法，其内容集中于《税收通则法》或《税收基本法》中，部分内容散见于各单行税法中。学界对税收程序法有不同的理解。德国、日本和我国台湾的主流观点是，税收程序包括税额的确定程序和税款的征收程序两个主要部分，有关税收程序法的讨论被放在确定程序和征收程序这种基本程序架构中进行。这种认识框架或分析范式有一定的道理，但存在明显的不足。因为这种税收程序观站在征税机关的立场上，强调征税机关的行政权对于阐明课税要件事实和实现税收的意义，刻意忽视纳税人的程序行为对于阐明事实和实现税收的意义。这种税收程序观的引人误解之处在于，现代税收的实现似乎全赖公权力强制征收，而不是主要由纳税人自动履行。这种程序观本质上是"权力关系说"的税收程序观，将税收程序完全置于传统的行政法框架下，将税收程序等同于以规范行政权的运行为目的的普通行政程序。这种程序观也正是施正文《税收程序法论：监控征税权运行的法理与立法研究》一书的基本立场。问题是，行政法框架下的行政程序，仅仅作为实体性的行政权的程序配件而存在，不是一个独立的程序结构。换句话说，这种程序观下，所谓的税收程序并不表现为一个独立的程序结构，而是在公权力强制征收税收过程中的一些程序配件。这实际上在一定程度上否认了"税收程序法"这一命题本身的成立，成为一种悖论。并且，许多国家如德国、日本，普通行政程序法并不适用于税法领域①。习惯上继受德、日观念的我国大陆税法学界，也往往不经思考、有些理所当然地把税收程序等同于税收行政程序。但这种税收程序观显然没有一个完整的程序观，未能清晰地揭示次序严谨的税收程序的诸环节，并且引起诸多误导。比如在税收行政程序观念下，就不能很好地说明纳税人的纳税申报对于阐明课税事实、实现税收的意义。因为纳税申报只是作为行政相对人的纳税人履行纳税义务的一个程序步骤，并不反映税收行政权的作用。更为重要的是，税收行政程序观念反映了一种落后的理念：税收的实现全赖公权力强制征收，而不是纳税义务的自动履行。事实上，现代税收程序法首先为纳税义务的自动履行提供一个管道，公权力强制征收只起补充作用。因此现代税收程序的基本理念应当是：税收的实现主要依赖纳税义务的自动履行，而不是公权力强制征收。

行政法框架下的税收程序观，容易抹杀纳税人的行为如纳税申报对于阐明事实和实现税收的意义，也与纳税申报制度作为现代税法中重要的程序制度的立法现实不符。因此有必要真正在"税收债务说"观念下思考税收程序问题。按照债法的一般观念，当债务关系成立后，当然是由债务人自动履行而不是由债权人强制征收以实现债权人的债权。剩下的一个问题是，私法之债并没有一个专门的履行程序，作为公法之债的税收债务为什

---

① 杨海坤，黄学贤.中国行政程序法典化［M］.北京：法律出版社，1999：24.

么需要一个专门的履行程序？抛开价值权衡，单从技术的观点看，可以这样认识。纳税义务作为税收债务，当然以纳税人自动履行纳税义务作为实现税收的主要方式。但在课税资料为纳税人所掌握、课税信息严重不对称的情况下，由于利益上的冲突，指望完全通过纳税人的自动履行以实现税收是不现实的。为了确保国家税收的实现，征税机关有必要对纳税义务的履行过程进行监督，并在纳税人不正确履行纳税义务（如虚假申报等）时，介入纳税义务的履行过程，以纠正纳税人的履行错误，或者在纳税人根本不履行纳税义务（如不申报）时启动强制执行程序、强制实现税收。这需要税法通过某种制度安排，明确纳税人的信息公开义务即纳税申报义务，即明确课税要件事实的阐明方式，明确征税机关介入纳税义务履行过程的要件和方式。目的在于，通过纳税人的自动履行和公权力的强制介入，共同阐明事实、实现税收。这要求首先为纳税义务的自动履行提供一个管道，并明确在必要时公权力得以介入纳税义务履行过程的条件和方式。这些方面的制度安排正是现代税收程序法的基本内容。

仅从技术的观点看，也可以认为，现代税收的实现，并非人们误以为的主要依靠公权力强制征收，而是主要依靠纳税人的自动履行。税收程序存在之目的，一是在课税信息严重不对称的情况下明确阐明事实的方式，二是明确征税机关或公权力介入纳税义务履行过程的要件和方式，三是在纳税人根本不履行纳税义务时通过公权力（征税机关的税额确定权和税收强制执行权）的作用强制实现税收。现代税收程序法的基本理念应当是，首先为纳税人自动履行其依法成立的纳税义务设立一个管道，当纳税人能够正确履行其纳税义务时，公权力不介入纳税义务的履行过程中；而当纳税人不正确履行其依法成立的纳税义务时，公权力就介入纳税义务的履行过程，通过税额的更正等方式纠正纳税义务的履行错误，或者当纳税人根本不履行已成立的纳税义务时，启动强制执行程序强制实现税收。在整个过程中，公权力的意义主要是起幕后监督作用，监督纳税义务的正确履行，只有当纳税义务没有正确履行时，才由幕后走向前台，以纠正纳税义务的履行错误或强制实现税收。当然，公权力的幕后监督作用以纳税人的信息公开义务和税收调查权为前提。这样一种税收程序理念，主要体现在日本的《国税通则法》《国税征收法》、美国的《国内收入法》和我国的《税收征收管理法》中，而不是德国的《税收通则》、韩国的《国税基本法》、台湾地区的《税捐稽征法》中。其原因在于，前者直接或间接赋予纳税申报确定税额的效力，而后者则将税额确定权完全授予征税机关，纳税申报本身不能产生确定税额的效力，这样，纳税义务的履行过程中总是存在公权力的介入，总是由征税机关确定税额并通知纳税人。

要分析现代税收程序的程序结构，首要的问题是明确纳税义务履行程序的逻辑起点。征税机关的税收管辖权只是纳税义务履行的前提，但不是纳税义务履行的起点。只有向有管辖权的征税机关履行纳税义务，才能产生纳税义务履行的后果，即消灭该项纳税义务。如果向对纳税人或者征税对象不具有税收管辖权的征税机关履行纳税义务，那么该履行行为无效，不产生消灭该项纳税义务的效果，已经产生的纳税义务依然存在，有管辖权的征税机关可以要求纳税人履行，也可以追征税款并追究法律责任。但税收管辖权的存在并不表示纳税义务开始履行，税收管辖权只是实体和程序的连接点，因此不是纳税义务履行程序的逻辑起点。我国《税收征收管理法》所规定的税务登记，其意义在于纳税人的身份管理即税籍管理，因此税务登记的内容主要是有关纳税人的基本信息，如纳税人的名称、法定代表人、注册资本、经营范围、所有制性质、雇员人数等（不从事生产经营的普通个人通常不需要登记），与纳税申报要求向征税机关公开课税要件事实具有完全不同的意义和内容。通过这种税籍管理，有管辖权的税务机关可以通过纳税人的登记资料掌握纳税人的基本信息，为每一个纳税人建立档案，对纳税资料实行归档管理。可见，税务登记通常发生于纳税义务产生之前，并不表示纳税义务开始履行，而纳税义务的履行逻辑上应该在纳税义务产生以后，因此税务登记不是税收程序的逻辑起点。税务登记制度与纳税申报制度一样，其目的是课纳税人信息提供义务，但两者要求提供的信息是不一样的。税务登记所要求提供的信息是有关纳税人的基本信息，如姓名、名称、注册资本、经营范围等，这些信息对于征税机关监控税源和纳税义务的履行有一定的意义，例如如果注册资本很大而申报的所得额很小，那么就有理由怀疑纳税申报的真实性，为税收调查权的启动提供了事实依据。纳税申报要求提供的信息是有关课税要件事实的信息。因此税务登记制度不同于纳税申报制度。通常，纳税人从事经济活动，发生应税行为和事实，依照实体税法的规定产生纳税义务后，为履行纳税义务，首先需要将应纳税的事实报告征税机关，因此纳税申报才是纳税义务履行程序的逻辑起点。

　　税收程序即纳税义务履行程序有一般程序与特别程序之分①。虽然各国税收立法体例不尽相同，但有关税收程序的原理有其相通之处。例如各国通常于一般纳税程序之外另定有不适用一般纳税程序的特别程序，包括印花税票纳税方式和源泉征收制度等。特别纳税程序的特别之处在于，适用特别纳税程序的税收，其课税事实简单明确、相对容易确定，所以不需要专门的税额确定程序，可以直接计算税额并缴纳税款。在现代税收程序法中，纳税申报制度作为一种程序制度，实质上是专设的、用于阐明课税事实的税收程序制度。纳税申报之目的之一就在于，通过有关课税事实之信息的信息优势方即纳税人向信息劣势方即征税机关公开相关信息，以取得税收债务之债权人即征税机关的认可并产生确定税额的效力。当然，征税机关在有相反事实时，可以推翻纳税人通过纳税申报所主张的事实。在特别纳税程序中，由于不需要专门程序以阐明课税事实，所以纳税人的纳税申报义务被豁免。不过，在大多数情况下，现代税收所涉及的课税事实都比较复杂、不容易确定，因此需要专门的课税事实的阐明程序，即纳税申报制度。存在纳税申报制度的纳税义务履行程序为一般程序，省略纳税申报制度的纳税义务履行程序是特别程序。一般程序相对于特别程序而言，较为复杂。这种复杂性源自增加了一个课税事实之阐明程序即纳税申报制度。

　　从现代各国税法的规定看，一般纳税程序的逻辑顺序是，纳税人依实体税法的规定产生纳税义务后，首先须向有管辖权的征税机关做纳税申报，然后按一定的方式确定纳税人的应纳税额，税额确定后进入税款缴纳环节。以上可以称为正常纳税程序。如果经过正常纳税程序，纳税人已足

---

① 李昌麒. 经济法论坛：第 1 卷 [M]. 北京：群众出版社，2003：266.

额及时缴纳税款，则该项纳税义务因履行而消灭。如果经正常纳税程序没能实现国家税收，那么将进入非正常纳税程序，即由征税机关启动税收强制执行程序强制纳税人履行其义务。可见，税收强制执行并非必经程序，其发动原因是纳税人滞纳税款，即纳税人未在法定或者征税机关依法核定的期限内缴纳税款。正常纳税程序在美国、日本等发达国家的税法上和我国税法上原则上是纳税义务的自动履行程序。美国、日本和我国税法规定的一般纳税程序，实际上首先为纳税人自动履行其纳税义务提供一个管道。如果纳税人能够正确履行其纳税义务则公权力不介入，当纳税人不能正确履行或根本不履行依法产生的纳税义务时，公权力则介入其中，以纠正履行中的错误或者强制其履行。如美国税法规定，联邦个人所得税的纳税人必须于每年4月15日前填写纳税申报表并寄送国税局。国税局若认可该申报，无须采取积极的行为而直接存档。如果国税局认为填报有误，则书面通知纳税人，指出其错误所在，并确定正确的税额。纳税人申报后需向国税局寄送一张相应数额的支票①。美国、日本和我国税法规定的一般纳税程序可称为自行申报纳税程序。但德国、韩国税法所规定的一般纳税程序则只能称为课赋纳税程序，因为按照德国《税收通则》、韩国《国税基本法》的规定，纳税申报不能产生确定税额的效力，税额的确定权完全授予征税机关，征税机关确定税额后依法定方式通知纳税人，这意味着不管纳税人是否存在履行错误，在正常的纳税义务履行程序中不可避免地有公权力的介入，仅仅纳税人的行为无法完成纳税义务的履行程序。可见，自行申报纳税程序和课赋纳税程序，已经成为现代各国税法所规定的一般纳税程序的两种模式。两种税收程序模式的程序环节基本相同，主要的差别在于，纳税申报是否直接产生税额确定的效力。在自行申报纳税程序中，因为纳税申报直接产生确定税额的效力，只要纳税人能够正确履行其依法产生的纳税义务，公权力则不能介入纳税义务的履行过程。但在课赋纳税程序中，由于税额由征税机关确定，不管纳税人能否正确履行其依法产生的纳税义务，都有公权力介入纳税义务的履行过程。此外，从整个程

---

① 孙凯. 美国联邦税收制度［M］. 北京：中国税务出版社，1997：21－23.

序过程看，两种程序模式体现的基本理念存在很大的差异。自行申报纳税程序所体现的是比较现代的由纳税人自动履行其纳税义务、征税机关对纳税义务的履行过程只起幕后监督作用的程序理念。课赋纳税程序则体现了通过公权力强制征收以实现税收的传统理念。在自行申报纳税程序中，纳税人具有较强的程序自主性，而课赋纳税程序则是权力主导的程序模式。实际上，比较两种程序模式不难发现，不承认纳税申报的税额确定效力，而必须由征税机关在审核申报书后确定，纳税人必须等到征税机关核定税额并通知纳税人后，才能进行税款的缴纳，除了徒增征、纳税双方的程序负担外，实在看不出有多少积极意义。纳税人既然能够正确申报，就应当能够正确计算应纳税额。征税机关只需要纠正申报的课税要件事实中的错误，或者税额计算中的错误即可，实在没必要在本来是正确申报时也由征税机关确定税额并通知纳税人。如果担心纳税申报普遍存在问题影响到纳税人对税额的计算，需要由征税机关确定所有纳税申报中的应纳税额，这时我们需要反思的是申报纳税的社会基础是否具备（比如纳税人缺乏诚信、普遍不值得信任）或者我们的税收制度是否过于复杂以致让大多数纳税人无所遵循。因此课赋纳税程序所体现的程序理念其实是较为保守和落后的。代表当今税收立法走向的应当是自行申报纳税程序而不是课赋纳税程序。以下围绕阐明事实、确定税额、实现税收这一现代税收程序的基本功能，考察一般纳税程序的各程序环节。

（一）税收程序制度：纳税申报

在课税资料为纳税人所掌握，征、纳税即税收债务双方对课税信息的占有严重不对称的情况下，阐明事实的需要，成为纳税申报制度存在的根本理由。纳税申报制度，课信息优势方的纳税人信息公开义务，是阐明课税事实的重要一步。纳税申报是在税收债务人发生应税行为和事实，依法产生纳税义务以后，就课税要件事实的相关信息，向税收债权人的代表即征税机关予以公开的程序行为。没有纳税人的信息公开义务，要想阐明课税事实几乎是不可能的。行政法观念下的税收程序观，作为实体性的行政权的程序配件，往往忽略纳税人的程序行为，压抑了纳税申报对于阐明课税事实的重要意义。纳税申报既是纳税人向税收关系的对方公开课税事实的相关信息，也是纳税人表达自己对事实关系的主张的法定方式。因此，纳税申报不仅仅是纳税人的程序义务，同时也是纳税人的程序权利。其目的是要取得对方对所主张的事实关系的认可，以阐明事实，确定税额。因此，通过纳税申报所公开的信息，是有关课税要件事实的相关信息。纳税申报义务的履行方式是填写并递交纳税申报表。纳税申报表的内容，是纳税人应纳税的情况，如税种、税目、适用税率、计税依据、扣除项目及标准、税款所属期限等。税法往往还要求纳税人随纳税申报表提交一些其他资料，如损益表及其他财务会计报表、交易协议副本等。与纳税申报表一起提交的其他资料，实际上是证明纳税人通过纳税申报表所主张的事实关系的证明资料。由于纳税申报是现代税收程序法阐明事实的重要一环，如果纳税人申报后发现申报内容有误，应允许纳税人通过某种方式对申报内容予以修正。不同的程序模式所要求的申报内容有所不同。在课赋纳税程序中，由于纳税申报本身不产生确定税额的效力，因此只要求课税标准申报，而不要求税额申报。在自行申报纳税程序中，由于纳税申报原则上产生确定税额的效力，故不仅要求课税标准申报，而且要求税额申报。如我国的纳税申报就包括税额申报，纳税人应当在纳税申报表中计算出应纳税额。这里的课税标准申报，实际上就是征税所涉及的相关要件事实的申报。从单纯的技术角度看，纳税申报是为了阐明课税事实，而课税事实的阐明则是确定税额和实现税收的逻辑前提。课税事实不明的情况下，无法确定税额，也无法实现税收。在自行申报纳税程序中，纳税人的纳税申报即可产生税额确定的效力，这意味着纳税人通过纳税申报所主张的事实在法律上有效，无须取得征税机关的明确认可，即可产生相应法律效力。当然，由于纳税人通过纳税申报所主张的事实与实际发生的事实不符，应当允许对错误或虚假申报进行更正。因此在自行申报纳税程序中，当征税机关发现纳税人通过纳税申报所主张的事实与征税机关通过税收调查所取得的事实不符时，可以根据调查所得资料更正申报中的错误。因此与纳税申报一样，征税机关的更正也是阐明课税事实的一环。值得指出的是，当纳税申报有误时，往往不是所申报的事实全部错误，而是其中一部分发生错误。征税机关对错误部分的更正，并不影响正确部分的效力。在课赋纳税程序中，纳税人通过纳税申报所主张的事实，不能直接产生确定税额的效力，税额的确定权完全归属征税机关。可以认为，在课赋纳税程序中纳税申报所主张的事实必须得到征税机关的认可，才能产生确定税额的效力。在课赋纳税程序中，征税机关确定税额所依据的事实，不仅包括纳税人通过纳税申报所主张并得到征税机关认可的事实，而且包括征税机关根据调查所得的事实。如果纳税申报存在虚假或者错误，征税机关可以直接根据调查所得的资料确定税额，因而课税纳税程序中不需要专设的更正程序这种课税事实的阐明程序，更准确地说，征税机关对虚假或者错误申报的更正已经隐含于税额确定程序中。

（二）税收程序制度：税额的确定

纳税人发生应税行为和事实，即纳税人的经济生活事实，满足了实体税法所定的各项课税要件，纳税义务便依法产生。但此时的纳税义务只是抽象的纳税义务，其内容如税额等尚不明确，无法实际履行。税额的确定是纳税义务履行的前提。对于普遍以各种复杂的经济交易及其财务成果（所得）作为课税基础事实的现代税收，纳税人应纳税额的确定不是一件容易的事，很多时候相当复杂，因此有必要设立专门的税额确定程序。从各国税法的规定看，税额的确定方式有三种。其一是以特别税收程序实现的税收，包括以印花税票方式实现的税收和源泉征收的税收，被认为纳税义务发生时其税额即可自动确定，无须特别的税额确定程序。特别税收程序的适用前提就是其税额的计算相对简单，无须专门的税额确定程序，但并非不需要确定税额。其二是在课赋纳税程序中，税额的确定权完全归属征税机关，纳税申报本身不产生确定税额的效力，征税机关确定税额后以纳税通知等方式通知纳税人。其三是在自行申报纳税程序中，税额原则上由纳税人的纳税申报确定，只有在无申报时，才由征税机关根据调查所得的资料确定税额，或者虽申报但申报税额的计算未按税法规定进行、申报的税额与征税机关的调查不一致时，由征税机关进行更正并通知纳税人。可见，在自行申报纳税程序中，税额的确定权原则上归属纳税人，只在纳税人不正确行使时才归属征税机关。此外，从法理上讲，征税机关确定税额后所发出的纳税通知，是征税机关请求履行的行为，因而产生税额确定时效中断的效果。

税额的确定以课税事实的阐明为前提。但阐明事实的目的是确定税额，所以在现代税收程序法中，事实的阐明程序并没有与税额的确定程序分开，而是隐含或者说包括在税额确定程序中。通过法定程序和方式所阐明的事实，在法律上真实有效，能够产生确定税额的效力。在现代税法中，课税事实的阐明，有两个重要的法律机制，其一是纳税人的纳税申报，其二是征税机关的税收调查权。但税收调查权只是征税机关查明课税事实的法律机制或手段，而不是征税机关表达自己对事实关系之主张的方式。在自行申报纳税程序中，征税机关必须提出相反的事实才能推翻纳税人通过纳税申报所主张的事实，当征税机关不能提出相反的事实时，不能干涉纳税人对事实关系的主张，因此征税机关实际上是以不作为的方式表达自己对事实关系的主张，具体表现为默认纳税人对事实关系的主张。当然，在有相反事实时，征税机关也可以推翻纳税人所主张的事实和税额。可以说，自行申报纳税程序阐明事实的基本立场，是以税收关系的双方共同认可的事实为准，并表现出对纳税人就事实关系之主张的高度尊重。但课赋纳税程序所阐明的事实，则在原理上代表了征税机关对课税事实的单方认定，征税机关以自己认定的事实做出行政决定（确定税额）。换句话说，在课赋纳税程序中，事实的阐明实际上是征税机关的任务。这样，纳税人的纳税申报就没有特别的意义，只不过为征税机关认定事实提供辅助资料而已，类似于在征税机关的税收调查中根据征税机关的要求提供相关资料，而不是独立的程序行为，纳税申报也因此在很大程度上丧失作为独立的税收程序制度的意义。在现代税收程序法中，不管课税事实的阐明是由征税机关单方认定，还是由征、纳税双方共同阐明，都以纳税人的纳税申报和征税机关的税收调查权为前提。没有纳税申报，要阐明课税事实几乎是不可能的。而如果没有征税机关的税收调查权，纳税人申报资料的真实性就难以保证。正因为如此，自行申报纳税程序与课赋纳税程序两种程序模式，尽管在理念上有重大差异，但在具体的程序环节上，除纳税申报是否产生税额确定效力外，以及是否存在征税机关对申报税额的更正程序外，基本相似。

税额的确定必须有事实根据，税额的确定必然伴随事实的阐明，事实的阐明程序隐含于或者说包括在税额的确定程序中，或者更有可能的是，税额的确定程序依附于课税事实的阐明程序，两者难以分开。正因为如此，现代税收程序通常被认为包括税额确定程序与税款征收程序两个主要部分，但这不妨碍我们把税额确定程序从观念上同时看成课税事实的阐明程序。无论如何，税额的确定以课税事实得以阐明为前提。在现代社会，课税事实实际上是通过纳税人与征税机关合理互动予以阐明的。如果说法律程序的意义在于为所有程序参与人提供意见交流的通道以形成最终决定的话①，那么现代税收程序在阐明事实、确定税额等问题上体现了这一意义。不管自行申报纳税程序还是课赋纳税程序，征、纳税双方都有对课税所依据的事实发表自己主张的机会。只是相对而言，纳税人对事实关系的主张在自行申报纳税程序中得到了更大的尊重，而征税机关对事实的认定则在课赋纳税程序中得到十足的体现。

（三）税收程序制度：税款缴纳

税额确定后，就进入了以消灭已成立的纳税义务为目的的税款缴纳环节。正常纳税程序为纳税人自动履行其纳税义务提供了一个法律通道，这意味着纳税人应当在法定的或者征税机关依法核定的期限内，将相等于已确定的税额的款项交到国库或征税机关。税款的缴纳作为纳税义务履行程序的一个环节，其目的是实现税收而不是阐明课税事实。课税事实的阐明是确定税额的前提，因此从原理上讲，课税事实的阐明应当发生在税额确定之前而不是之后，当然也就发生在税款缴纳之前。税款的缴纳，涉及几个主要问题。

其一是税款缴纳的期限。如果我们按主流的税收债务说把纳税义务视为税收债务的话，税款缴纳期限就是税收债务的清偿期。由于不能要求纳税人缴纳尚未成立的纳税义务，税收债务的清偿期通常是纳税义务发生后的一段时间。税款缴纳的期限可能是法律直接规定的，也可能是征税机关依照税法核定的。通常，纳税人如果因不可抗力等原因不能在法定或核定

---

① 季卫东. 法治秩序的建构［M］. 北京：中国政法大学出版社，1999：36 – 39.

的期限内缴纳税款，可以申请延期缴纳。税法给纳税人一个缴款期限，目的在于使纳税人在纳税义务发生后有时间办理纳税事项如纳税申报等并筹集资金。税款缴纳期限是一个重要的税法概念，具有重要的法律意义，是认定纳税人是否存在实体性的税收违法行为如我国税法规定的欠税、偷税、逃税、抗税等的时间基准。只要没有超过法定的、或征税机关核定的、或征税机关根据税法规定决定特定情况下的提前征收和延期纳税所提前或延长的期限，就不存在偷逃抗欠税等违法行为。有必要说明的是，税款缴纳期限是认定欠缴税款（欠税）或者逃避追缴欠缴税款（逃税）的时间基准，相信不会有疑问。但税款缴纳期限是否认定偷税、抗税的时间基准，则可能存在争议。因为根据我国《税收征收管理法》的相关规定，偷税和抗税似乎也可以发生在税款缴纳期限届满前。但本文认为，即使纳税人发生了伪造、变造账簿、记账凭证，在账簿上多列支出或者不列少列收入等行为，并据此进行纳税申报，或者纳税人使用了暴力或者威胁手段，由于未过税款缴纳期限，征税机关还不能要求纳税人缴纳税款，还不清楚纳税人是否因此不缴或少缴税款，因此不应认定为偷税或者抗税。仅仅因为纳税人仿造、变造账簿、记账凭证，可能导致少缴税款，就认定为偷税，恐怕不符合立法原意。单纯超过税款缴纳期限未缴税款，不存在其他情节，则构成欠缴税款（欠税）。如果超过税款缴纳期限未缴税款，并存在其他情节，则根据不同情节相应构成偷税、逃税或者抗税。偷逃抗欠税等违法行为，通常会产生一系列不利纳税人的法律后果，如追缴税款、加收滞纳金、罚款甚至刑事责任。超过税款缴纳期限没有履行纳税义务即滞纳税款，不仅可能构成各种税收违法行为，而且是税收强制执行的要件。在德国、日本等多数国家税法中，税款滞纳是税收强制执行的唯一要件。我国《税收征收管理法》规定的税收强制执行，除税款滞纳要件外，还包括"从事生产经营的纳税人"这一要件。

其二是税款缴纳的标的。现代市场经济是货币经济，货币税取代实物税是现代税收的必然趋势。因此现代税收的缴纳标的主要是货币，只有在特定情况下才允许以实物缴纳。也正是基于这种情况，我们才把税收的缴纳称为税款的缴纳。在现代国家，货币的发行权由中央银行垄断，被称为法定货币。法定货币具有不受限制的法律上的债务清偿效力，对税收这种公法之债的清偿当然同样有效。货币币值的不稳定并不影响法定货币的清偿效力。这里所说的法定货币，包括现金和金融机构的存款，因此支付方式可以是现金支付和存款机构的转账支付，也包括以汇票、支票、本票等支付工具支付。由于汇票有支付期限的限制，因此以票据作为税收债务的清偿工具主要限于见票即付的支票。除法定货币外，其他的支付方式，都不具有法定的债务清偿效力，其在事实上所发生的债务清偿作用取决于债权人的同意。除税法特别允许以实物缴纳的税收外，不能以法定货币以外的有形或无形财产作为税收债务的支付手段。因为这些财产的价值是不稳定的，会随市场情况的变化而发生波动，存在贬值的风险，这种风险不应由作为税收债权人的国家来承受。不仅一般公司企业发行的股票债券存在贬值的风险，国家自己发行的债券也存在贬值的可能性。因此除非税法明文规定，即使纳税人所持有的政府公债，也不能用来支付税收。其主要理由是，债券不是法定的支付手段。另一个理由是，虽然可能性较小，但政府公债仍然存在贬值的可能性，即使是到期政府债券，也存在按票面定值还是按市场价格定值的问题。当然，在税法明文规定的情况下，可以用政府债券支付税收。同样道理，纳税人能否主张以所持的政府债券或者对政府的其他债权与所负的税收债务相抵销，也取决于税法是否有特别规定。

其三是税款支付的主体。纳税人作为税收债务人，当然应当以自己的财产清偿自己的税收债务。纳税人缴纳其应纳之税收，该项纳税义务自应因履行而消灭。如果第三人声明以纳税人的名义进行税款缴纳，只会有利而不是有害税收的实现，因而应该能够根据第三人缴纳的数额部分或全部消灭纳税人的该项纳税义务。日本《国税通则法》第41条规定：国税得由第三者为应缴纳国税者进行缴纳[①]。第三人缴纳的原因通常是第三人与纳税人间存在某种协议，通过替纳税人纳税换取纳税人处的其他利益。税法允许第三人缴纳是否意味着承认第三人与纳税人间的协议的税法上的效力呢？不能得出这一结论。基于税收法定原则，私人之间有关税收问题的

---

① 张光博. 外国经济法：日本国卷一［M］. 长春：吉林人民出版社、中国经济法制音像出版社，1991：953.

协议不产生任何税法上的效果。因此，即使第三人与纳税人间订有替纳税人缴纳税款的协议，也不能约束征税机关，第三人不按协议缴纳税款导致构成欠缴税款，其后果如追缴税款、加收滞纳金、受税收强制执行等，也只能由纳税人而不是第三人承担。纳税人不能以与第三人间的协议对抗征税机关。总之，第三人缴纳的法律效果是税法直接赋予的，不是纳税人与第三人间的协议在税法上的效力。

（四）税收程序制度：税收强制执行

现代税法首先为纳税人提供一个纳税义务的自动履行程序，让纳税人在规定的期限内自动履行其纳税义务。这一纳税程序可称为正常纳税程序。在正常纳税程序中，只要纳税人能够正确履行其依法产生的纳税义务，公权力就不介入纳税义务的履行程序中。只有当纳税人不正确履行纳税义务时，公权力才介入纳税义务的履行程序中，通过更正纳税人所申报的税额并通知纳税人的方式，纠正纳税义务的履行错误，或者当纳税人根本不履行其纳税义务时，通过直接确定纳税人的应纳税额并通知纳税人的方式介入纳税义务的履行程序。可见，在正常纳税程序中，征税机关介入纳税义务履行程序中是有比较严格的条件的，其条件便是纳税人不正确履行或根本不履行依法产生的纳税义务。这表明在现代税收程序中，公权力的运用主要起幕后监督作用，而不是直接实现税收，税收的实现主要有赖于纳税义务的自动履行。正常纳税程序就是纳税人自动履行纳税义务的法律通道。但如果正常纳税程序终结后，国家税收未能实现，就需要征税机关启动强制执行程序强制纳税人履行纳税义务，以保证国家税收的实现。现代税收程序法的基本功能之一和最终目的就是保证税收的实现，税收强制执行可以说是现代税收程序保证税收之实现的最后手段，是通过公权力的强制征收保证税收的实现。税收强制执行发动原因是税款的滞纳，即纳税人未在规定的期限内缴纳税款，因此税收强制执行不是纳税义务履行程序中的必经程序，而是非正常纳税程序。这意味着，只要纳税人能够正确履行其依法产生的纳税义务，税收强制执行就成为不必要。只有当纳税人不自动履行其依法产生的纳税义务时，税收强制执行才有启动的必要。这种以纳税义务的自动履行为主、公权力强制征收为后盾的程序结构表明，公权力在税收的实现过程中正逐步退居幕后，这代表了现代税收程序的基本发展方向。在税收的实现过程中，公权力最理想的状态是备而不用。

征税机关的税收强制执行，性质上属行政强制执行。由于税收强制执行是通过对纳税人的财产的强制换价以实现税收，对纳税人的权利影响较大，许多人不赞成授征税机关强制执行权，认为强制执行权应该成为司法机关的保留权力。但由于税收问题的专业性和税收案件的大量性，许多国家的税法都授予征税机关税收强制执行权，税收强制执行权已成为普遍法律现象。税收强制执行涉及的问题很多，因此日本、韩国专门就税收滞纳处分即税收强制执行制定一部法律，即日本、韩国的《国税征收法》。由于税收强制执行与司法强制执行有共通之处，以下仅就税收强制执行的程序结构做简要说明。

1. 督促。税收强制执行的依据是依法确定的税额。税收强制执行的要件是纳税人滞纳税款，即未在规定期限内缴纳税款，在我国还要加上"从事生产经营的纳税人"这一要件。在符合法定要件时，征税机关将启动强制执行程序。为了避免突然袭击，征税机关首先需要通知纳税人在依法指定的一个较短的时间内履行纳税义务。这一程序称为督促（我国称催缴）程序，是税收强制执行的必经程序。如果经督促程序，实现了税收，则强制执行程序终止。如果经督促程序没有实现税收，那么强制执行程序继续。以后在整个税收强制执行中，纳税人随时都可以通过缴纳税款的方式终止税收强制执行。督促的目的一是避免突然袭击，以免对纳税人的经济生活造成不当干扰。二是给纳税人自动履行纳税义务一个机会以避免税收强制执行的发动。

2. 扣押。税收强制执行的目的是通过对纳税人的财产强制换价以实现税收。这一目的的实现首先要求扣押纳税人的财产。不同的财产，其扣押的方式不同。对于不动产，以贴封条、公告等方式扣押；对动产，以封印、贴封条的方式或者移转占有的方式扣押；对债权，以通知债务人向征税机关履行的方式扣押；对金融机构的存款，以通知金融机构暂停支付的方式扣押。并非纳税人的全部财产都是扣押的标的，有的财产是不允许扣押的，因此有可扣押财产与禁止扣押财产之分。禁止扣押的财产，各国规定的具体种类有所不同，大体上包括维持纳税人基本生存的财产，以及经济价值不大但对纳税人有意义的财产。基本生存权财产禁止扣押，对个人而言如此，对企业而言应当也有效。因此，如果税收强制执行将导致企业破产的话，就应当中止执行。抛开价值权衡，单从技术的观点看，这也有一定道理，因为涵养税源对于实现税收是有利的。避免纳税企业因税收强制执行而破产，能够从纳税企业以后的生产经营活动中获得更多的税收利益。作为这一观点的延伸，扣押纳税企业的财产时，应当首先扣押对企业生产经营影响不大的财产，避免扣押严重影响纳税企业生产和经营的财产。如最好扣押纳税企业的银行存款和其他金钱债权，而避免扣押纳税人的机器设备和厂房等。不过从各国税法的实际规定看，纳税个人的基本生存权受到尊重和保障，但纳税企业的生存权则不被承认、至少没有引起重视，因此税收程序法上通常少见防止纳税企业因税收强制执行而破产的相关规定。纳税人财产的扣押，除了扣押方式和扣押财产的种类限制外，还有数额的限制，通常应大体相当于纳税人所滞纳的税款和滞纳金等附带债务。罚款通常不能由征税机关强制执行，其理由在于罚款是征税机关自己决定的，且有一定的裁量空间，与严格按照税收法定原则的要求所确定的税额不同。征税机关自己决定、自己执行，其弊端较大。扣押的效力是限制纳税人对扣押财产的处分权，因此在不损害扣押目的实现的前提下，不影响纳税人对扣押财产的使用、收益。

3. 变价。变价也称换价，是税收强制执行的必要环节。将所扣押的财产通过拍卖、变卖等方式变现成货币，并以此充抵税款，正是税收强制执行的目的。扣押财产的变价，涉及的主要问题是不能损害纳税人的权利，因此应当首先通过拍卖、招标等公开竞价的方式进行。这种有多人参与的竞争性变价方式，可以使价格接近真实市场价格，从而既可保证纳税人的权益不遭受不当损害，也有利于税收的实现。当拍卖不可行时，例如无人竞拍、或者所有报价低于起拍价从而流拍时，才能采用相对买卖即变卖的方式。变卖扣押的财产，可以交由商业机构寄售。当然，作为最后手段，也可以由税收强制执行机构执行变卖。对于限制流转物，则只能通过交由有关部门收购的方式变价。

4. 变价款的分配。纳税人的财产，并非只担保税收债务的履行。第三人对扣押的财产，也可能存在某种权利如担保物权等。因此对于扣押财产的变价款，可能存在其他权利主体，如其他税收债权主体（中央或地方政府）、私法上的担保权人等提出参与分配的要求。扣押财产的变价款并不当然全部用于实现税收，而应当按照相关法律的规定进行分配。如果征税机关将纳税人的可执行财产全部用于实现税收，那么必然影响第三人的合法权益。为了协调国家税收利益和私人当事人（第三人）之间的权益冲突，现代税收程序法上特设有税收优先制度。税收优先权制度的目的在于，在税收征收过程中，主要指在税收强制执行过程中，当国家税收债权与存在于扣押物上的第三方权利发生冲突时的解决办法，谋求税法秩序与私法秩序的协调。通常是国家税收债权优先于第三方权利，但并非无条件地优先。至于中央税收与地方税收或者不同税种之间，则通常不存在优先劣后问题，一般实行先扣押、先受偿原则。当然，征税机关可以选择扣押不附第三人权利的财产加以扣押，以避免这种情况的发生。税收强制执行是由纳税人的违法行为即税款滞纳引发的，强制执行的费用理应由纳税人负担，因而在分配变价款之前应扣除执行费用。

三、特别税收程序研究

行政法观念下的课赋纳税程序和税收债务观念下的自行申报纳税程序，都是现代税收程序法中的一般税收程序。对于某些课税事实明确、税额的确定相对简单的税收，通常不适用普通税收程序，而是另定有较为简便的特别税收程序，包括源泉征收制度和印花税票纳税方式。

（一）源泉征收制度

源泉征收制度通常适用于课税事实明确、税额的确定相对简单的税收。正因为这些税收课税事实明确、税额的确定较为简单，源泉征收作为一种税收程序制度，其重点不在于课税事实的阐明和税额的确定，而在于税收的实现。因此源泉征收制度豁免了纳税人的纳税申报义务，并且也不再由征税机关确定税额，而是被认为税额自动确定而无须专门的税额确定程序。源泉征收包括两种情况。其一是代扣代缴，即由向纳税人支付款项的人作为扣缴义务人，在向纳税人支付款项时代扣该笔款项所应缴纳的税收，然后转交国库或转交征税机关。其二是代收代缴，即由向纳税人收取款项的人作为扣缴义务人，在向纳税人收取款项时，代收该笔款项所应缴纳的税收，然后转交国库或转交征税机关。源泉征收制度在实践中的运用并不复杂，在现代税法中其适用范围有不断扩大的趋势，但在理论上引出许多法律问题，这些问题直接或间接与扣缴义务人的法律地位问题有关。日本金子宏教授认为，在征收缴纳（指源泉征收）中，国家或地方政府与征收缴纳义务人之间的法律关系和征收缴纳义务人与纳税人之间的法律关系同时存在，前者应认为是公法上的债务关系，后者则是私法上的债务关系①。这一观点似乎已成为通说。按照这一观点，征税机关与纳税人间的关系被扣缴义务人完全隔断，征税机关不能对纳税人采取强制执行措施，纳税人与扣缴义务人间的纠纷，例如扣缴义务人多扣税款，只能通过协商、和解、仲裁以及民事诉讼等民事纠纷解纷方式请求不当得利的返还，而不是通过行政复议和行政诉讼的途径进行救济。然而，这种主流观点是有疑问的。因为扣缴义务人与纳税人的关系以及扣缴义务人与征税机关的关系都是依税法而不是依民法的规定而产生的，如果前者是私法关系而后者是公法关系，等于说税法既是私法又是公法，显然难以自圆其说。还有，如果说扣缴义务人与纳税人的关系是私法上的债务关系，那么扣缴义务人扣收税款的权利在性质上就应当是私权而非公权。基于私法的意思自治原则，这种扣收税款的权力就应当既可以转让、也可以放弃。但实际上，扣缴义务人转让或放弃扣收税款的权利，在法律上是无效的。相反，扣缴义务人不履行扣缴义务通常还需承担相应责任。因此，应当认为扣缴义务人与纳税人的关系与一般的税收关系具有同质性，同样属于公法上的债务关系。在源泉征收中，税法实际上是把原本属于征税机关的税额确定权和税款收取权直接授予扣缴义务人。这样，扣缴义务人扣收税款的权利就是公权而不是私权，具有不可处分性，既不能放弃也不能转让，否则承担相应的法律责任。在这一观念下，由于税法只是将税额的确定权和税款

---

① ［日］金子宏. 日本税法原理［M］. 刘多田，等译. 北京：中国财政经济出版社，1989：15.

的收取权授予扣缴义务人，在纳税人拒绝扣缴时，扣缴义务人缺乏对抗手段，因此扣缴义务人并非完全隔断征税机关与纳税人间的关系。在扣缴义务人将纳税人拒绝扣缴的情况报告征税机关后，征税机关与纳税人间的关系得以复原，可以对纳税人采取强制执行措施。不过，这种观点同样存在疑问。问题的关键集中于一点，就是法律能否将行政权直接授予私法领域的经济组织特别是个人，传统私法主体能否因法律的直接授权而成为独立的行政主体，从而成为行政复议的被申请人或行政诉讼的被告？如果扣缴义务人不是独立的行政主体，那么谁应当是纳税人提起的行政复议的被申请人或行政诉讼的被告？不管将扣缴义务人与纳税人间的关系看作公法上的债务关系还是私法上的债务关系，在理论上都不够完美。正如日本北野宏久教授所提出的："目前还很难从理论上阐明现行法规定的税源征收法律关系。"① 理论认识上分歧的实质源于理论界坚持的一个基本认识：市民社会与政治国家应当而且能够截然分开，权力只能存在于国家政治生活中，市民社会中不应当存在任何权力。这是公、私法划分的理论基础，也是认扣缴义务人与纳税人间的关系为私法上的债务关系成为通说的理论前提。理论上的困扰源于公、私法的严格划分。但把税收关系视为公法上的债务关系，已经在一定程度上突破了公、私法之间的严格界线，因此在源泉征收中困守这一界线是多余的。

源泉征收制度将税款的征收前置到课税对象如收入或者商品劳务的流转额发生的源头，因而从单纯的技术角度看，有利于税收的实现。并且由于扣缴义务人自己并不承担纳税义务，像纳税人一样有意逃避纳税的可能性相对较小。但法定的扣缴义务增加了扣缴义务人的负担，可能导致扣缴义务人不积极履行义务即放弃履行扣缴义务，因此应当设立扣缴义务人的补偿机制，如我国税法规定的，按扣缴税款的一定百分比返还给扣缴义务人，以补偿或者激励扣缴义务人。这只是保证税收实现的技术性考虑，而非价值权衡。

---

① ［日］北野宏久．税法学原论［M］．陈刚，等译．北京：中国检察出版社，2000：218.

(二) 印花税票纳税方式

在印花税票纳税方式下，纳税人产生纳税义务后，通过自行计算税额并自行购买印花税票，然后将金额相当于应纳税额的印花税票粘贴于应税凭证上的方式履行纳税义务。印花税之所以叫印花税、印花税票纳税方式之所以特别，原因就在于通过在应税凭证上粘贴印花税票这种相对简单的方式履行纳税义务。在这种纳税程序中，整个纳税义务的履行过程完全处于征税机关的视野之外，没有受到征税机关的监督。这样，征税机关的税收调查权和更严厉的责任制度就将成为保障国家税收安全的主要法律机制。也正因为纳税义务的履行过程置于征税机关的监控之外可能危及国家税收的安全，印花税票纳税方式的适用范围才比较有限。在一些国家如我国，印花税票纳税方式只适用于印花税；而在另一些国家如日本，除适用于印花税外，还适用于其他个别税种。

四、国家税收安全保障法律机制研究

通过法定程序实现税收，是现代税收程序的基本功能之一和最终目标。以纳税人自动履行为主、公权力强制征收为后盾的普通纳税程序的程序结构，能够保证税收的实现，但其前提条件是，课税事实能够阐明，纳税人有可供执行的财产，或者纳税人处于征税机关的有效管辖中。实际上，这些条件可能因各种原因而得不到满足，从而危及国家税收利益的安全。例如，纳税申报制度使纳税人对课税事实的阐明扮演了重要角色，但当纳税人申报的内容不真实或者根本不申报时，如果没有其他机制就不可能阐明事实，因此征税机关的调查权是必须的。税收调查权是征税机关有效监督纳税义务履行过程、必要时介入纳税义务履行过程，做出相应程序行为以纠正纳税人的履行错误或者强制纳税人履行纳税义务的前提条件。通过税收调查所取得的资料有助于课税事实的阐明，税收调查权因此而成为国家税收利益安全保障的重要法律机制。再如，即使通过税收程序阐明了事实，确定了税额，但如果纳税人在结清税款前逸出征税机关的有效管辖范围，如离开国境，也可能导致税收不能实现。此外，由于从纳税义务产生到纳税义务因履行而消灭，要经过一个或长或短的时间，在此期间甚

至在纳税义务产生前，可能因纳税人的某些行为如转移隐匿财产、不当减少财产等行为，致纳税人没有可供执行的财产，从而危及国家税收的安全。由于税收主要通过纳税义务的自动履行实现，常见的威胁主要来自纳税人，纳税人躲避纳税义务的各种行为是影响国家税收利益之安全的主要方面。总之，在税收实现过程中，即在整个纳税义务履行期间，存在危及国家税收利益之安全的种种情形。如果没有针对性的制度安排，就可能使通过税收程序实现税收这一基本目的落空。这些针对性的制度安排，就是国家税收利益安全保障法律制度或法律机制。这些法律制度或法律机制，涉及的问题比较复杂，其中的许多制度可以看作是在整个纳税义务履行程序中，由特定情形所触发的税收程序制度，如税收保全措施、纳税担保制度、离境清税制度等。但这些程序制度存在一些特别之处。首先，这些制度由特定情形触发，有严格的适用条件，其适用的可能性相对较小，不是必经的常规税收程序。这些制度的适用并不发生在纳税义务履行过程的某个固定环节，而是在多个环节甚至整个纳税义务履行过程中都有可能被适用，以致我们不能在严谨的、前后环节不能颠倒的税收程序中给这些制度以一个固定的程序位置。但这些制度确实是在以阐明事实、实现税收为目的的整个税收程序中，用来保障国家税收利益的安全所必需的程序制度。另有一些国家税收利益安全保障法律制度并不能被视为一种程序制度，至少不是本文所界定的狭义的税收程序制度，如税收行政处罚制度、税收优先权制度等。所有这些制度在功能或目的上具有同一性，即保障国家税收利益的安全。我们可以按照达到同一目的的不同手段，将现代税法（主要是程序税法）中所规定的国家税收利益安全保障法律制度大体上划分为以保全税收为目的的税收保全制度、加强税收效力的制度和其他的国家税收安全保障制度。

纳税人所拥有的财产是其债务的担保。纳税人之财产所担保的对象，既包括私法债务，也包括税收债务这种公法债务。因此纳税人的财产处于安全和正常状态，对于国家税收之安全有重要意义。纳税人的财产被转移或者隐匿、或者不当减少，当然会对国家税收之安全造成危害。即使纳税人的财产不足以满足国家税收，只要纳税人拥有通过自己的努力赚取收入的能力，国家税收还是有一定的保障，没有及时实现的国家税收，也有望在将来实现。可见，通过保全纳税人的财产可以保全税收，将纳税人的人身置于有效的税收管辖之下，对保全税收也有一定的意义。这种与纳税人自身（人身和财产）有关的国家税收利益安全保障制度，我们称之为税收保全制度。除此之外，还可以通过加强税收效力的方式，保证国家税收利益的安全。加强税收效力的制度，与纳税人以外的第三人有关。加强税收效力的方法，具体表现为：或者以第三人的财产或信用担保纳税义务的履行，或者税收优先于普通债务受偿。不管哪一种加强税收效力的方法，多与第三人有关。这是加强税收效力的制度不同于税收保全制度的地方。税收保全制度只与纳税人自身（人生或财产）有关。当然，其他制度，也用于保证税收之安全。

（一）税收保全制度

如果纳税人没有足够的财产，或者纳税人不在征税机关有效管辖范围内，即使通过税收程序阐明了事实并确定了税额，国家税收也难以实现。税收保全制度通常是通过保全纳税人的财产，保全税收；也包括通过将纳税人置于征税机关的有效管辖范围内以及将税款缴纳期限提前的方法保全税收。

1. 保全扣押。保全扣押也称假扣押，我国《税收征收管理法》称为税收保全措施，通常是指在纳税义务履行期间，当纳税人存在转移或隐匿财产的行为，可能导致税收因纳税人的财产不足而难以实现时，征税机关为保全税收而采取的临时扣押纳税人财产的措施。保全扣押适用的前提是，纳税人转移或者隐匿财产，使用来履行纳税义务的财产由正常可查实的状态进入难于查实的状态，可能导致征税机关无法追征税款，影响税收的实现。只要纳税人的财产足以保证税收债务的实现，即使纳税人有部分财产的转移或者隐匿行为，也没有适用保全扣押的空间。从实质上看，保全扣押实际上是通过将纳税人的财产置于征税机关的有效监控下的方式，保全税收。基于保全扣押的制度功能或目的，保全扣押只能适用于纳税义务存续期间，即纳税义务产生后、消灭前的期间。纳税义务即税收债务产生前或消灭后，由于不存在税收债务，当然也谈不上保全税收的问题。这是保全扣押在理论上的适用期间限制，后文将说明，保全扣押的适用还有进一步的适用期间限制。保全扣押通过保全纳税人的财产保全税收，不同于税收强制执行中的财产扣押，后者的目的不是保全纳税人的财产而是将其变价。保全扣押是许多国家税法中规定的税收保全制度。保全扣押的后果因情况而不同。保全扣押后，如果纳税人在期限内履行了纳税义务或提供了纳税担保，则应当解除扣押。这时税收已经实现从而失去了适用保全制度的前提，或者税收的实现有了可靠的保障而不再需要保全扣押。如果纳税人期限内没有履行纳税义务也没有提供担保，保全扣押将变成强制执行中的扣押。保全扣押的效力是限制纳税人对财产的处分权。保全扣押只能发生在纳税义务产生后、税收债务清偿期到期前。纳税义务产生前，纳税人对财产的处分行为不应受到限制，不能加以扣押。税收债务清偿期到期后，纳税义务没有被履行，通常导致税收强制执行，没有保全扣押的必要。

2. 准用私法上债的保全制度。有的国家如日本和我国税法，准用私法上债的保全制度。私法中，债的保全制度包括代位权制度和撤销权制度。代位权制度准用于税收指，欠缴税款的纳税人因怠于行使到期债权，对国家税收造成损害的，征税机关可以向人民法院请求以自己的名义代位行使纳税人的债权。适用代位权的前提之一是，纳税人超过规定期限没有履行纳税义务即欠缴税款，换句话说，纳税人存在已过清偿期而没有清偿的税收债务。已过清偿期而没有清偿，说明税收的实现已经存在问题。在此情况下，纳税人不行使到期债权，会导致本应增加的财产没有增加，本该实现的税收未能实现，对国家税收造成损害。征税机关行使代位权的目的是保全纳税人的财产，而不是强制实现税收，因此代纳税人所追讨到的财产归纳税人而不是征税机关。撤销权准用于税收指，欠缴税款的纳税人放弃到期债权，或者无偿转让财产，或者以明显不合理的低价转让财产而受让人知道该情形，对国家税收造成损害的，征税机关可以请求人民法院撤销纳税人的行为。与代位权一样，撤销权适用的前提之一是，纳税人超过规定期限没有缴纳税款，即欠缴税款。在税收的实现已经存在问题时，纳税人放弃到期债权，或者无偿转让财产，或者以明显不合理的低价转让财产，会导致纳税人的财产不当减少，从而危及税收的实现。撤销权行使的结果，是使纳税人的财产恢复原状，适用于担保税收实现的纳税人的财产在不当减少后能够恢复到应有的状态，以保证税收的实现。代位权针对纳税人的财产应当增加而没有增的情形，而撤销权则针对纳税人财产不当减少的情形。两种情形都可能导致因纳税人财产不足而不能实现税收的结果，因而代位权和撤销权制度的目的都在于保全纳税人的财产，进而保全税收，与保全扣押有着相同的目的。除目的外，代位权和撤销权制度与保全扣押制度完全不同，例如保全扣押适用于税收债务清偿期届满前，而代位权和撤销权制度只适用于税收债务之清偿期到期以后，即只适用于欠缴税款的纳税人。

3. 离境清税制度。离境清税制度存在于一些国家和地区的税法中。离境清税制度通过限制欠缴税款的纳税人离开国境的办法保全税收，即要求欠缴税款的纳税人在出境前结清税款，否则通过出境管理机关阻止其出境。纳税人离开国境，就意味着脱离征税机关的有效管辖范围，可能导致其欠缴的税款无法实现，因此离境清税制度具有保全税收的意义。基于离境清税制度的功能或目的，离境清税制度的适用不应当限于欠缴税款的纳税人，即不应当以纳税人超过规定期限未履行纳税义务为前提。只要发生纳税义务，不管是否已过清偿期，都应适用离境清税制度。这种解释才符合离境清税制度的本来目的。

4. 提前征收制度。按照税收法定原则，税款缴纳期限即税收债务的清偿期也应该由法律明文规定，在期限到来前，征税机关本来不能要求纳税人履行纳税义务。纳税人的这种期限利益受法律保护。但如果纳税人的某些行为表明，税款缴纳期限到期后，该项税收很可能没法实现，这时税法往往授权征税机关将税款缴纳期限提前，这就是提前征收制度。例如我国《税收征收管理法》第38条规定，税务机关有根据认为从事生产、经营的纳税人有逃避纳税义务行为的，可以在规定的纳税期之前，责令限期缴纳应纳税款。这里的纳税期，指税款缴纳期限，或者税收债务的清偿期。提前征收制度的目的在于保全税收，防止纳税人逃避纳税的行为导致税收无法实现。提前征收制度适用的前提是，纳税人的某些行为可能危及税收的安全、导致税收无法实现。如果纳税人不存在危害税收的行为，就不能随便将税款缴纳期限提前，纳税人的期限利益不应被剥夺。此外，提前征收制度的适用应当在纳税义务发生之后，纳税义务发生之前尚不存在税收债务，也就不存在提前征收的问题。如果在纳税义务发生前，征收可能发生的税收债务，则是严重违背税收法定原则的做法。提前征收对于保全税收的意义还表现在，税款缴纳期限提前，意味着征税机关在纳税人欠缴税款时得以采取强制执行的期限相应提前，在提前征收不伴随保全扣押的前提下，可以通过税收强制执行尽快实现税收，阻止纳税人逃避纳税的行为。

（二）加强税收效力的制度

税收保全制度通过保全纳税人的财产或者将纳税人的人身置于征税机关的有效管辖之下、或者将税款缴纳期限提前的方式保全税收。国家税收利益的安全保障还可以通过增强税收效力的方式实现。所谓增强税收的效力，实际上在语义上讲，就是指使税收的实现更有保障，特别是更有税收实现的财产基础，其实质也是为了保证国家税收的安全。纳税人对依法产生的纳税义务负责，意味着纳税人自己的财产或者信用，本身就被预期为国家税收的当然保障。因此仅仅与纳税人自身有关的税收保障措施，我们称为税收保全制度。从法理上讲，第三人对税收的实现原则上不承担责任。但在特定情况下，比如在第三人自愿或者法律强制规定下，第三人的财产或者信用也可能用于直接或者间接保证国家税收的实现。这种与第三人的财产或者信用有关的税收保障措施，本文称为加强税收效力的制度，包括纳税担保制度和税收优先权制度。这里想说明的是，实质上讲，税收保全制度和加强税收效力的制度都是广义的税收保全制度，但二者间存在区别。就加强税收效力的制度而言，纳税担保制度与税收优先权制度的目的不仅仅在于保证国家税收的安全，还在于避免税收债权与私法债权的冲突、谋求税法秩序与私法秩序的协调。因此，纳税担保制度与税收优先权制度既可以看作广义的税收保全制度，又不是单纯的税收保全制度。

1. 纳税担保制度。要求纳税人提供纳税担保，必然增加纳税人的负担，因此除非必要，不能要求纳税人提供担保。这种必要性体现在，在某些特定情形下，不要求纳税人提供担保就没有其他更好的方法保证税收的实现。纳税担保的适用以税法的明文规定为前提，纳税人在一般情形下并没有提供纳税担保的义务。纳税担保应当只适用于纳税人做出了危害税收的行为、有可能致使税收无法实现的情况。当纳税人不存在任何危害税收的行为时，纳税人的可执行财产也可能不能满足税收。这是国家税收存在的可以预见的正常风险，不能因此而要求纳税人提供担保、增加纳税人的负担。纳税担保可分为人的担保和物的担保。物的担保是以纳税人提供的特定财产担保纳税义务的履行。纳税人用于纳税担保的特定物，可以是纳税人自己的，也可以是第三人的。不过，如果纳税人的财产足以实现税收的话，纳税担保就没存在的必要。因此用于纳税担保的物，通常为第三人的财产，或者纳税人自己的、不为征税机关所知的财产。人的担保指以税收关系当事人以外的第三人的信用担保纳税义务的履行。物的担保，使税收的实现有了直接的物质保障。纳税人不在期限内履行纳税义务时，征税机关可按法定的方式将担保物变价，并充抵税款。人的担保对于保证税收实现的意义在于，增加了纳税人之外的第三人以其一般财产担保纳税义务的履行，增强了税收实现的财产基础。不管是物的担保，还是人的担保，其实质主要在于将税收的效力从纳税人的财产直接或间接地延伸到特定第三人的财产，以保证税收的实现。不过，纳税义务作为一种税收债务，其效力具有相对性，原则上不应及于第三人。从这一角度看，纳税担保的适用也应以税法明文规定为限。纳税担保并非只有保证国家税收利益安全的意义，它还具有谋求税法秩序自身及其与私法秩序相协调的意义。例如在物的担保情形，纳税人以未设定其他担保物权的财产担保纳税义务的履行，征税机关就该担保物可以拒绝纳税人的其他债权人的权利主张，或者拒绝其他税收债权主体的权利主张。

2. 税收优先权制度。许多国家的税法都在一定程度上赋予税收债权以优先权。税收优先权最基本的含义是税收优先于普通债权。至于税收是否优先于其他公法债权和附担保的私法债权，各国的规定并不完全一致。日本税法规定，国税与地方税之间，以及各税种之间，原则上不存在优先劣后关系，而是实行扣押在先原则，即优先满足先扣押纳税人财产的税收。根据我国《税收征收管理法》的规定，纳税人欠缴的税款发生在纳税人以其财产设定抵押、质押或者纳税人的财产被留置之前的，税收应当优先于抵押权、质权、留置权执行；纳税人欠缴税款，同时又被行政机关决定处以罚款、没收违法所得的，税收优先于罚款、没收违法所得。私法上的担保物权，旨在保障私人交易的交易安全。如果税收无条件地优先于担保物权，将严重破坏交易安全。因此在多数国家的税法中，税收相对于担保物权的优先性是有条件的。我国是以欠缴税款和担保物权的成立时间作为决定何者优先的时间标准。纳税人的财产作为履行债务的担保，不仅担保税收债务的履行，而且担保其他公法债务和私法债务的履行。当纳税人的财产不足以保证全部债务的履行时，就会发生冲突。税收优先权制度对于国家税收安全保障的意义在于，突破债权平等保护原则，赋予税收优先实现的效力。税收优先权制度的存在意味着，税收的效力优于普通债权，因此我们把税收优先权制度看作增强税收效力的制度。通常认为，税收优先权的理论根据，是税收所具有的强烈的公益性。税收所代表的，是全体社会成员的共同利益，与个体的私人利益不可同日而语。税收是否优先于私债权，是价值权衡问题，但从税收优先权对于保证税收实现的意义上讲，它同时也是一个技术性问题。当然，税收优先权制度的另一个重要目的是谋求税法秩序自身及其与私法秩序的协调，并非单纯的税收保全制度。

（三）其他的国家税收利益安全保障法律制度

税收程序法实现税收的前提是阐明事实。阐明课税事实的重要前提之一是征税机关的税收调查或检查权。通过税收调查或税收检查，查明相关事实，获得相关信息，并据以做出相应的征税决定或其他决定。离开税收调查或税收检查，征税机关在征税过程中将如盲人摸象一般。因此税收调查或检查权作为一项程序制度，对于保障国家税收利益的安全具有重要意义。当然，课税事实的阐明也有赖于纳税人提供信息的程序义务的正确履行。但由于利益上的冲突，纳税人的纳税申报并非完全值得信任。只有赋予征税机关以税收调查或者检查权，才能发现纳税申报中的错误，或者发现纳税人本该申报而没有申报，才能最终保证国家税收的安全。对于纳税人不正确履行或者根本不履行其程序义务的行为进行行政处罚，对保证课税事实的阐明和国家税收利益的安全也具有重要意义。

1. 税收调查或检查权制度。税收调查或检查权的目的有三。其一是查明纳税义务成立之相关要件事实，其二是为税收强制执行而查明纳税人的财产状况，其三是查明纳税人存在税收违法行为的情况。查明纳税义务成立之相关要件事实，目的在于阐明课税事实。查清纳税人的财产状况，目的在于通过税收强制执行实现税收。查明纳税人的违法行为，目的在于防止纳税人偷逃税收，保证国家税收的实现。可见，税收调查或检查权对于阐明课税事实、实现税收、保障国家税收的安全具有直接的意义。不过，税收调查或检查权，作为重要的国家税收利益安全保障法律机制，其意义在不同的税收程序观下有所差异。由于德国《税收通则》所规定的课赋纳税程序的巨大影响，行政法的税收程序观似乎成了大陆国家的主流观点。按照这种行政法的税收程序观，现代税收程序的基本理念是，完全通过公权力强制征收而不是纳税义务自动履行实现税收。因此课税事实的阐明纯属征税机关的职责。只是由于在现代社会，课税资料为纳税人所掌握，征税机关阐明事实必须以纳税人的信息提供义务即纳税申报义务为前提。纳税申报不具有直接的法律意义即不产生直接的法律效果，只是为征税机关阐明事实提供辅助资料而已，因此被称为"协力义务"。纳税人虽然承担纳税申报义务，但课税事实最终由征税机关认定。征税机关根据调查包括对申报书的书面审核所得的资料认定事实。征税机关的税收调查实行职权主义，其含义体现于我国台湾地区《行政程序法》第 316 条："行政机关应依职权调查证据，不受当事人主张之拘束，对当事人有利及不利事项一律注意。"① 虽然稽征程序上纳税人负有协力义务，但在职权调查主义下，协力义务本身并不构成任何主观举证责任，更不改变、免除稽征机关所负担之职权调查义务，纳税人的协力义务仅仅作为事实调查之方法而已②。所谓纳税人的协力义务仅仅作为事实调查之方法而已，指纳税人通过纳税申报提供课税信息的义务，只是征税机关调查课税事实的一种方法，就跟在征税机关的调查中，纳税人提供相关信息一样。总之，在行政法税收程序观下，即在课赋纳税程序模式中，事实的阐明纯属征税机关的职责，纳

---

① 黄士洲. 税务诉讼的举证责任［M］. 北京：北京大学出版社，2004：28.
② 黄士洲. 税务诉讼的举证责任［M］. 北京：北京大学出版社，2004：39－40.

税人的协力义务（申报义务）仅被视为征税机关事实调查的方法。按照行政法观念构造的税收程序是名副其实的行政程序，在这种程序构造中，事实的阐明纯属征税机关的职责，而征税机关认定事实的根据是其通过税收调查包括申报资料的书面审核所取得的证据事实，因此征税机关的税收调查权对于查明事实、实现税收和保障国家税收的安全至关重要。但行政法观念下的税收程序即课赋纳税程序并不代表当今税收程序法的方向，现代税收程序法的方向应当是税收债务观念下的程序模式即自行申报纳税程序。在自行申报纳税程序中，纳税申报是纳税人对课税所涉及的事实关系表达自己的主张并提出证明的程序行为，能够产生阐明事实并确定税额的效果，具有独立的程序意义，并非征税机关调查事实的辅助方法。当然在这种程序构造中，由于利益关系，仅仅由纳税人阐明课税事实，不能保障国家税收利益的安全，所以必须以征税机关的税收调查权为补充或后盾。当纳税人不申报，或者虽申报但申报的事实与征税机关的调查结果不一致时，征税机关就可以介入纳税义务的履行程序，以纠正纳税义务的履行错误。可见，在这种程序构造中，征税机关的税收调查权对于阐明事实、实现税收和保障国家税收利益的安全仅仅具有补充性或者后盾性质的意义。顺便说一下，税收债务观下的税收程序即自行申报纳税程序的程序构造中，要求纳税人的主观举证责任，即对自己有关课税事实的主张提出证据加以证明的义务，但在税收法定主义的框架下，纳税人的证明负担并非是无限的，而应限于税法规定的范围。也正因如此，才需要征税机关的职权调查义务为后盾或补充或者推定课税这种减轻征税机关证明负担的制度安排。税收债务观下的税收程序构造要求改变的只是税收程序中的证明负担或举证责任的配置，并不必然改变（税收）诉讼程序中举证责任的配置，进一步说是可能不需要改变税务案件作为行政诉讼案件的基本现实。我国税法学者普遍认为税收程序中的税收关系是权力关系的观点，实质上是未能将税收债务说贯彻到税收程序中的体现，是误解现代税收程序之制度构造的结果。究其理论根源，实际上是盲目追随德国学者根据德国《税收通则》所规定的课赋纳税程序所得出的理论认识的体现。尽管纳税人主导的自行申报纳税程序和征税机关行政权主导的课赋纳税程序在程序理念和具体程序构造上都存在差异，但课税事实的阐明都离不开纳税人的信息提供义务和征税机关的税收调查权。税收检查与税收调查没有实质上的不同，只是税收检查一词，更多地用于对税收违法行为的查处。

2. 税收行政处罚制度。在现代税法中，纳税人的主要义务是纳税义务，即税收债务的给付义务。但为实现税收，要求纳税人承担某些程序义务。这些程序义务包括积极的作为义务即信息提供义务，德国学者称协力义务，和消极的不作为义务即容忍义务如不反抗征税机关依法进行的税收强制执行等。纳税人的程序义务对于实现税收是必要的，督促纳税人履行其税法义务的行政处罚制度对于保证税收的实现、保障国家税收利益的安全有其积极意义。需要说明的是，在德国、日本、韩国、美国等主要国家，税法中实际上以附带税制度取代了行政处罚制度。而附带税也不完全是惩罚性的，也有补偿性的，如利息税。在这些国家的税法构造中，是没有通常的行政处罚制度的。如果纳税人发生各种程序性或者实体性的税收违法行为，则被课征附带税。附带税的课税对象为各种税收违法行为，以违法行为的金额（偷逃税的数额）或者以其他标准（针对不涉及金额的程序违法行为）为计税依据。附带税，并非本来意义上的税收，而是行政处罚的替代制度。附带税取代行政处罚的一个好处是，可以适用税收法定原则，挤压征税机关的裁量空间。附带税税率较低，通常在违法金额的50%以下，其惩罚的意义不大。因此这些国家的税法一般通过刑事制裁处罚税收违法的行为人。税收法律责任刑事化，是一个较普遍的税法现象。但在我国，仍然按行政法观念保留了行政处罚，以作为严厉的刑事制裁的缓冲措施。根据我国《税收征收管理法》的规定，对偷税，处所偷税款50%以上5倍以下的罚款；对逃避追缴欠缴税款行为，处欠缴税款50%以上5倍以下的罚款；对抗税，处所抗税款1倍以上5倍以下的罚款。相比他国几乎没有裁量空间的附带税，我国税务机关对行政处罚的裁量空间很大。但在实践中，罚款通常在违法行为金额的1倍以下，超过2倍的罚款几乎没有。最高5倍的罚款，在实践中是难以执行的，除了徒增税务机关权力寻租的可能性外，对保证税收的实现没有多少实际意义。

第五章

现代税法之公理性原理一：税收法定原则

税法是实质法，全部税法规则和制度都有着直接的目的。税法的直接目的是实质性的，而不是确保人的主体性这种形式目标在法律上的实现。人的主体性通过人的意志自由以及在自由意志支配下的行为自由表现出来，在法律上的体现就是各种法律上的权利和自由。近现代的主体哲学赋予这种主体性或者这种权利和自由以终极的意义，人权即人的权利和自由因此而成为法治的核心价值和终极价值目标。在这种法治思想下，由于人的权利和自由的意义只能由主体自己决定，不能从外部强加给权利任何功利目的，即不能赋予法律上的权利和自由任何具体的、或实质性的内容，因此人权作为法治的目标只是形式性的。权利就像一个堡垒，为主体划定了一个独立的自主支配的空间。由于法律不能越过法律所划定的边界而干涉权利的内部，法律调整就只能是形式性的，即规定权利互动的法律形式。这样，形式理性就在法律理性中处于支配地位，实质理性则在法律中受到压制和拒绝。但即使在这种法治思想的全盛时期，也承认税法存在的必要性和合理性。税法作为实质法，全部规则和制度都有着所欲实现的实质目的。现代税法的目的，首先是最基本的财政收入目的，除财政目的外，还包括调控宏观经济、财富再分配、矫正经济活动的外部性等经济干预目的。税法的实质法特质首先要求实质理性或工具理性作为税法合理性的基础。换句话说，税法的实质法特质首先要求按照合目的性的方式、即手段对目的的有效性的方式构造税法的规则和制度。韦伯所说的实质合理性或哈贝马斯所说的目的合理性，只是整个法律理性的例外，但在税法中却成了税法理性的基础。

为了实现税法的财政目的或者财政目的以外的经济干预目的，要求按照手段对目的的有效性的方式构造税法的规则和制度。手段对目的的有效性，体现的是工具理性。这种工具理性是税法中的技术性原理，因为它所要求的，更多的是客观和科学的认识，而不是主观色彩明显的价值权衡。税法中的技术性原理更多的是受客观的社会现实条件或社会环境的制约，而不是受主观价值判断的制约。例如农业社会与现代工业社会的社会基础极不相同，因而农业社会的税收制度与现代工业社会的税收制度在整体构造上差异极大，农业社会的税收制度以土地税收制度和人头税制度为核心，并且没有专门的税收程序制度，而现代工业社会则以所得税和流转税制度为税收制度的核心，并且由于课税要件事实之相关信息存在严重不对称现象而产生了专门的税收程序制度。从这一意义上讲，税法中的技术性原理或工具理性是显而易见的。但是由于近现代主体哲学赋予主体性（包括主体间性）以终极的意义，即形而上的本体论意义，而工具理性通常被认为是形而下的，因而在现代税法的理论构造中极力张扬源自主体间性的税收正义的诸原则，即各类公理性原理，而刻意贬低或忽略税法中的技术性原理。其基本立场是，税法中的任何原理，只要没有本体论上的意义，就没有价值。其结果是，在一定程度上扭曲了税法原理或税法理论，最典型的例证是不承认实质课税原理是税法中的技术性原理，而生硬地赋予实质课税原理以税收正义的品格，以至于认为实质课税原理是从税收公平原则中引申出来的，而不是按照手段对目的（这里指财政收入目的）的有效性提出的要求，不是从税法的财政收入目的中引申出来的。无论如何，税法中的技术性原理是客观存在的。正如本文前面曾强调的，财政收入目的规定着税收成其为税收的本质。离开财政收入目的，税收就没有必要存在。只有在财政收入目的基础上，才谈得上税收负担在社会成员之间公平分配的问题。换句话说，在逻辑上，是先有财政收入目的，其后产生税收正义问题，而不是相反。现代税法的制度构造，首先是根据财政收入目的，按照手段对目的的有效性的方式展开的，即根据技术性原理的指引建立起来的。比如，由财政收入目的所决定，税法必须首先规定，在纳税人的经济生活中，在什么条件下产生纳税义务，从而纳税义务的成立要件或者课税要件成为实体税法的核心内容。由于实体税法规定的、纳税义务成立相关的要件事实通常为作为税收债务人的纳税人所掌握，而税收债权人之代表即征税机关很难知悉，这种课税信息严重不对称的客观现实要求现代税法设置专门的税收程序，课作为信息优势方的纳税人信息提供义务即纳税申报义务，以阐明事实、确定税额、实现税收。可见，不管是实体税法还是程序税法的制度构造，首先是根据财政目的，在客观的社会现实基础上，按照合目的性的方式建立起来的。这就是现代税法中的技术性原理或者工具理性，受现代税法实质法特质所决定。

不过，技术性原理只决定手段对目的的有效性，只决定税法规则和制度作为手段对税收立法目的的有效性，而不能决定税法规则和制度的正当性。税法规则和制度的正当性只能来自税法中的公理性原理。换句话说，税法的正当性来自价值理性而非工具理性。那么税法中的技术性原理与公理性原理、或者工具理性与价值理性的关系如何？由于技术性原理决定手段的有效性，不能实现税法目的的手段，即使有充分的正当理由，也不应被税法接受，因此技术性原理可以看作税法的底层原理。但由技术性原理所决定的手段，虽然有效，但不一定正当，例如可能为达到目的而不择手段，因此必须经过公理性原理的过滤，才能赋予其正当性。公理性原理成为税法的上层原理，对技术性原理决定的各种手段进行过滤，赋予税法正当性。但公理性原理并不完全遮蔽技术性原理。公理性原理是从主体哲学所强调的主体性、准确地说是主体间性所引申出来的正义的诸原则。这些原则公认的有税收法定原则和税收公平原则，我国学者认为应当加上税收效率原则。

相当多数的学者在本体论意义上认识这些税法原则，赋予这些税法原则或者说价值目标以终极的意义。这些原则主要源自主体哲学所强调的主体性或主体间性。不可否认的是，主体哲学过度张扬主体性（主观能动性）并将其本体论化，不可避免地会忽视事物间的客观联系和客观规律，可能存在偏颇之处。正如后现代思潮所表明的，终极关怀可能超越了我们的理性能力。最好的立场可能是在相对的意义上看待这些税法原则。现代税法原则的相对性，不仅表现在受到我们的理性能力有限性的限制，也不仅表现在税收公平原则很难有一个明确的标准，还表现在当这些原则彼此冲突时，找不到一个明确的解决办法。

一、税收法定原则的一般思考

税收是以国家取得财政收入为目的而强制课征的金钱给付，税收的效力是转移私人的财产权。税收是国家通过无偿占有一部分私人财富的方式筹集财政收入的一种手段。税收意味着私人财产上的牺牲，或者说，对私人财产权的侵犯或剥夺（不考虑当事人的意愿）。在现代法治社会，私人（国民或人民）财产权受法律保护，任何对私人财产权的侵夺都必须根据法律进行。因此，一切税的课赋与征收都必须以在形式上代表民意的立法机关制定的法律为根据。没有法律的根据，国家不得征收任何税收，私人也不得被要求缴纳税款。这一原理被概括为税收法定原则，也称为税收法律主义或者税收法定主义。

税收法定原则源自现代的民主与法治思想。民主即人民主权，或主权在民。民主的实现需要以国家权力的分立为保障。通常认为，课税权是国家主权的重要组成部分。但真正的课税权主体是人民①，人民通过其代表行使这种课税权。因此全部税收问题都应当由代表民意的专门国家机关即立法机关决定，行政与司法只限于法律的执行和法律的监督②。税收法定原则本质上是近现代法治思想在税收领域的体现。

税收法定原则所涉及的许多问题，如税法的法源问题、税法的溯及力问题、税收协议的效力问题、行政先例的效力问题、征税机关的裁量权问题等，都旨在保证征税机关严格执行税法，表面上看是一个技术性问题。但税收法定原则的精神实质是由立法者决定税收问题，而不是由权力决定税收问题，是价值权衡的结果。税收法定原则要求全部税收问题由立法机关通过多数决的方式决定，所体现的是国民（通过其代表）自己决定其税收负担的思想，即一种自我课赋的思想。这种自我课赋思想意味着，税收负担从根本上讲不是从外部强加的，而是出自纳税主体自己的意志，因此

---

① ［日］北野宏久. 税法学原论［M］. 陈刚，等译. 北京：中国检察出版社，2000：63.

② 陈清秀. 税法总论［M］. 台北：元照出版社，2001：38.

是正义的。税收法定原则强调国民对税收问题的决定性作用，强调通过立法程序制定出来的形式上的税法规则的权威性，强调行政与司法对国民通过税法表达出来的意志的严格执行。税收法定原则的全部意义表现为在税收问题上对纳税人的主体性的塑造，因而税收法定原则从根本上讲是一个正义问题，是关于税收正义的形式原理，而不是一个技术性问题。民主的、以多数决方式决定税收问题的立法程序，保证了人民（国民或纳税主体）有机会通过其代表对税收问题表达意见、有机会影响最终的决定。通过这种民主的立法程序，现代税法所体现的就不是统治者的专横独断，而是人民（国民或纳税主体）通过其代表所表达出来的意志。为了保证人民通过其代表所表达出来的意志的实现，就必须将行政与司法严格限制在对税法的执行与适用上。整个法治思想，整个税法的创制和运行机制，都在努力塑造体现了纳税主体意志的税法的自我课赋品格，其目的在于从形式上保证税法出自纳税者自己的意志，即保证税收的形式正义。

苛政猛于虎。专制时期统治者的横征暴敛致人民深受其害。为了保障私人的财产权，新兴阶级提出了以法律约束统治者课税权力的思想，这既是税收法定原则的发端，也与罪刑法定原则一起成为法治思想的先导，对于推动近代法治思想的确立发挥了积极作用。这种思想成果凝结成宪法条款，成为宪政原则，支配着税法的创制和运行的诸环节。税收法定原则最初的意义就在于以严密的法律规则约束统治者的课税权力，以保障私人财产权。一定意义上讲，税收法定原则对私人财产权保护之意义，几乎可以与罪刑法定原则对私人人身权保护之意义相提并论。在法治思想已经深入人心、交易规模十分庞大的今天，税收法定原则具有了新的意义，即维护税法的安定性，使私人的经济生活或经济交易的税收效果具有法的稳定性和预测可能性。

税收法定原则意义重大，但税收法定原则作为现代税法中的形式原理，不能过度解读，更不能将税收法定原则拔高为现代税法的唯一原理。学者常有所谓税收法定原则系"比照刑法上罪刑法定主义所建立的原则"①

---

① 陈清秀. 税法总论［M］. 台北：元照出版社，2001：38.

之论。正是这种比照，产生了许多误导，形成许多认识上的偏差，成了无限推崇税收法定原则这种形式原理而刻意否认现代税法中的其他原理（最典型的例证是不承认实质课税是税法的技术性原理，强行赋予其税收正义的品格）的潜在根源。从历史看，税收法定原则与罪刑法定原则一道，为推动近现代法治主义的确立发挥了重大的作用。就税收法定原则与罪刑法定原则都旨在通过严密的法律规则约束国家权力，保障私人权利而言，这种理论上的比附有相当的道理。但税收法定原则与罪刑法定原则存在实质性的差别。罪刑法定原则的适用对象是犯罪行为。通常认为犯罪行为具有社会危害性，是一种反社会行为，换句话说是变态行为而不是常态行为。因此罪刑法定原则只适用于作为常态社会例外而存在的变态社会，常态社会则没有罪刑法定原则的适用机会。但税收法定原则适用对象则正好相反，税法的目的是通过税法的文字规定，捕捉到流动中的社会财富，将其法定为课税对象，在其上设定纳税义务，以实现财政收入，因此税法不适用于变态社会（附带税等例外），只适用于正常社会状态下即每个人的日常生活中产生的课税对象。按照我们的思维习惯，常态现象是法所允许的，而变态现象则是法所禁止的，因而要求对变态现象必须有更清晰的概念界定，这正是罪刑法定原则这种形式原理对于刑法具有特殊重要性的原因之一。刑法的实施主要通过法官的司法活动。由于刑法只适用于例外的变态行为，案件数量有限，法官可以基于其法律专业素养而给予形式上的法律规则以高度的尊重。税法的实施主要通过征税机关的执法活动。税法适用于日常生活中反复发生的、大量的生活（经济生活）现象，要求征税机关像法官一样严格适用形式上的法律规则，就算有可能性，也会因税法运行成本太高而不可行。刑法主要涉及当事人的自由权和生命权，属于基本人权范畴。当然，由于财产刑（罚金）的存在，刑法也涉及当事人的财产权。而税法主要涉及当事人的财产权。在现代社会，财产权是否基本人权范畴是有争议的。通常认为只有维持基本生存所必需的财产之限度内的财产权才具有基本人权性质。基本权的效力高于非基本权，受优先保护，这决定了罪刑法定原则比之税收法定原则对法律规则的形式性要求更高。罪刑法定原则适用于犯罪行为及其刑事责任问题。刑事责任本身是一种消极的法律后果，刑事责任甚至任何责任的追究都以行为的可罚性为其伦理前提，因此需要考察行为人的主观恶性程度。税收法定原则是有关纳税义务的成立变更和消灭的基本原理。纳税义务并不是一种消极的法律后果，纳税义务的成立并不以行为的违法性为其前提，而是直接赋予私人的经济活动以某种税收效果或税收负担，不需要关注当事人的主观意图，税收负担也不应受当事人的主观意志左右。这样，犯罪构成要件与税收构成要件存在重大差别，前者包括主观要件，而税收构成要件则全部为客观要件。纳税义务的成立以客观存在的事实为依据，当事人的主观意图不产生任何税法效果。此外，根据罪刑法定原则，当事人享有不自证其罪的权利，即对自己的犯罪事实保持沉默的权利，而且公诉人对犯罪事实的举证需要达到相当高的程度，否则将适用疑罪从无的原则。但根据税收法定原则并不能推导出当事人的沉默权，恰恰相反，纳税人在税法上有纳税申报的作为义务，即需要主动将自己应纳税的相关事实报告征税机关。不仅征税机关经由税收调查权对课税事实的阐明承担责任，而且纳税人需要对课税事实的阐明承担协力义务（在课赋纳税程序模式中），甚至由纳税人对课税事实的阐明承担主要责任（在自行申报纳税程序模式中）。当纳税人不履行纳税申报义务时，可透过推定课税制度的适用减轻征税机关的证明负担（降低证明程度），这表明征税机关对课税要件事实的证明并不要求达到与犯罪事实相同的证明程度。根据罪刑法定原则，类推适用和扩张解释被严格禁止。而税收法定原则在某种程度上认可类推适用和扩张解释，以贯彻实质课税原则。

税收法定原则实质上是近现代法治主义在税收领域的体现，反映了税收法治思想。税收法治意味着形式上的规则之治，全部税收问题都应当由立法者通过制定规则的方式决定，征税机关必须保证对税法规则的严格贯彻执行。正如法治思想本身有形式法治与实质法治、机械法治与机动法治之分，学界对税收法定原则的理解存在一定的差异，这种差异反映了关于税收法治的不同理想。实际上，现代法治正在从形式法治走向实质法治，法律的实质化现象比较明显。研究税收法定原则有必要注意这一背景。形式意义上的税收法治或税收法定原则，要求规则至上。但问题是，税法从一开始就是实质法，全部税法规则和制度都有其实质目标，从最初的财政收入目的，发展到后来的各种经济干预目的，如财富再分配、宏观经济调控、矫正经济活动的外部性、甚至反对不正当竞争（反倾销及反补贴税法）等。税法作为实质法，全部税法规则和制度都不可避免地要接受合目的性检验，形式上的税法规则本身并不意味着一切，规则的至上权威可能受到挑战，并受到最终目的的压抑，其表现之一就是实质课税原则成为税法的解释原则，可以根据实质课税原理对税法规则进行所谓的类推解释和扩张解释。严格地说，这种解释只是法律解释方法中的目的解释法，但由于解释的结果可能超过税法的文义可能性范围，才被不甚恰当地称为类推解释和扩张解释。我们对税收法定原则的理解应当追随时代的发展，而不应固守传统的立场，即不应在严格形式意义上理解税收法定原则。支配税收问题的不仅仅是税法规则，还有税法的精神实质即税法的目的。由于税收立法者的有限理性，税法目的并没有完全被立法者制定的严密的税法规则所吞没，没有完全消失在这些规则之中，它还会以某种方式（例如通过税法解释）在税法的运行中发挥作用。这里所表达的，是内在于现代税法中的通常所说的形式理性（规则的形式）与实质理性（规则的实质）之间的深刻裂痕。考虑到税法的实质法特质，我们不应把税法的形式理性（这里指规则的形式性）即税收法定原则，通过类比刑法上的罪刑法定原则，拔高到现代税法的唯一原理这样一个不切实际的高度。更可取的立场也许是，把税收法定原则看作一般的法治原则或由其引申出来的法律保留原则和法律优位原则在税收领域中的体现，以使税法能够追随当今的法律观念由于法律的实质化现象而不再固守规则的形式性的现实。总之，有许多理由让我们相信，"税收法定原则"的称谓比"税收法定主义"或者"税收法律主义"的称谓更为恰当。因为主义者，代表必须全力维护而不能有所偏离的一种信念或者一种信仰。

二、税收法定原则的内容及相关问题

学界通常把税收法定原则的内容具体化为课税要件法定原则、课税要件明确原则和合法性原则三项。但在各自的论述中，不难发现理解上的差异，主要表现为"课税要件"一词的内涵及外延上。课税要件，我国有学者称课税要素①，当源自法理学上关于法律规范逻辑结构的论述。按照法理学的观点，一个法律规范的完整逻辑结构包括假定、处理、制裁三部分。其中假定部分相当于法律规定的法律要件，处理部分大体上相当于法律要件产生的积极法律效果，制裁部分则是消极法律后果，因此法律规范的逻辑结构又可分为法律要件与法律效果两部分。这样，税法所规定的这些法律要件就称为课税要件。问题在于，学界通常把课税要件的含义限定为纳税义务的成立要件，而实际上现代税法所规定的法律要件除主要的纳税义务的成立要件外，还包括其他一些法律要件，如实体税法规定的税收负担的减免及加重税负的要件和程序税法规定的程序要件（纳税义务的变更或消灭通常表现为这些程序要件的法律效果，依法当然获得的减税免税无须经过某种程序，是单纯的实体问题）。另外，纳税义务的成立要件的法律效果比较单纯，就是纳税义务的产生，但程序要件的法律效果却是当事人的各种不同的程序义务和程序权利，如纳税申报义务、税款缴纳义务、扣缴义务、税务调查时的协力义务、税收强制执行时的容忍义务、提供纳税担保的义务等等。如果我们将税收法定原则的内容具体化为课税要件法定原则、课税要件明确原则和合法性原则，就意味着税收法定原则只适用于法律要件，而与税法上的法律效果无关。这一结论对实体税法而言尚无大碍，因为实体税法的主要内容是有关纳税义务的成立要件，当这些要件被全部满足时，其法律效果是明确且理所当然的，即纳税义务的产生，可以认为不需要特别强调。但当程序税法所定之程序要件被满足后，其法律效果是各种不同的程序义务或程序权利，它们是现代税收程序的法律基础，其内容并非当然清楚的，需要由法律加以明确。可见，税收程序法律效果是否受税收法定原则支配的问题就是值得关注的问题。如果我们在具体化税收法定原则的内容时，再将课税要件一语限定为纳税义务的成立要件，则有将程序要件也排除在税收法定原则适用范围之外的疑问。当然合法性原则要求，征税机关征税，必须符合实体税法的规定，并按照程

---

① 张守文．税法原理［M］．北京：北京大学出版社，2001：40–43.

序税法规定的步骤和程序进行，间接肯定了税收程序也受税收法定原则的支配。不过，由于合法性原则强调征税机关依法定程序征收税款，上述结论似乎更适合公权力占主导地位的课赋纳税程序模式，而不太适合纳税人占主导地位的自行申报纳税程序模式。就算上述结论能够成立，由于合法性原则只是间接确认税收法定原则适用于税收程序，我们在具体化税收法定原则为课税要件法定原则、课税要件明确原则和合法性原则时，也会给人留下税收法定原则主要适用于实体税法的印象，即税收法定原则对实体税法的适用上要严于对程序税法的适用，例如实体上的课税要件只能由法律规定而不能有所例外，特定情形下的程序要件可以授权行政机关决定。总之，尽管把税收法定原则具体化为课税要件法定原则、课税要件明确原则和合法性原则已成为主流话语，但由此引发的疑问也不少，这是我们在具体化税收法定原则的内容时需要注意的。

税收法定原则，从其一般意义上讲，是指全部税收问题，包括税收实体要件和程序要件及其法律效果，都应当由法律规定。这正如罪（法律要件）和刑（法律效果）都在罪刑法定原则的适用范围之内一样。不能因为具体化税收法定原则的内容而影响了这种一般的理解。

（一）课税要件法定原则

课税要件一语可以有广义和狭义两种理解①。广义的课税要件指有关税收的全部实体要件和程序要件。狭义的课税要件仅指纳税义务的成立要件，是税收实体要件的主要部分。课税要件作为纳税义务的成立要件，指成立纳税义务需要满足的全部条件，这些条件包括纳税主体、课税客体（征税对象）、课税客体的归属、计税依据（税基）和税率五项。税法理论认为，私人的经济生活事实只有同时满足这五项条件，纳税义务才依法产生，如果其中任何一项条件不被满足，都不能使纳税义务产生。考虑到税收法定原则需要一体适用于税收实体问题和程序问题，而课税要件一语又通常被限定为纳税义务的成立要件，课税要件法定原则的具体内涵就应当表述为，指课税要件和有关税收减免及加重事由、以及税收的纳付和征收

---

① 张守文. 税法原理 [M]. 北京：北京大学出版社，2001：41.

程序，都应由法律规定。

课税要件法定原则涉及的首要问题是法律与行政立法的关系问题。行政立法，在我国表现为行政法规或部门规章，在日本表现为政令和省令。课税要件法定原则要求税收问题由法律规定而不是由权力决定。行政立法的实质是权力自我肯定的一种形式。如果行政立法成为税收的主要依据，是与课税要件法定原则的基本精神直接抵触的。因此通常认为，一般的、基本的税收问题只能由法律规定，而不能授权行政机关决定，或者由行政机关自行决定。只有具体的、个别的税收问题才能授权行政机关决定或者由行政机关自行决定。有关税收问题的一般的、空白的授权规定无异于放弃税收立法权，有违课税要件法定原则的精神，因此这种概括授权是不被允许的。按照课税要件法定原则的要求，授权立法的范围只限于具体的、个别的税收问题。至于具体的、个别的税收问题之标准，我国台湾学者通常认为指授权的目的特定、内容具体和范围明确①，我国《立法法》第10条也规定，授权决定应当明确授权的目的、范围。

实际上，我国《立法法》第8条关于法律保留原则适用范围的规定，以及第9、10、11条的规定，较为完整地体现了课税要件法定原则的时代精神。不过《立法法》的原则规定肯定会产生一些理解上的问题。对税收法定原则理解上的差异在各国都存在。例如学界在把税收法定原则的内容具体化为课税要件法定原则、课税要件明确原则和合法性原则时，常把课税要件的意义限定为纳税义务的成立要件，这实际上等于强调税收法定原则对实体税法的适用要严于对程序税法的适用，有关纳税义务成立的各项要件，包括纳税主体、课税客体（征税对象）、课税客体的归属、计税依据（税基）和税率，全都属于基本的税收问题，只能由法律规定，行政机关在任何情况下都无权决定或者变更法定的课税要件。至于税收程序问题，则没有这种严格要求。税收法定原则对课税要件（纳税义务的成立要件）的适用被拔高到与罪刑法定原则同等的高度。这是不切实际的，也不符合税收法定原则的时代精神。姑且不论行政机关常常经由对法定课税对

---

① 陈清秀.税法总论［M］.台北：元照出版社，2001：39.

象适用范围的解释而参与决定课税对象，在地方税也由中央立法的前提下，全国统一税率很难照顾到各地的实际情况，此时税法只规定一个税率幅度，具体适用税率授权各地（可能是地方政府）自行规定的做法有一定的合理性。此外，现代税法往往被用于干预经济的运行，这时严格的税率法定要求可能会影响到现代税法的经济干预目的特别是宏观调控目的的实现，例如在全球金融危机或经济危机可能使整个经济陷于衰退的现实威胁下，由行政机关决定，为调控房地产市场供需而降低房屋交易契税税率、或为调控汽车市场的供需而减半征收车辆购置税，可能是必需的。另外，诸如反倾销税、反补贴税等干预目的税，也很难做到严格意义上的税率法定，因为反倾销税、反补贴税的征收应当正好抵消倾销和政府补贴所带来的竞争优势上，反倾销税和反补贴税的税率取决于倾销过程中实际售价低于成本价的程度和政府补贴的程度。这种情况决定了反倾销税和反补贴税的税率只能在个案中决定，而不能事先在立法上一般性地规定，实际上其具体适用税率最终是由行政机关决定的。总之，考虑到现代税法的经济干预目的以及立法者的有限理性，课税要件法定原则不能做绝对的理解，也不存在税收法定原则对实体税法的适用严于对程序税法的适用问题。

（二）课税要件明确原则

课税要件以及税收的纳付和征收程序不仅必须由法律做出规定，而且法律规定应尽可能明确而不致出现歧义。含混不清的规定将导致征税机关过大的裁量权，其结果与以概括的方式授权行政机关决定并无二致。可见，课税要件明确原则的精神实质是通过明确具体的法律规定，排除行政机关在税收问题上的裁量权，或者虽不能完全排除行政机关的裁量权，但应将其限制在最小的范围内。税法中应尽可能避免概括性条款和不确定概念的使用，否则可能因背离课税要件明确原则而无效。

不过，法律是普遍性规范，总是具有一定程度的概括性。如果法律规定，进口蔬菜征进口税，输入水果则免税，不能认为蔬菜、水果难以定义且其具体种类繁多难于列举而认为蔬菜、水果是不确定概念，因而上述规定是无效的。税法规定的不确定性主要来自概念使用上的不确定性。现代税法并不能完全排除某种程度的不确定概念的使用。课税要件明确原则不能作绝对化的理解，问题的关键是税法的规定应当明确到何种程度。对此，通常认为课税要件明确原则并不排除税法解释的作用，税法规定或者税法概念的使用，只要通过税法解释能够阐明其意义，就不违背课税要件明确原则。例如所得税法规定的"必要经费"，或税法中规定的"其他合理方法""正当理由"等，如果根据上下文关系即在特定语境中能够弄清其意义，就不违背课税要件明确原则。如果不确定法律概念的内容，穷尽所有的法律解释方法也难以明确其意义，那么相应的税法规定将因为违反课税要件明确原则而无效。例如"公益目的""社会正义"等终极目的或终极价值概念，这类概念的内容本身就有待具体税法规则的填充，通过一般的法律解释方法是很难弄清其准确含义的。总之，税法对不确定概念的使用并非一律排斥，只要税法中使用的概念，其内涵和外延的核心部分是明确的，即使其边缘部分存在一定程度的不清晰，也不违背课税要件明确原则。进一步讲，判断税法上是否允许使用不确定概念的基准，在于国民根据税法本身即可大致预测其税收负担①。这是因为，税收法定原则本身的意义就在于，维护税法的安定性，使私人经济生活或者经济交易的税收效果具有法的稳定性和预测可能性。

（三）合法性原则

如果说课税要件法定原则与课税要件明确原则是关于税收立法的原理，那么合法性原则则是关于税收执法的基本原理。当经济组织或个人产生的经济生活事实满足了实体税法所规定的全部课税要件，依照实体税法的规定产生纳税义务以后，征税机关必须依照法律规定的方式和程序征收税款。合法性原则要求，征税机关必须依法征税，既要符合实体税法的规定，又必须按照程序税法规定的程序和步骤进行。合法性原则意味着，依法征税既是征税机关的权利，也是征税机关必须履行的义务，因此征税机关无权放弃征税，也无权变更纳税义务的内容，诸如与纳税人就税收问题达成协议、提前和延缓征收税款、无法律根据地减免税等。

（四）税收法定原则涉及的其他问题

通常把税收法定原则的内容具体化为课税要件法定原则、课税要件明

---

① 陈清秀．税法总论［M］．台北：元照出版社，2001：41.

确原则和合法性原则。实际上，除上述内容外，税收法定原则还涉及许多问题。

1. 税法的法源。税收法定原则，或者税收法定主义、税收法律主义，实际上是指税收制定法主义，因此不论大陆国家还是英美国家，制定法都是税法的最主要的法源，不承认其他社会规范如道德、政策和习惯惯例等的法源地位。税收法定原则所指称的"法"，专指形式上代表民意的专门国家机关制定的规范性文件，即狭义的法律。税收法定原则要求以立法机关制定的税收法律作为税法的主要法源，但并非唯一法源。行政立法在符合法律具体、个别授权的前提下，可取得税法的法源地位。但征税机关为执行税法而做出的解释性规定，如通知、通告、批复、暂行规定等，性质上属内部行政范畴，仅对征税机关内部有约束力，对外则不发生法律效力，因此不构成税法的法源，不能作为法院进行司法审查的依据，相反，其本身的合法性也需要接受司法审查。不过，现代税法要适用于复杂的经济生活事实，对征税机关的解释性规定依赖性较大。征税机关的解释性规定在实践中发挥了巨大的功用，事实上取得了相当于法源的地位。税法的法源是否包括地方性税收法规，是一个有争议的问题。一般而言，联邦制国家承认由地方立法机构制定的税收法规的法源地位，但其立法权限仅限于地方税。实行地方自治的国家倾向于承认地方税收法规的法源地位，但地方的税收立法权受到很大的限制。例如日本由中央制定了一部《地方税法》，《地方税法》形成了有关地方税的完整框架，只留下非常有限的内容由各地自行决定。其他单一制国家对地方分享税收立法权非常谨慎。例如在我国，一般认为，为维护税收法制的统一性，包括中央税、地方税和共享税在内的全部税收立法权都应归中央统一行使。但全国统一立法很难照顾到各地的具体情况，因此中央统一制定的税收法律法规特别是有关地方税的法律法规中，往往授权地方特定情况下的减免税决定权或者在规定幅度内的具体适用税率的决定权。这样，地方在一定程度上分享了税收立法权就是一个不争的事实，地方税收法规因此取得税法的法源地位，尽管地方的权限非常有限。总之，税收法定原则的精神实质就在于以严密的法律规则约束征税机关的征税权力，征税机关做出的大量解释性规定尽管必要，但不具有法源地位，这是必须强调的，否则固守税收法定原则就将失去意义。税收法定原则，其中的税收法定，从语义上讲，指由法律决定税收问题。在现代民主社会，法律是由形式上代表民意的立法机关制定的，税收法定原则可以理解为立法者决定税收问题。很明显，税收法定原则要求立法机关制定的法律成为税法的主要法源，行政立法在整个税收法律体系中只具有补充地位，并且不承认道德、政策、习惯、惯例等的法源地位。

2. 税收协议的效力。原则上讲，税收法定原则使得税法具有强行法性质，从而基本排除自由契约在税收领域的适用。不管是征税机关与纳税人或其他相对人间，还是私人当事人之间就税收问题达成的协议，都可能因为违反了法律的强制性规定而归于无效。换句话说，税收问题不受当事人的意志左右，当事人的意思原则上不产生税法上的效果。但有时税法本身允许当事人做出选择，例如有的国家或地区的个人所得税法所规定的费用扣除，允许当事人在法定扣除（标准扣除）和据实扣除间做出选择，当事人根据税法规定所做出的选择当然产生税法上的效果。在纳税担保等问题上，也无法完全排除当事人的意思在税法上的效果。这是因为税收债务同普通债务一样具有相对性，其效力原则上只及于债务关系双方，不及于第三人，因此第三人提供纳税担保，必须经第三人同意。比如是否提供担保、担保的种类、担保的金额等都须经第三人同意。此外，在事实认定问题上，征税机关对于有一定事实根据但又很难完全查清的课税要件事实，通常认为可以与纳税人达成妥协。这种妥协之所以能够成立，可能基于两个不同的理由。其一是认为事实问题不适用税收法定原则。其二是认为征税机关与纳税人就事实问题达成的妥协，只是征税机关认定事实的一种方法，暗指其不是真正的税收协议，因而不违反税收法定原则。总之，税收协议并非当然无效。关于税收协议的效力问题，准确地讲，其结论是，非依税法规定而达成的协议不产生任何税法上的效果。这一结论不排除税收协议在私法上有效。当事人依照税法规定做出的意思表示或者达成的税收协议，能够产生税法上的效果。这种情形表面看不符税收法定原则，因为税收法定就意味着不考虑当事人的意思，完全由法律决定税收问题。细究之下可以发现，特定情形下承认当事人的意思在税法上的效果，具有相对合理性。所得税法之费用扣除，以法定标准取代实际发生的标准，目的在于征税上的便利，但这种便利可能以纳税人的权益受损为代价，例如法定数额的费用低于实际发生的费用，这时应当允许纳税人以相反的事实推翻法律上推定的事实。另外，第三人原则上不对纳税义务的履行承担义务，如果要求第三人担保纳税义务的履行，当然应当尊重当事人的意思。那么这是否意味着税收债务当事人与第三人的关系不适用税收法定原则呢？还不能这样说。实际上，在税收优先权制度和源泉征收制度中，都涉及第三人，其中税收债务当事人与第三人的关系都适用税收法定原则。只能说，特定情形下尊重当事人的意思，是税收法定原则的例外。

3. 诚实信用原则在税法中的适用。诚实信用原则是私法中的"帝王原则"，但是否适用于税法则存在一定的争议。诚实信用原则作为一个税法问题，其实质涉及行政先例能否被认可为税法的法源之一，以及能否与税收法定原则兼容的问题。纳税人一贯按照征税机关的解释履行其纳税义务以至形成一定的信赖利益，如果征税机关对同一税法规范做出新的解释，那么纳税人原先的履行行为之效力如何？征税机关可否依新的解释推翻其先前做出的征税行为并追究纳税人责任？学界通常从信赖保护出发对此问题持否定观点。例如金子宏认为，这是税收法律主义内部相互对立的价值权衡与取舍问题，即一方面税收法律主义意味着征税合法性原则；另一方面税收法律主义的实质在于追求法的稳定性，保护信赖利益。可能出现即使牺牲合法性原则也要保护信赖的情况，在这种情况下，诚实信用原则在税法中的适用应予以肯定①。对税收法律主义推崇备至的北野宏久也持几乎相同的观点，认为纳税人根据长期的错误性行政指导，能够形成以纳税人为中心的一定秩序，为保护这种秩序，在税务行政中导入诚实信用原则是不违背租税法律主义所体现的法律的稳定性要求的②。不过，就税收法

---

① ［日］金子宏. 日本税法原理［M］. 刘多田，等译. 北京：中国财政经济出版社，1989：84.

② ［日］北野宏久. 税法学原论［M］. 陈刚，等译. 北京：中国检察出版社，2000：115.

定原则的精神实质是要由立法者意志而非权力意志决定税收问题而言，诚实信用原则在税法中的适用问题即税法中的信赖保护问题，应当是税收法定原则的例外，而不是税收法定原则的内部问题，因此其适用条件较为严格。

4. 税法的溯及力。原则上讲，从税收法定原则立场出发，应当否认税法具有溯及既往的效力。其理由很简单，不能要求行为人遵守行为当时尚不存在的法律。不过存在一些例外。例如由于税收程序对纳税人权利的影响相对较小，不少人认为程序税法可以溯及适用。另外，对于以一段时间内连续发生的课税事实所课征的期间税，例如按年征收的所得税，如果修订后的税法公布于课税期间，则可以溯及课税期间开始时适用，这种情形属于不真正的溯及既往，不违背税收法定原则。不过这一结论并非没有疑问，因此对于公布于课税期间之中的修订后的税法，最好规定于下一个纳税期开始适用。

5. 税法的解释。税收法定原则，或者税收法定主义，实际上指税收制定法主义，不承认其他社会规范如伦理道德、政策以及习惯惯例等的法源地位，其要旨在于由立法者意志决定税收问题。但立法者意志通过制定税收法律表达出来后，必须经过解释才得以适用，从而发挥其规范社会关系之功能。税收法定原则要求税法解释应忠实于立法者意志，客观地探明税法规范的具体意义。然而为执行税法而做的税法解释并非纯粹的认识活动即"对给定的实定法规的意义的纯粹被动的认识"，① 其间在不同程度上混杂了解释者的价值判断因素。为保证税法解释不沦为解释者的恣意妄为，税收法定原则要求将解释的结果限定在法律条文的可能含义之内，禁止对税法规范做类推解释和扩张解释。当税法规范存在多种可能的含义时，其他解释方法如体系解释方法可以被适用，甚至可以根据税收法定原则限制权力、保护私人权利的精神，依"有利于纳税人推定"而不是"有利于国库推定"的解释原则，选择对纳税人有利的解释。

对于税法解释，除一般的法律解释方法，还存在税法上的特殊问题。

---

① 梁慧星. 民法解释学［M］. 北京：中国政法大学出版社，1997：172.

税法是实质法，全部税法规则和制度都有一个基本目标，即财政收入。税法的财政目的决定了必须透过税法的文字规定，捕捉到流动中的社会财富，并将其法定为课税对象。对税法而言，重要的是通过法定的课税对象所表征的社会财富，而不是税法的文字形式。换句话说，对税法而言，重要的是法定课税对象的经济效果，而不是课税对象的存在形式。因此实质课税原理作为税法中的技术性原理，必定会发生作用。被税法法定为课税对象的事实，实际上就是日常生活中不断发生的经济生活事实。这些经济生活事实，作为一种经济活动或经济现象，首先是由私法调整的。私法调整在前，税法调整在后。税法常常以私法概念所归纳的私人经济生活事实作为法定的课税对象，税法中常常借用私法的概念体系。理论上讲，税法并非不能抛开私法的概念体系，而全部使用自己特有的概念。但在私法的概念体系已经广为社会所接受的前提下，税法再构造一套自己的概念系统，即使可能，也不一定有效。因此现代税法对私法概念的借用是一个较普遍的法律现象。但问题是，税法与私法的目的不同。私法的基本目的是保证当事人各自的权利或者各自的目的得以实现，而不过问当事人各自的目的是什么。因此私法的调整机制只能是形式性的，即规定权利互动的形式，并以意思自治为原则。这就是私法中的形式理性。私法的法律形式，也就是私法的概念体系，主要是为这种形式化的法律调整机制服务的。例如私法规定的各种法律行为（行为方式），实际上就是主体间的互动方式，即权利互动的法律形式。私法调整的形式性（指保证当事人各自的目的得以实现而没有自身的实质目的）决定了私法上的法律行为以意思表示为唯一要素。总之，私法只关注概念的形式，而不关注概念的实质。但税法正好相反，税法是实质法，税法关注概念的经济实质，而不是概念的形式。这样，税法中对私法概念的借用，会带来税法解释上的问题，即是严格按照该概念在私法中相同的含义进行解释，还是按照符合税法目的的方式进行解释。这一问题实际上是现代税法理论中的核心问题之一。通常认为，法律解释必须将解释的结果限定在法律条文的文义可能性范围内，否则就越过了法律解释而进入了税法漏洞补充的范围。问题是，保守的观点认为，所谓的税法规范的文义可能性范围，是指税法中的借用概念应当保持与其在其他法律中相同的含义，而不能根据借用概念的经济实质做不同的解释，否则就是借税法解释（所谓的类推解释和扩张解释）之名行税法漏洞补充之实，因此应当禁止所谓的类推解释和扩张解释。本文认为，法律解释不能离开法律的目的。税法是实质法，税法更关注概念的经济实质而不是其文字形式。在税法中，实质课税原理必然发生作用。按照概念的经济实质进行解释，正是实质课税原则在税法解释上的应用。因此税法的解释本来就不应拘泥于税法规范的文字形式，而应当按照其经济实质进行解释，进一步讲，是按照符合税法目的的方式进行解释。目的解释的结果仍然在税法规范的文义可能性范围内，并没有超出税法解释的范围。保守观点所理解的税法漏洞补充意义上的类推解释和扩张解释，实质上是目的解释的结果，并没有超出税法解释的范围。

税法对私法概念的借用，给纳税人滥用私法上的意思自治即滥用私法权利和自由以规避纳税义务提供了可能性。实质课税原则在税法解释上的运用可以否认避税行为的税收效果，从而具有很强的反避税的实践功能。但严格地讲，实质课税原理与税收法定原则的形式性不可避免地会发生冲突。有关税法解释上的争议，实际上反映了现代税法中形式性原理即税收法定原则与实质性原理即实质课税原则之间的深刻裂痕。

三、税收法定原则在当代的困惑

税收法定原则实质上就是近现代法治主义在税收领域的体现。税收法定原则曾经与罪刑法定原则一道，成为近代法治主义的先导，并为推动法治主义的确立发挥了重大作用。但正如法治本身正在从形式法治走向实质法治一样，法律的实质化是一个较明显的现象，税收法定原则也应当追随时代发展。不仅如此，税法本身就是实质法，全部税法规则和制度都有其直接目标，如基本的财政目的，以及发展到后来的经济干预目的，这样实质课税原理及其他实质原理总会在税法中发挥作用。可以说传统的、以高度形式理性为特征的法治主义从一开始就不完全适用于税法。问题是最初的税收法定原则被称为税收法律主义，正是对法律的形式理性的极度张扬，是传统的形式法治思想的体现，将税收法定原则与罪刑法定原则进行并不恰当的类比，则强化了税法的形式理性。这正是税法理论中刻意否认实质课税原则的思想根源。这种传统法律思想主张在权力分立的前提下，社会生活中重要的、基本的事项都由立法做出明确的、详细的规定，行政与司法被严格限定在对法律的执行与适用上，其自由裁量权被限制在尽可能小的范围内。法律曾经被认为可以由一个或少数几个不证自明的"公理"为原点，经过形式逻辑的推演便可得出问题的答案，这样形成的法律秩序可以做到毫无遗漏、完美无缺。具有逻辑一致性的法律在适用上无须借助任何主观意志，可以像机器一样地操作，只要投入事实，便可得出判决和结论①。税收法律主义无疑就是这种形式合理性的法律思想的产物，其重要功能在于维护法律的安定性。资本主义曾经有过稳定发展时期，法律生活的稳定性成为其首要诉求，税收法律主义的功能得以彰显。不过即使在这一时期，税法中也存在形式理性与实质理性的深刻裂痕，其突出表现就是对待实质课税原则的不同态度。当资本主义进入垄断阶段后，大量出现的社会经济问题促进了干预主义的兴起和法律的实质化现象。税收法律主义与以高度形式理性为特征的传统法律思想一起，在今天正遭遇诸多的困惑与挑战。

（一）税收法律主义植根于理性主义哲学和认识论之中。绝对理性主义相信，人的认识能力是无限的，可以深入社会生活的每一个细节，获得关于某一个主题如税收的完整知识。理性主义造就了伟大的税收立法者，税收立法者具有洞察一切的能力，可以预见到将来可能出现的所有问题并做出相应的制度安排。这样制定的税法是一部精致的调整器，能够解决税收中的所有问题。然而，理性主义对人的理性能力的看法被认为是过于乐观了，绝对理性主义在今天正经受着越来越多的质疑和责难。例如哈耶克认为，人对于诸多有助于实现其目标的力量往往处于必然的无知状态之中。知识只会作为个人的知识而存在，即以分散的、不完全的、有时甚至是彼此冲突的信念的形式散存于个人之间的，绝不是作为一种经过整合过

---

① ［德］马克斯·韦伯. 论经济与社会中的法律［M］. 张乃根，译. 北京：中国大百科全书出版社，1998：309.

的整体知识而存在的①。因此每一个社会成员都只能拥有为所有社会成员所掌握的知识的一小部分，从而每个社会成员对于社会运行所依凭的大多数事实也都处于无知状态中。那种认为某个人知道所有的相关事实，而且他有可能根据这种关于特定事实的知识而建构出一种可欲的社会秩序的建构论唯理主义是错误的②。实际上，立法者与我们普通人一样，都只具有限理性。不管哈耶克的断言在多大程度上成立，复杂多变的社会生活不断挑战既有的实定税法秩序则是不争的事实。电子商务、网络经济的出现为税法提出了新的课题。避税行为的普遍存在更表明立法者刻意编织的税收法律之网远非完美无缺。无论税收法律有多严密，纳税人总能从中找出可资利用的漏洞。为填补漏洞，税法不得不经常修订。在避税与反避税的长期博弈中，税法不仅变得庞大、复杂难懂，而且难免产生新的漏洞。最后。为避免纠缠不清，不得不在税法中引入实质课税原则。所谓实质课税原则，可以是指在纳税义务成立之相关要件事实的认定中，不根据所涉及的事实关系或法律关系的外观或形式，而是根据其内容或实质（经济效果）进行，因此在德国又被称为"经济观察法"。一定程度上讲，实质课税原则是关于要件事实的自由评价制度，是对税收法定原则形式性的反叛。实质课税原则在税法中的确立等于公开宣告立法并非万能，由立法者意志决定全部税收问题这种终极意义上的税收法律主义正陷入某种困境中。正因为如此，形而上的税收法律主义正出现某种妥协，即不是税收问题的全部，而只是有关税收的重要的、基本的事项必须由法律规定，而将一些个别的、具体的事项授权行政机关规定则在税收法律主义的框架内被认可。

（二）就算我们认为人的理性能够成为其自身的主宰并能控制其自身的发展（这在哈耶克看来，是一种致命的自负），存在着全知全能的税收立法者，能够通过其周全的智虑事先就所有税收问题做出安排，

---

① ［英］弗里德利希·冯·哈耶克. 自由秩序原理：上卷［M］. 邓正来，译. 北京：生活·读书·新知三联书店，1997：19－22.

② ［英］弗里德利希·冯·哈耶克. 法律、立法与自由：第1卷［M］. 邓正来，等译. 北京：中国大百科全书出版社，2000：11－12.

税收立法者所运用的语言工具能否将其意志准确无误地表达出来也存在极大疑问。世界存在着无限多样性和可能性，而人类语言总是受限定的。用有限的语言表达无限的世界，不可能呈现一一对应关系，难免出现一词多义现象，而且某些现象在现有语言中难以找到恰当的表达方式。这反映出，面对纷繁复杂的世界，语言工具多少有些苍白无力。有人甚至认为，要说出某个词的"正确"含义是不可能的①。为了将法律执行和适用中的自由裁量限制在最小的范围甚至完全排除，概念法学派曾致力于塑造一个个内涵和外延都十分明确的精致法律概念，以便实现对社会生活的精确调整。然而世界之为世界，在于其存在，而不在于其能够被定义。姑且不论这种形式合理性的法学方法会产生理性剪裁现实、概念剪裁现实的弊端，税法学在这方面的成果也不乐观。例如，具有现代税法基础范畴意义的、作为所得税法定课税对象的"所得"，就很难定义，以至于所得税法只能通过间接方式即详细列举各种应税所得并制定一整套扣除规则的方式界定"所得"。不仅如此，有时一些看似简单的概念，如作为房产税课税对象的"房屋"，几乎可以看作一个确定概念，但如果用文字给出其定义，反而有使问题复杂化之嫌。房屋作为一个来自生活中的概念，其内涵和外延的核心部分是明确的，只是在边缘部分存在一定的不确定性。我们总不至于因为房屋概念存在一定程度的不确定性，就根据税收法律主义否认整个房产税法律制度的有效性。更一般地说，税法作为普遍性规范，总会表现出一定的概括性。这意味着，税法概念和规范几乎不可能具有绝对的确定性。由此产生的问题是：对税收法律主义的贯彻应当让税法详尽到什么程度？立法者使用的语言工具能否让立法者意志得到明白无误的表述？对此，传统法律思想认为，税收法律主义并不排除不确定概念的使用，只要这些不确定概念通过税法解释能够明确其意义，就不抵触税收法律主义所追求的确定性。税收法律主义要求税法解释应忠实于立法者意志，客观地探明税法规范之意义。但税法解释

---

① ［美］E・博登海默．法理学：法律哲学与法律方法［M］．邓正来，译．北京：中国政法大学出版社，1998：128.

作为一种认识活动，难免会渗进解释者的价值判断。对此，美国历史上的"西红柿案"①也许有一定的参考意义。1895 年，美国商人从西印度群岛运来一批西红柿。按美国当时的法律，输入水果是免交进口税的，而进口蔬菜则必须缴纳 10% 的关税。纽约港的关税官认定西红柿是蔬菜，理由是它要进入厨房，经过烹制才能食用。而进口商则认为西红柿有丰富的果汁，又可以生食，不同于一般蔬菜，形状色泽都应属水果。由于双方争执不下，只好诉至美国高等法院，经高等法院判决才被法定为蔬菜。关税官与商人各自不同的立场导致争议的产生，而看似明确的蔬菜和水果也隐含着某种不确定性，解释的结果很难说是绝对客观的，不同的立场可能导致截然不同的解释结果。

税法必经解释才得适用。税收法律一旦制定出来，就作为一种给定的文本材料摆在执法者面前。为执行税法而进行的税法解释本身是一种认识活动，其所面对的文本材料，已经脱离了立法者意志的直接支配范围。由于给定的文本材料中使用的概念或范畴存在某种程度的不确定性，这就给税法解释者面对税法规范多种可能的含义根据自己的价值判断以定取舍留下了空间。因此税法解释并非总是客观的，其间难免掺杂进解释者的主观意志。有人甚至认为税法解释纯属解释者的价值判断作用②。税法解释的客观性无法完全保证，从一个侧面表明了税收立法者使用的语言工具的局限性和制定法的局限性。税收法律主义并不能使税法的适用可以像机器一样地操作，税收法定原则作为税法的基本原则才因此而具有执法准则与司法准则的功能③，即根据税收法定原则保护私人财产权的宗旨限制税法的解释方向，禁止不利纳税人的类推解释与扩张解释，从而成为克服成文法局限性的有效手段。

---

① 李辉等. 普通话水平测试训练：中［M］. 重庆：西南师范大学音像出版社，2001：22 - 23.

② ［日］北野宏久. 税法学原论［M］. 陈刚，等译. 北京：中国检察出版社，2000：70.

③ 徐国栋. 民法基本原理解释［M］. 北京：中国政法大学出版社，1997：17.

（三）现代税法已不是纯粹的财政目的，还肩负着调节经济的重任。经济干预目的成为现代税法中，除财政目的外的重要目的，包括收入再分配、宏观经济调控、矫正经济活动的外部性甚至反对不正当竞争（反倾销税反补贴税）等。现代税法经济干预目的的一个重要方面就是运用税收手段调控宏观经济的运行，以克服市场经济容易出现的宏观经济周期性波动。有时，宏观调控的要求可以通过稳定的税法制度安排得以实现。如累进税率制度，税率可随经济增长、收入增加而自动提高，从而在经济过热时期抑制（减少）私人的经济活动；税率随经济衰退、收入减少而自动降低，从而在经济萧条时期刺激私人的经济活动。累进税率制度因此而成为宏观经济的自动稳定器。但多数时候，宏观经济调控不得不交由宏观调控权的拥有者相机抉择。其理由在于，宏观经济的运行受诸多复杂因素的影响，各种因素对宏观经济的影响程度也难以确定，要事先根据宏观经济可能出现的情况做出相应的制度安排几乎是不可能的。宏观调控要求对宏观经济变动做出迅速的反映，由此必然冲击税收法定原则所追求的税法的安定性。

总之，许多因素，如立法者的有限理性、语言工具本身的局限性以及现代税法财政外目的即经济干预目的特别是宏观调控目的等的兴起，决定了彻底意义上的税收法定即由立法者决定全部税收问题难以真正实现。这不是要从根本上否定税收法定原则的意义，而是认为应当理性看待税收法定原则，认识到形式意义上的税收法定原则的局限性，这种局限性实际上表现为成文法的局限性。税收法定原则只是现代税法中的形式原理。对现代税法中的形式理性，即税收法定原则及其所具有的实现税收负担的法的稳定性和预测可能性之功能，不能过度解读。税法的形式理性，只是税收法治的一个侧面。税法作为实质法，必然要求一种实质理性。不能将税收法定原则这种现代税法的形式原理拔高到现代税法的唯一原理的高度。现代税收法治不应当是形式法治，而应当是实质法治。我们对税收法定原则的解读也应当追随时代的发展。

第六章

现代税法之公理性原理二：税收公平原则

一、税收公平原则的一般思考

税收法定原则只是关于税收正义的形式原理。税收法定原则只要求有法可依，至于所依何法则在所不问。换句话说，税收法定原则只要求税收问题由立法机关通过多数决的方式决定，而不过问税法的内容是否符合税收正义的要求。问题在于，税制本身的不公平会经过税收法定原则的强制性而被无限放大，而且还不能透过税收执法时裁量上的自由加以弥补。因此，现代税法不以多数决为已足，其内容还必须符合税收公平的要求。税收法定原则并不是现代税法的唯一原理。

通常认为，税收公平原则的基本依据是宪法所定平等原则，即法律面前人人平等原则。平等原则适用于税法就是纳税人地位平等。纳税人法律地位平等是税收公平或税收正义的基本内涵，税收公平问题也被看作是税收正义问题。正义问题源自主体哲学所阐明的主体间性这一道德命令或理性命令。主体间性是人的主体性在主体间相互关系中的体现，它要求人的主体性不应在相互关系中被消解，主体必须将其他主体作为同等的主体而不是客体对待，因此主体间的关系必须是平等的。税收公平意味着，纳税人作为主体而不是客体，应当具有平等的法律地位。不过，人之所以是主体而不是客体，在于人所具有的能动的自由意志，或者更准确地说，是人所具有的理性能力。因为按照康德的说法，"那种仅仅由感官冲动或刺激之类的爱好所决定的行为，可以说是非理性的兽性的选择"，① 康德的意思是说，人的行为不仅仅受感官冲动的影响，而且受理性的支配，人与动物的区别就在于我们所具有的理性能力，这种理性能力是人所主张的、对客体具有优越地位的根据，换句话说，人的主体性源自人的理性能力。人作为主体，是指抽象掉人的一切外部特征的抽象人格。平等原则作为正义的首要原则，是指人格上的平等，不考虑每一个具体的人所具有的一切外部特征。正如我国宪法第 34 条所规定的，中华人民共和国年满 18 周岁的公民，不分民族、种族、性别、职业、家庭出身、宗教信仰、教育程度、财产状况、居住期限，都有选举权和被选择权。这种人格上的平等是形式上的平等，是根据自由的内在规定性所推导出的正义原则。新兴阶级为了反抗封建特权而提出的法律面前人人平等，最初也是指这种形式上的平等。近代自由资本主义时期所倡导的自由、平等，也主要是指这种形式意义。正是这种形式意义的自由和平等，导致了韦伯所说的法的形式理性（这里指法的调整机制的形式性），或者哈贝马斯所说的资产阶级形式法。如果严格按照这种形式意义上的平等即人格上的平等理解税收公平原则的话，并且平等仅仅指纳税人之间的地位平等，而不涉及纳税人与征税机关的关系的话，只有无差别的人头税、或者近代曾经提出过的按受益原则分配税收负担的税收公平思想才满足人格平等的要求。这种人头税或受益税完全不考虑每个人的具体情况，当然也不考虑纳税人的财产状况。形式意义上的税收公平原则将根据作为主体的抽象人格分配税收负担，完全不考虑纳税人的财产状况。这与我们现代的关于税收公平的思想正好相反。现代的税收公平思想所要反对的正是这种无差别的人头税或者受益税。现代主流的税收公平思想几乎无异议地认为，税收公平原则要求按照纳税人的经济负担能力分配税收负担，而所谓的经济负担能力实际上就是指纳税人的经济地位，即纳税人的财产状况。按纳税人的经济负担能力分配税收负担实际上指按纳税人的财产状况分配税收负担。税收负担分配标准应当是作为客体的财产，而不是作为主体的人。但问题是，完全按照纳税人的财产状

---

① ［德］康德. 法的形而上学原理：权利的科学［M］. 沈叔平，译. 北京：商务印书馆，1997：13.

况分配税收负担，可以理解为纳税义务存在于作为客体的财产之上，只涉及客体间的关系而不涉及主体间的关系，因此不是一个税收公平或税收正义问题，因为正义只存在于主体之间，客体之间则不存在正义问题。正如本文曾经提到过的，税法是实质法，全部税法规则和制度都有其直接目的，如基本的财政目的。为了实现财政收入的目的，税法必须透过其文字规定捕捉到流动中的社会财富，并将其法定为课税对象，可以把纳税义务理解为存在于作为客体的法定课税对象之上。只是由于存在于课税对象上的纳税义务无法自动履行，为了纳税义务的履行，才需要由课税对象的归属人追踪到纳税主体。此外，在市场经济前提下，任何社会财富都归属于一定的主体特别是私人当事人，纳税义务意味着私人当事人（主体）的财产上的牺牲。总之，按纳税人的财产状况分配纳税义务，并非完全不涉及主体间的关系。这是否能够证明现代的税收公平思想，即按照纳税人的负担能力分配税收负担思想的逻辑上的合理性呢？还不能完全这样认为，因为主体即纳税人只是由于技术性原因才进入税收负担的分配中。何况按照普通人的感受，纳税义务是从外部强加的，税收法定原则也很难使纳税义务具有自我课赋品格，多数决的立法原则难以保证少数人的诉求和利益不受到忽略。在现代税法中，纳税人虽然被称为纳税主体，但其主体性或主体地位并没有彰显出来，在现代税法的构造中纳税人实际上是被客体化地对待的，所谓的纳税主体其实有些名不副实。总之，现代税收公平思想的合理性还有待进一步论证。但至少有一点是明确的，现代税收公平思想所主张的纳税人地位平等不能是形式上的人格平等，人头税早已被现代税收公平思想所摒弃。即使在普遍开征人头税的农业社会，其课税人口也不是所有的人，而通常指成年男丁，侧重其作为劳动力的经济意义而不是形式意义上的人格，并非彻底意义上的人头税。可以说，在税收制度的历史上，税收公平思想从来就没有停留在单纯形式意义上。这里所表达的疑问是，既然形式上的人格平等不适合于税收，那么按照纳税人的负担能力分配税收负担的税收公平思想，其合理性或者正当性何在？

实践特别是市场经济的长期实践证明，纯粹的自由即意志自由或者意志支配下的行为自由，对于不同的人的意义可能完全不同。社会中的人，总是活生生的具体的人，有着不同的身份和地位，不同的民族、种族、性别、职业、家庭出身、宗教信仰、教育程度、财产状况。虽然人的各种外部特征并不在人作为主体区别于客体的理性能力或意志自由的内在规定性之内，但人的外部特征总会在事实上影响其自由的实现。这样，形式上的平等，即抽象的人格意义上的平等导致了实质上的不平等，社会分化出强势群体与弱势群体。弱势群体不仅难以获得公平的机会，甚至连基本的生存都难以保障。为了保障每个社会成员的基本生存权利，实现实质公平，需要国家或社会实施某种程度上的财富再分配。这一现象表现在法律上，用哈贝马斯的话说，就是从近代的自由主义的形式法到当代的干预主义或福利国家的实质法的转变。在宪法福利国家框架下，宪法所定的平等就不再是严格形式意义上的平等，而是实质平等。实质平等要求权利义务的配置应当考虑每个人的具体情况，即将主体的外部特征纳入考虑之中，如根据纳税人的财产状况分配纳税义务。这样，现代的税收公平思想被赋予了分配正义（或负担正义）的内涵。分配正义指向人们之间的经济差异，而无关人们之间的非经济差异。我们这个社会从来没有把税收看作减少个人间所有差异的手段。实际上，我们的政治制度给予了非经济差异以尊重①。在这种分配正义的观点下，税法成为财富再分配的工具，当然应当按照各人的财产状况配置纳税义务。不过在现代福利国家宪政框架下，实质平等只是要求将纳税人财产状况纳入考虑，其目的是对失衡的权利义务配置的适度矫正，而不是完全推翻平等只是主体间关系的正义原则这一前提，并走向一个极端，即通过把所谓的税收公平原则理解为按纳税人的负担能力分配税收负担从而变成纯粹的作为客体的课税对象之间的关系。事实上，平等或正义问题只存在于主体之间，客体之间则不存在平等或正义问题。实质平等也要求把纳税人作为主体对待，要求在考虑税收负担的公平分配时，要考虑人的因素，而不是只考虑客观存在的社会财富，只考虑将客观存在的社会财富法定为课税对象，并在其上设定纳税义务。换句话说，实质平等也要求按作为主体的人而不是作为客体的客观存在的课税对象分配

---

① Alvin Warren. Would a consumption tax be fairer than an income tax? [J]. Yale Law Journal, 1980, 89 (5): 1096.

纳税义务。虽然实质平等的语境下作为主体的人更多的是具体的人，即拥有或多或少财产的人，而不是抽象的人格，税收负担的分配或纳税义务的配置当然应当考虑纳税人的财产状况，但不是只考虑纳税人的财产而不考虑纳税人本身。准确地说，实质平等不能做极端理解，即在税收负担的分配中，只考虑客观存在的课税对象的物的因素，而不考虑纳税主体的人的因素。

总之，现代的税收公平原则不会是形式意义的，因为形式意义上的公平或平等要求按纳税人的抽象人格分配税收负担，而不考虑纳税人的财产状况。只有实质意义上的税收公平原则，才要求考虑纳税人的具体情况，即纳税人的财产状况。换句话说，只有在分配正义的观念下，才会要求按纳税人的财产状况，即按纳税人的负担能力分配税收负担。实质意义的税收公平原则也符合我国宪法的整体精神。我国宪法规定建立社会保障制度，保证公民从国家或社会获得物质帮助的权利，规定了残疾人和妇女的权利，规定了国家发展教育、科技、卫生和文化事业，规定了国家对经济的宏观调控和对社会经济的维护。这些规定与福利国家或干预国家的宪政框架存在一定的一致性。我国现行宪法也只是规定选举权和被选举权这种政治权利的配置时不考虑公民的各种外部特征特别是其财产状况。但实质公平或分配正义，作为主体间关系的正义原则，不会只考虑纳税人的财产而不考虑纳税人自身，因此不会单纯按客观存在的社会财富分配税收负担，还会考虑作为主体的纳税人的人的因素。这与我们把实质课税原理作为税法中的技术性原理得出的结论并不完全相同。不同立场的对比将有助于我们发现和澄清税收公平原则在理论上的某些微妙之处。

上述议论针对主流的把实质课税原则看作是由税收公平原则引申出来的观点。这种观点认为，税收公平原则要求按纳税人的负担能力分配税收负担以实现负担公平或分配正义，因此税法必须通过其文字规定把握住纳税人的经济负担能力。由于纳税人的经济负担能力以法定的课税对象为表征，因此对税法而言，重要的是法定课税对象作为经济负担能力表征的意义，即法定课税对象的经济意义或经济价值或经济效果，而不是法定课税对象的存在形式。这样，似乎从税收公平原则中很自然地引申出了实质课税原则，实质课税原则也因此具有了税收正义的品格。这种思想的理论根源，在于我们希望我们的税法理论具有形而上的本体论意义。这样，技术性的实质课税原则就被强行赋予税收正义品格。但问题是，税收公平原则作为处理主体间关系的原则，不会只考虑客观存在的课税对象或客观存在的社会财富，否则就不再是一个税收公平的问题。把实质课税原则看作是从税收公平原则引申出来的观点，虽然符合分配正义的要求，但在理论上并非绝对无可置疑。

本文把实质课税原则看作税法中的技术性原理而非公理性原理，不是价值权衡的结果，因此无关税收公平问题。税法是实质法，全部税法规则和制度都有其直接目的，如基本的财政收入目的。为了实现财政收入目的，税法必须透过其文字规定，捕捉到客观存在的社会财富，并将其法定为课税对象。对税法而言，重要的是课税对象的经济意义或经济价值，而不是其存在形式。纳税义务可以认为存在于课税客体之上。只是由于存在于课税客体之上的纳税义务无法自动履行，才需要根据课税对象的归属人追踪到纳税人，其目的在于保证纳税义务的履行和税收的实现。这表明，税收负担的分配中，最初只考虑课税客体而不考虑纳税主体，纳税主体只是由于技术性原因才进入税收负担的分配中。因此纳税人的主体资格只要求是课税客体之利益的直接归属人，没有其他特别的要求，自然人、法人、无法人资格的合伙企业与独资企业、无权利能力的财产组织体、外国企业设在本国的分支机构、甚至家庭都可以作为课税单位。

实质课税原则不管是看作税法中的技术性原理，还是看作按纳税人的负担能力分配税收负担这种现代税收公平思想引申出来的，其结论没有太大差别，但仍有所不同。实质课税原则作为技术性原理，关注的重点是客观存在的社会财富，即课税对象的物的因素，因此不必关心课税财产对于纳税人的意义。实质课税原则作为特殊的税收公平原则，关注税收负担在主体间的公平分配，因此不仅关注主体的财产状况，更关注课税财产对于纳税人的意义，纳税人的财产如果事关纳税人的基本生存，就不应当成为课税财产或者应减轻税负，在技术观点下单纯的物税，在税收公平观点下应当人税化。在技术观点下，税收负担分配的基准是客观存在的社会财富，能够表征社会财富存在的各种课税对象都满足这一要求。在税收负担公平分配观点下，税收负担分配的基准是纳税人，虽然实质公平观要求按纳税人的负担能力或财产状况分配税收负担，但可能要求对纳税人的负担能力进行综合评价，即对同一纳税人在对其负担能力综合评价的基础上只征一种税，而不是选择可以作为负担能力表征的对象如所得、财产等分别征税。因为尽管各种不同的法定课税对象都可以直接或者间接作为纳税人负担能力的表征，但始终不代表纳税人税收负担能力的全部，并且分别征税无法对课税对象对保障纳税人基本生存权的意义做统一考虑。最大的差别在于，在技术观点下，实质课税原则可以直接排除按纳税人的抽象人格分配税收负担的可能性，即直接排除无差别的人头税或者按受益原则分配税收负担；而当税收公平思想坚持形式的公平观而不是实质的公平观时，则可能承认按抽象人格分配税收负担的正当性，即承认无差别的人头税或者受益税的正当性，并且这时的税收公平思想不仅不能引申出实质课税的结论，反而会得出形式课税的结论。

　　总之，虽然由实质意义的税收公平观即按纳税人的负担能力分配税收负担引申出的实质课税原则，与技术意义上的实质课税原则，其理论含义相近，但并不完全相同。而且当我们坚持形式意义的税收公平观时，得出的结论可能是形式课税而不是实质课税，与技术意义的实质课税的要求正好相反。形式课税显然不能有效实现税法的财政目的，例如在纳税人没有任何可用以支付税收负担的财产时。因此更有理由认为实质课税原则是税法中的技术性原理。但技术性原理只决定手段对目的的有效性，不能赋予税法以正当性，由技术性原理得出的结论还必须经过公理性原理的过滤才具有正当性。例如技术性的实质课税原则不考虑课税财产对于纳税人生存保障的意义，而经过税收公平原则过滤后，必须将基本生存权财产排除在法定的课税对象范围之外或者减轻其税负。当然，这样说的前提是，实质意义上的税收公平思想即按纳税人的负担能力分配税收负担的思想，正好与技术性的实质课税原则的要求基本一致。如果我们的税收公平思想是形式意义的，将与技术性的实质课税直接冲突，其结果可能是根本否认实质课税原理，并走向相反的形式课税。

在税收的历史上，曾经有过不同的税收公平观念。在农业社会，可能不存在系统的税收公平思想，但肯定存在一种朴素的按人平均分配税收负担的税收公平观念，因此农业社会盛行人头税。整个农业社会税收制度的历史清楚地表明了一个明显的现象：越是农业社会的早期，其税收公平观念越倾向于按人平均分配税收负担，其后便不断地修正这一观念，其方向是越来越按纳税人的财产（土地）数量分配税收负担，到最后按纳税人的财产数量分配税收负担的观念彻底取代了按人口平均分配税收负担的观念。例如在我国古代的早期，按人口征收的劳役和按人口征收的手工产品（实物或代替实物的货币，即我国古代税制中的赋或口赋），一直在税制中占有重要地位。我国秦汉时期的课税人口甚至不分男女，只是按年龄规定不同的税收负担。以后的课税人口才主要指成年男丁。中唐实行的"两税法"，是将人头税并入财产税（土地税）的一次重大尝试，表明按人口分配税收负担的观念受到怀疑，而按纳税人的财产分配税收负担的观念则受到肯定，并成为以后税制改革的方向。经过明万历年间的"一条鞭法"，到清朝实行"摊丁入亩"，最终完成人头税到财产税的转变。

其实，按人口平均分配税收负担的做法，才最接近近代的抽象人格意义上的平等思想。但为什么整个农业社会的税收制度的历史中，人头税不断遭到怀疑并最终被财产税取代呢？这是一个值得深思的问题。本文的观点是，按纳税人的财产而不是按纳税人的人格分配税收负担，首先是由税收的财政收入目的决定的，是由税收事物的本质即事物的内在联系所决定的，换句话说，是由实质课税原则这一技术性原理所决定的。如果只按纳税人的抽象人格分配税收负担，将不符合税收问题的事物本质，不符合事物的自然之理。真正的人头税，本质上是形式课税，即按形式上标志着人的主体性的抽象人格课税，而不是实质课税，因而与实质课税这一技术性原理直接抵触，难以真正实行。事实上彻底意义上的人头税从来就没有在人类税收制度的历史上真正存在过。例如我国古代按人口征收的劳役和手工产品等人头税，其课税人口主要指成年男丁，并不包括所有的人口。这表明人被法定为课税对象，所关注的是人作为劳动力的经济意义，而不是具有主体地位的抽象人格。人在被法定为课税对象时，实质上是作为一种经济资源对待的，是被客体化对待的，而不是作为主体（抽象人格意义上）对待的。另外，古代社会之所以盛行人头税，还与人类社会早期，社会财富分布较为均衡这一现实社会基础直接相关。人类社会早期，生产力水平不高，剩余产品有限，人们拥有的财富相差不大。在我国，北魏至唐初实行的"均田制"，也保证了财富分配的相对均衡。在这种情况下，按人口数量征税与按人们的财产数量征税差别不大，名义上的人头税掩盖了实质上的财产税。随着生产力的逐步提高、剩余产品的增多和财富分配不均衡，人头税变得不合时宜，因此被不断地并入财产税直至最终被财产税完全取代。上述分析暗含的理论意义耐人寻味。因为众所周知，近代思想家所倡导的平等思想实际上是指以维护人的自由和人格尊严为目的的抽象人格意义上的平等，要求按抽象人格分配权利义务，而不考虑人的一切外部特征，例如不考虑纳税人的财产状况，实际上是拒绝或反对按纳税人的财产状况分配税收负担的。这种形式平等的税收公平思想将导致形式课税而不是实质课税。但税收制度的历史表明，不考虑课税对象的经济意义或经济价值的纯粹形式课税是有问题的，或者说是难以真正贯彻的。形式课税的问题不在于不能取得伦理上的正当性，而在于技术意义上的不合目的性。这种形式平等思想难以在税收中贯彻的根源，首先在于形式课税直接抵触实质课税这一技术性原理，其次才是形式平等思想不符合现代福利国家宪政框架下的实质平等之要求。这里所要表达的是，按纳税人的负担能力即其财产状况分配税收负担之所以成为主流的税收公平思想，首先是由实质课税这一技术性原理决定的，其次才是由实质平等或分配正义的价值诉求或价值权衡的结果。如果否认技术性的实质课税原理，而强行赋予实质课税原则税收正义品格，那就很难解释即使在形式平等压倒一切的自由资本主义时期，按抽象人格分配税收负担的思想也没能成为其主流的税收公平思想的原因。税收公平作为税法中的公理性原理，并不当然要求按纳税人的负担能力分配税收负担。

在启蒙时代，还流行另一种税收公平观。启蒙思想家们认为国家存在的目的是为了保护私人的生命财产安全，私人必须为其从国家所获得的利益支付代价，税收正是为换取这种利益而支付的代价。税收应当按照每个人从国家的存在中所获利益的大小进行分配，获利益越多，应承担的税负就越多。这种观点在本质上把税收看作一种利益交换关系。既然是利益交换关系，就应当遵循等价原则，税收负担的分配就应当根据每个人所获利益的大小决定，获利越大，则税收负担越重，因此称为应益负担原则或受益原则。这种思想到今天还有一定影响力。启蒙思想家所理解的国家实际上是最小意义上的国家，其职能仅限于国防和治安。随着国家职能的不断扩张，到福利国家时代，国家职能已经扩张到各种社会经济职能。这时，国家提供给私人的利益就不仅仅是生命财产保护利益，还包含更多的内容。现代经济学把国家给予私人的利益统称为公共物品和公共服务，其中既包括国防、法律制度等纯公共物品，也包括道路、桥梁、公园、博物馆等准公共物品。在现代经济学看来，税收是私人消费由政府提供的公共物品和公共服务而必须支付的代价。现代经济学的这种观点实际上是启蒙思想家观点的继承。单从理论上看，受益原则在实现税收公平方面是较为理想的。与通常的、在纳税人之间地位平等的立场审视税收公平原则不同，受益原则是在税收法律关系利害各方之间即纳税人与国家之间审视税收公平原则，从分配正义回到关系正义，更符合公平思想的本来意义。受益原则体现的是"受益者付费"这一市场原则，在许多人看来是天经地义的。不过受益原则操作性不强，难以真正成为税法的基本原则，因为国家提供给私人的利益，很多时候不是货币利益，很难货币化，难以据此计算出每个人应纳税数额的大小。受益原则完全拒绝财富再分配的要求，不考虑给那些低收入群体以税收优待，在市场经济导致贫富两极分化的情况下，很难为人们所接受。鉴于此，现代税收公平思想几乎一致放弃受益原则，转而主张应能负担（量能课税）原则。应能负担原则的功用之一就是，割断财政收入与财政支出的联系，即割断人们的税收负担与人们从国家所享受之利益间的联系，为通过税收手段矫正收入分配提供了可能性。

二、现代税收公平原则的基本内涵

税收公平原则源自宪法所定平等原则，要求纳税人地位平等，其目的在于反对税收特权和税收歧视。国家征税应当实行普遍征税原则，平等对待所有纳税人。除因国际惯例和一定的政策目的而有特殊规定外，任何人都必须依税法规定承担纳税义务，不得因身份地位等情况而享有某种特别优惠的税收待遇，也不得给予任何人特别不利的税收待遇。

平等对待所有纳税人，意味着纳税人的税收待遇不因其外部特征的差别而有所不同，即不因为纳税人的民族、种族、性别、职业、家庭出身、宗教信仰、教育程度、财产状况、居住期限等的不同而在税收待遇上有所不同。但现代福利国家宪政框架下的平等已经从形式平转向实质平等，实质平等要求适当考虑当事人的具体情况以实现实质平等。在这种实质平等观念下，平等意味着相同情况相同对待，不同情况不同对待。实质平等所要求考虑的具体情况，必须依据事物之间的内在联系，必须符合事物的本质。实质平等意义上的税收公平观要求考虑纳税人的具体情况，但所考虑的纳税人的具体情况必须与税收有内在联系，不能将不相干的因素纳入考虑的范围。由税收的财政收入目的所决定，与税收相联系的纳税人的具体情况就是指纳税人的财产状况，因此实质平等意义上的税收公平观要求根据纳税人的财产状况分配税收负担。至于纳税人除了其财产状况以外的其他情况，如民族、种族、性别、职业、家庭出身、宗教信仰、教育程度、居住期限等，都与税收问题没有直接关系，不应成为判断纳税人地位是否平等时的考虑因素，否则就是把不相干的因素纳入了考虑范围。可见，税收公平要体现实质平等的要求，把纳税人的财产状况纳入考虑范围，即要求按照纳税人的税收负担能力分配税收负担。这样，现代的税收公平原则既有其法律形式的一面，又有其实质（经济实质）的一面。法律形式的一面表现在，税法上权利义务的配置，不考虑纳税人除其财产状况（税收负担能力）以外的一切其他外在差别。经济实质的一面表现在，税法上的权利义务配置特别是税收负担的分配必须考虑纳税人的财产状况即纳税人的经济负担能力，这被称为应能负担原则。表面上看，在现代税法中，税收公平原则实质的一面更多地体现在实体税法中，其形式的一面更多地体现在程序税法中。但准确的说法应当是，兼容了形式和实质的现代税收公平思想在实体税法和程序税法中得到了一体的贯彻，例如程序税法中也禁止税收强制执行时扣押维持纳税人基本生活的财产，而实体税法在分配税收负担时也不能考虑纳税人除其财产状况外的其他外在差别。不过现代税收公平思想主要是针对税收负担的公平分配提出的，税收负担的公平分配要求实行应能负担原则。

应能负担原则，也称为量能课税原则，或者负担能力原则，指税收负担分配的基础应当是纳税人的税收负担能力（ability to pay tax），税收负担能力相同的人应当承担相同的税负（水平公平或横向公平），税收负担能力不同的人承担不同的税负（纵向公平）。纵向公平要求负担能力高者多纳税，负担能力低者少纳税，无负担能力者则不纳税。

所谓税收负担能力，是指每个人经济上的负担能力，与纳税人拥有的财产直接相关，是纳税人相对经济地位的标志。那么纳税人的经济负担能力的衡量标准是什么呢？一种观点是主观的效用标准。效用是主观价值论的用语，为当代西文经济学所广泛接受，认为商品或劳务的价值不是客观的，而是人们的主观评价。由于对同一商品，每个人的评价各不相同，因此商品或劳务的效用（价值）最终取决于个人偏好，并且效用会随数量的增加而降低，呈现出边际效用递减现象。同样数量的财产，对富人的效用低于对穷人的效用。按照这种效用观，税收公平原则所要求的纳税人地位平等，应当是指纳税人因纳税而牺牲的总效用相等，并不要求纳税人做出特别牺牲。由于存在边际效用递减规律，拥有财产数量多的纳税人需要牺牲更多数量的财产，才能与拥有少量财产的人所牺牲的少量财产，在效用的牺牲上保持相同。这种理论为宪法平等原则框架下累进税率制度的合理性提供了基础。不过由于效用取决于个人偏好，每个人的效用序列完全不同，不可能存在一个客观标准，以至于效用作为税负分配的基础不具有可操作性，并且效用理论的科学性本身也不是没有疑问的。有鉴于此，现代的税收公平理论广泛采行税收负担能力的客观标准，认为衡量纳税人的税收负担能力的标准可以是所得、财产或者消费支出。

（一）负担能力的衡量标准：所得

纳税人的所得大体上指纳税人在一定时期内取得的总收入，扣除为取得收入而支出的成本、费用、税金和相关损失后的余额。所得是经济活动所产生的纯收益，或者说是财产在一定时期内产生的收益而无关财产本身。所得代表了社会财富的增量，即一定时期内社会财富的新增数量，因而在经济学看来是社会财富的真正源泉。一般认为，只有所得才最适合作为衡量税收负担能力的标准①。所得是财产产生的收益而无关财产本身，征收所得税不会损及营业资本，不会侵蚀纳税人的财产，也较为符合宪法保护财产权的规定。征收所得税需要在税前扣除纳税人的基本生活费用，不会严重影响纳税人的生活。所得税是直接税，税负不易转嫁，容易判断真实的税收负担人，税收负担落在实处。所得税是人税化的税收，可以更多地考虑纳税人人的因素，如将纳税人用于维持基本生活的部分作为费用予以扣除。所得税可以通过费用扣除、累进税率制度、免税制度等制度安排，达到实质上公平合理地分配税收负担的目的。总之，所得是衡量纳税人税收负担能力的有力尺度。正因为如此，所得税制度才占据了现代税收制度的核心。

（二）负担能力的衡量标准：财产

通常认为，纳税人所拥有的财产数量或价值额也是衡量纳税人税收负担能力的较好尺度。征收财产税，符合社会对财富再分配的要求，可以通过累进税率的适用达到税负分配的实质公平。但由于宪法对财产权的保护，社会对资本积累的客观需要，以及出于征税成本的考虑等原因，现代财产税通常不实行普遍征税原则，即不对纳税人的包括动产、不动产和财产权利在内的全部财产征税，而是只对纳税人的个别财产如土地房屋等不动产以及车船等征税，现代财产税的课税范围被限制在不动产等个别财产，因此以财产作为衡量纳税人的税收负担能力标准的现实意义不大。财产税在现代税收制度体系中已经边缘化，成为地方税。

（三）负担能力的衡量标准：消费支出

现代税收公平思想要求按纳税人的负担能力分配税收负担，这种税收公平观自然具有再分配的意义。但是复合税制的税收制度结构（构造）表明，现代税法并不对纳税人的税负能力进行整体性的综合评价，而是根据纳税人的所得、财产等各单项指标进行评价。这种评价方法存在的问题

---

① 刘剑文，熊伟. 税法基础理论 [M]. 北京：北京大学出版社，2004：129.

是，单项评价可能与整体评价的结果不完全一致，被挑选出来的指标并非都作为纳税人负担能力的较好标志。例如以消费支出评价纳税人的税负能力的情形就是如此。不管是富人还是穷人，对生活必需品的消费相差不大，生活必需品的消费支出不能体现负担能力的差异。只有对高档消费品、奢侈品等非生活必需品的消费支出，才能较好地体现出税收负担能力的差异。通常认为，以纳税人的消费支出作为其负担能力的评价标准是较差的，对生活必需品征收流转税将会出现税负累退现象，即富有的人的相对税负水平往往低于穷人，这是不公平的。只有对非生活必需品征收流转税（消费税）才较好地体现了纳税人的负担能力。对商品或劳务征收的流转税，其法律上的课税对象虽然是商品的销售额或劳务的营业额，而不是消费者的消费支出，但由于流转税是间接税，税收负担发生转嫁，最终的税收负担者是消费者，所以流转税事实上是在对消费者的消费支出征税。像增值税这类普遍征收的流转税，其课税对象包括了生活必需品和非必需品，会出现税负累退的现象，是不够公平的。只有将课税范围限制在非生活必需品的流转税如我国现行税制中的消费税才是较为公平的。

总之，比较而言，所得最适合作为负担能力的衡量指标，财产其次，消费支出作为税负能力的衡量指标较差。这一结论表明，一国的整个税制中，所得税制度最公平，财产税制度其次，普遍征收的增值税制度较差。一国的税收制度应当以所得税为重心。

当代的税收公平理论多倾向于认为，只有所得，换句话说是财产产生的收益而不是财产本身，才最适合作为分配税负的客观基础。不过这种观点只有在财产利用效率较高的现代社会才能成立。税收负担能力，实质上指纳税人的相对经济地位。在人类社会早期，生产力低下，剩余产品不多，财富分布相对均衡，人们的经济地位相差不大，当时盛行的人头税有其合理性。以后随着生产力的提高和剩余产品的增加，社会开始分化，人们的经济地位出现差异。但在整个农业社会时期，财富的种类有限，财富的利用效率也不高。这一时期以人们拥有的财产（主要是土地）数量或价值评价人们的经济地位是合理的，其税收制度以土地税收制度为重心也是自然的。到了工业社会时代，生产力发展迅速，财富的种类和数量有了极大的增加，财产的利用效率显著提高，这时根据所得评价人们的相对经济地位是合理的，所得税制度因此而成为税收制度的重心。可见，只有在生产力高度发达的社会，所得才是衡量税收负担能力的最好指标。

三、税收公平原则的实证检视与分析

税收公平原则源自宪法所定平等原则，其最初的目的是反对税收特权。在现代税法中，除了根据国际惯例和特定的政策目的而定有税收优惠外，已经很难看到纯粹因为身份地位的不同而在税收待遇上存在差别的现象。我国在改革开放之后的一段时期，国有企业、集体企业、私营企业和外商投资企业间在税收负担上存在一定的差异，但这可以说是特定时期的特定现象，不具有普遍性。

按照纳税人的税收负担能力分配税收负担，已经成为当代主流的税收公平观。税收公平原则作为一种伦理性或公理性原则，处理的是主体间的关系，而不是客体间的关系。最符合现代税收公平思想的税收方法，看起来应当是在一定时期（比如一年）内，对每一个纳税人的税收负担能力进行整体性、综合性评价的基础上，征收一次税收，此外不再征任何税收。问题是社会财富具有多样性和流动性，社会财富的种类难以穷尽列举，不同种类的社会财富的经济意义即其表征的税收负担能力难以准确评定，而且社会财富在不同主体间不断流动，今天显示一个纳税主体的税收负担能力，明天显示另一纳税主体的税收负担能力。作为个体的纳税人的税收负担能力即其相对经济地位通常不会在一段时间内保持不变，要对某个纳税主体一段时期内的税收负担能力进行整体性、综合性评价，其本身的科学性就值得怀疑。现代税法放弃对纳税人的税收负担能力进行综合评价，而是选择从各种表征来判断纳税人的税收负担能力，如所得、房产、车船、各种交易行为、使用城镇土地行为、占用耕地行为、书立和领受印花税应税凭证的行为、车辆购置行为等，分别将其法定为课税对象，征收各种不同的税收。这种做法自有其相对合理性。总的来说，现代税法所选择的课税对象，要么直接表现为社会财富如所得和财产，要么间接表现一定社会财富的存在，如各种交易行为和其他经济行为，因此这些法定的课税对象

可以直接或间接表征纳税人的税收负担能力。但如果具体考察各种不同的法定之课税对象，则不难发现，某些课税对象可以直接表征纳税人的税收负担能力，如纳税人的所得，纳税人所拥有的房地产、车船等财产，另外一些课税对象则只能间接表征纳税人的税收负担能力，如各种交易行为及其他特定经济行为。这意味着，法定课税对象在表征纳税人的税收负担能力时有强弱之分。有的课税对象，如课征印花税的应税凭证，虽然是在营利性的经济活动中产生的，本身记录或代表了一定的营利性经济活动，但应税凭证只是社会财富存在的表面事实，其表征纳税人税收负担能力的意义是较弱的。因此，不管是在对纳税人的税负能力进行整体评价基础上的综合课税，还是如现代税法普遍采行的、选择不同的课税对象分别课税，在贯彻按纳税人的税负能力分配税收负担这一现代税收公平思想方面都只具有相对意义，只是接近而不是完全符合这一税收公平思想。

为了税收制度的公平性，我们似乎可以设想，只选择那些能够直接表征纳税人税收负担能力的、能够直接代表一定社会财富的课税对象如所得或者财产，而放弃那些只能间接代表社会财富存在、间接表征税收负担能力的课税对象如各种交易行为和其他特定经济行为。换句话说，我们的税收制度应当只征收所得税和财产税，而放弃对各种交易行为征收的流转税，以及对特定经济行为征收的行为税。如果仅从公平的角度看，这种设想是成立的。事实上，尽管各种交易行为和其他经济行为会带来一定的收入，这种收入似乎也能表征纳税人的税收负担能力，但这只是表象，因为全部经济活动的最终目的都是其财务成果即所得，有收入不一定有最终所得，并不能真正表征税收负担能力。何况，流转税表面上是对商品或劳务的流转额课税，由于税负转嫁，实际上是在对消费者的消费支出课税。学界公认，对生活必需品的消费支出课税是不太符合应能负担的税收公平观的。但税收制度的建立并不仅仅考虑公平问题，如果公平的实现需要付出巨大代价的话，其本身是否公平是有疑问的。例如征收财产税符合应能负担的税收公平观，但由于不动产及车船等个别动产以外的其他财产在查证上的困难，我们不得不放弃对纳税人全部财产课税的想法。同样，所得税计算上相对复杂，税收成本较高，以至于我们更愿意将对经济活动的最终财务成果课征的所得税前置到对产生所得的各种交易行为课征流转税。可见，现代税法的制度构造，并非只受税收公平思想的影响，还必须考虑税收效率问题。

在选择不同课税对象分别课税的现代税法的框架下，对同一课税对象重复课税是导致税收负担不公平的重要因素。不过，在选择不同课税对象分别课税的现代税法的整体制度构造中，重复课税的现象非常复杂。有时重复课税表现为一种有意的制度安排，故不需要采取措施加以克服。通常，各国对进口货物，除按国内销售货物一样征收国内流转税（增值税、消费税、销售税或货物税等）外，还特别征收关税。关税与国内流转税形成实际上的重复课税，但由于征收关税是国际惯例，因此除 WTO 法律在不断挤压关税的存在空间外，各国通常并不主动采取措施消除关税带来的重复课税问题。我国对房地产交易征收的契税、印花税（全面营改增前的）、营业税和土地增值税，最终都会成为取得房地产的成本，并在某种程度上形成重复课税，只是由于这些税收在形式上的课税对象有所不同，被认为不构成重复课税，不需要采取措施加以克服。问题是形式上不同的课税对象不能掩盖实质上的同一课税对象，税法实质课税原理要求关注课税对象的实质而非其存在形式。因此对房地产交易行为所征收的上述税收，其公平性不在于其形式上的非重复课税，而在于房地产本身不是普通消费品而是高档消费品，课征多种税收符合现代税收公平思想所包含的财富再分配意义。尽管如此，还是应当看到，契税、营业税和印花税，都课于房地产交易环节，是事实上的重复征税。应当废除专门以房地产权属变动为课税对象的契税，以适当消除重复课税。契税在我国虽然有着悠久的历史，并存在于我国台湾地区的现行税制中，但其他国家的税制中却几乎没有。废除契税实际上是对古老税收制度的现代更新，正如在我国废除沿袭了两千多年的古老农业税一样。在现代税制中，房地产的较高税负主要源自房地产的保有环节而不是房地产的交易环节，在废除契税消除重复课税时，可以考虑将我国现行的、课于房地产保有环节的房产税的课税对象扩大到个人所拥有的非营业性住房。此外，出于特定政策目的而形成的重复课，其正当性也得到肯定。例如我国开征的土地增值税，其法定的课税对象是房地产转让所产生的增值收益，实质上是一种所得，因此如果土地增值税与所得税同时征收，将会发生重复征税问题。只是所得税是一般的财政目的税，而土地增值税可以说是调控目的税，土地增值税的目的在于调节国有土地使用权所产生的级差收入，两税目的不同，自然可以同时征收。同样情形还表现在我国现行的增值税与消费税的关系中。现行的消费税是在增值税的基础上再征一次税，实际上是一种重复课税。但由于增值税是财政目的税，而现行消费税的征收则是出于消费政策目的（财政外目的或干预目的），两税目的不同，因此才可以同时征收。

出于特定政策目的（财政外目的或干预目的）所带来的重复课税，可以阻却税制的不公平性。如果出于相同的财政目的重复课税，则会带来税制的严重不公平。这里举三种情形说明这一问题。其一是传统流转税存在的重复课税问题。传统流转税在商品或劳务发生流转时按销售收入全额课税。这种课税方法所存在的重大弊端是，对商品价值中属于生产资料转移价值的部分存在重复课税现象，而且随着流转环节越多，重复课税的现象越严重。这种现象会导致不同商品间的税收负担严重不公平。正是为了矫正传统流转税所存在的弊端，才对传统流转税加以改进，不再按销售收入全额征税，改按增值额征税，由此产生了增值税这种新型流转税。另外，公司实现的年度利润通常需要征收公司所得税，当公司将其税后利润分配给股东后，股东个人还要就其从公司取得的股息红利所得缴纳个人所得税。这样，可能产生重复课税的问题。不过不同国家对这一问题有不同的认识①。美国以"法人实在说"为基础，认为法人有着独立于其投资者的人格，公司的所得与个人从公司分得的股息红利所得不属于同一所得，公司所得税独立于个人所得税，不存在重复课税问题。但欧洲国家则以"法人拟制说"为基础，认为法人仅仅是股东集体进行经济活动、谋取利润的工具，公司所得实际上就是其投资者的个人所得，因此征公司所得税后再就个人从公司分得的股息红利征个人所得税，存在重复课税问题。既然是重复课税，就应当采取措施加以避免，否则就是税制不公。其方法是把公

---

① 葛克昌. 所得税与宪法［M］. 北京：北京大学出版社，2004：93.

司所得税看作个人所得税的提前征收，因此就个人的股息红利所得征收个人所得税时，需要将已征的公司所得税加以扣除，但具体方法有所不同，如完全设算抵扣法、部分设算抵扣法、股利所得免税法、股利所得抵扣法等①。我国采"法人实在说"，因此我国对个人的股息红利征收个人所得税时没有采取任何避免重复课税的措施。最后，各国之间的税收管辖权的冲突还会带来国际重复课税问题。例如就所得税而言，由于各国同时实行属人税收管辖权（居民税收管辖权）和属地税收管辖权（所得来源地税收管辖权），同一纳税人的同一跨国所得上有可能存在两个甚至更多的税收管辖权，这必然引起国际重复课税。各国所得税法往往定有防止国际重复课税的措施，如扣除法、免除法、抵免法等②。

四、从所得的定义看税收公平原则

在现代税收制度的整体构造中，所得税制度处于核心位置。可以说，整个所得税制度都建立在所得这一概念基础上。然而对于作为所得税课税基础事实的所得，却很难定义。所得（income）一词源于经济学的一个核心关怀。经济学关注的一个核心问题是，什么是社会的真实财富，如何（通过什么样的资源配置机制）才能有效地增加社会的真实财富。为了找出有效增加社会财富的途径，经济学区分了社会财富增加的手段和增加的社会财富本身，区分了资本和所得，区分了财富的存量和财富的增量。资本代表了生产财富的手段，所得代表财富生产的成果、代表了一段时间内的财富增量。经济学以效率、换句话说以一段时间内生产出的社会财富即所得的最大化为终极目标。在古典经济学看来，一个社会的所得只能源自资本和劳动（人力资本）这两个源泉。如企业的利润源自企业的物质资本，而个人的工资和其他劳动报酬则源自劳动。这就是有关所得概念之一的源泉说。按照所得源泉说，不是出自资本和劳动的任何收入，比如纯天然出产的果实，不构成所得。任何现存财产（资本）因市场评价的变化而

---

① 葛克昌. 所得税与宪法［M］. 北京：北京大学出版社，2004：77－78. 刘剑文. 所得税法导论［M］. 武汉：武汉大学出版社，1995：109.
② 张怡. 税法［M］. 北京：清华大学出版社，2007：266－271.

产生的增值收益，即资本利得（capital gain），如我国现行个人所得税法规定的财产转让所得，因为不是源自资本和劳动这两个源泉，故不构成所得。资本利得实质上是资产的市场价值的相对变化，一种资产的市场价值相对上升，意味着其他资产的市场价值的相对下降，一种资产的资本利得必然伴随着其他资产的资本损失，社会财富总量并没有任何变化，因此不构成所得。同样，仅仅具有再分配意义的个人收入，而不是直接源自资本和劳动这两个源泉的个人收入，如个人因继承或赠与而取得的财产，个人因社会保险而取得的收入，就不构成个人所得，不代表社会的新增财富，而只是既有财富在不同主体间的再分配。按照这种立场，财产租赁收入，实际上是出租人参与承租人对财产的运用中产生之利润分配的一种方式，即租金直接源自资本源泉，因而构成所得。基于同样的理由，股东从公司分得的股息、存款利息或贷款利息也构成所得。但通过证券交易所取得的增值收益，仅仅具有财富再分配的意义，不构成所得。

从经济学的理想看，所得似乎指一个社会一个时期内通过运用土地、劳动和资本等生产要素所生产出来的全部商品和劳务，或者其货币价值即生产总值，因为这代表了新增财富总量。但即使对亚当·斯密等古典经济学家而言，总产值也不都是所得，还需要从这些总产值中扣除为取得总产值而消耗的资本。资本损失扣除的观念源自一种会计实践，而不是所得概念逻辑上的必然。因为一个基本的事实是，资本与所得间可以相互转化。所得只考虑财富生产的成果，而不考虑生产过程中的消耗，这种消耗本身只代表从资本到所得的转化。资本被消耗后就不再存在。转化后的所得仍然是所得，虽然转化过程伴随了资本的消耗。资本不变原则或资本维持原则代表一种理想，而不代表一种真实情况。只是这种意义上的所得的计算过程将使资本的消耗得不到弥补，社会再生产不能维持，所以在会计簿记中，或者在人们的一般观念中，需要从社会总产值中扣除资本消耗，其剩余部分才构成所得，才真正代表社会新增财富。

把经济活动的产出视为所得，这就是欧文·费希尔（Irving Fisher）的产出所得（yield income）定义。美国经济学家费希尔把所得看作经济活动产生的利益流量，但不是商品和劳务之流，而是（由商品和劳务的消费所带来的）心理满足之流。从李嘉图的古典经济学到当代西方经济学，一个最大的变化表现在经济学的基础观念方面，由客观价值（劳动价值）走向主观价值（效用），以人的主观心理体验为基础构建其理论体系。效用代表人们对商品或劳务的主观评价，其大小取决于个人偏好。在这种理论背景下，许多西方经济学者认可费希尔的观点：根本意义上的所得是一种（心理）满足之流，是一种无形的心理体验。人们为之奋斗的，是需要和愿望的满足，而不是带来这种满足的物体①。问题是，如果把所得视为单纯的心理利益，所得代表心理满足，负所得代表心理痛苦，那么获得学位带来的满足和消费商品和劳务所带来的满足就没有本质差别，经济所得与非经济所得的区分就没有意义，这显然不是经济学的本意。所得概念中仍然离不开带来心理满足的商品和劳务，所得应当是指由商品和劳务的消费所带来的心理满足。因此费希尔把所得看作一种产出（yield）。费希尔认为，"所得，在其根本的产出意义上，是由财产或人（由资本）提供的某种服务。"② 费希尔的意思是指所得是由资本（包括物质资本与人力资本）所产出的商品和劳务所带来的心理满足，即通过商品和劳务的消费所带来的心理满足。费希尔的所得概念被概括为产出所得（yield income）。由于费希尔把所得看作资本的产出，虽然这种产出最终是指心理满足，而不是一个社会所生产的商品和劳务，但这种心理满足要通过商品和劳务的消费才能得到。费希尔的所得概念与一个社会的商品和劳务的总产出有关，但不包括其中用作资本的部分即储蓄部分，而只包括其中用于消费（当然指生活消费）的部分，因为只有通过消费才能产生心理满足。费希尔严格区分资本与所得。费希尔在其 1906 年的经典经济学著作《资本和所得的性质》一书中认为，从亚当·斯密开始，人们就错误地把资本与所得作为财富分类问题，视为两种不同的财富③。费希尔认为，资本与所得代表了可

---

① Alvin Warren：. Would a consumption tax be fairer than an income tax? ［J］. Yale Law Journal, 1980, 89（5）：1096 – 1097.

② Arthur P. Hall. The Concept of Income Revisited：An Investigation into the Double Taxation of Saving ［M］. tax foundation, February 1997：12.

③ Arthur P. Hall. The Concept of Income Revisited：An Investigation into the Double Taxation of Saving ［M］. tax foundation, February 1997：2.

以替代的财富测度模型，而不是两种不同的财富①。把资本与所得视为两种不同的财富将带来财富的重复计算。按照费希尔的观点，资本与所得源自财富计算的时间基准的不同。以某个时点为基准（at a point in time）测度一个人的财富，代表了资本的经济概念，按照一段时间内（over a space of time）由资本所产生的经济利益流量计算一个人的财富，代表了所得的经济概念。资本代表社会财富的存量，所得代表社会财富的流量。两种计算结果原则上保持等量关系，因为资本的经济价值仅仅体现了由资本带来的未来预期所得流量的经济价值的当前价值，换句话说，资本的价值是资本所产生的预期未来所得的贴现价值。资本价值的大小取决于其在将来的某个时间内带来所得的能力。在费希尔看来，所得并不包括一个社会一段时间内产出的全部商品和劳务，而只是其中被消费的部分，不包括总产出中的储蓄部分即用于资本的部分。用于消费的商品或劳务作为所得，在计算时不需要扣除其生产过程中的资本消耗。社会总产出是否构成所得，应当视其具体使用而定。费希尔最初专注于所得的科学的经济定义，不考虑该定义是否适合税收目的，因为当时的美国由于宪法的限制并不存在所得税制度。费希尔把所得看作由商品和劳务的消费带来的心理满足，显然不适合作为税收的基础。后来费希尔为了使其所得定义适合税收目的，提出了一个近似的所得计算标准，即按所消费的商品或劳务的货币价值计算。通常认为，如果把费希尔的所得定义付诸税收实践，将得到一个消费税制度。这种消费税制度可能就是增值税制度，虽然增值税并不区分生活消费与生产消费，但由于税负转嫁，事实上是对消费者的消费行为征税，其税收基础符合费希尔关于所得的定义。费希尔所得税也可能采取另一种做法，即在其税基中包括一个人的全部收入，但扣除其资本支出（投资）②。

费希尔专注于科学的所得的经济定义，其成果获得很多经济学家的认同，但没能颠覆人们关于所得的一般观念，也没能为所得税立法所接受。

---

① Arthur P. Hall. The Concept of Income Revisited: An Investigation into the Double Taxation of Saving [M]. tax foundation, February 1997: 3 - 4.

② Alvin Warren. Would a consumption tax be fairer than an income tax? [J]. Yale Law Journal, 1980, 89 (5): 1082.

费希尔之所得定义与所得一词的通常用法的最大差异之一在于，费希尔认为人们的收入只有在其用于生活消费时才构成所得，是否所得取决于用于当前消费还是储蓄。费希尔的名著《资本和所得的性质》自 1906 年问世几年后，1913 年美国通过了联邦宪法第 16 修正案，授权征收联邦所得税①。在此之前，美国联邦宪法限制征收联邦所得税。联邦宪法第一章第 8 节允许国会征收所有形式的关税、进口税和（国内）货物税。更一般地说，联邦宪法授权国会征收任何种类的所谓的间接税，只要它是在全国统一征收。但是联邦宪法第一章第 2 节和第 9 节限制国会征收所谓的直接税的方式。诸如人头税和土地税等直接税，必须按照各州的人口在各州间比例分配②。美国曾于 1894 年通过所得税法案，但在 1895 年 Pollock 一案中被法院宣告违宪。联邦宪法第 16 修正案被明确地用于推翻 1895 年裁决。第 16 修正案规定："国会有权规定和征收所得税，不管这种所得从何种源泉获得，不用在各州间按比例分配，也无须人口普查和统计。"很明显，联邦宪法第 16 修正案只是解除了宪法对征收联邦所得税的限制，而没有解除对征收其他直接税的限制，宪法对国会征收其他直接税的限制仍然有效。问题是，联邦宪法第 16 修正案把所得的定义看作是不证自明的，没有给出明确的定义。这样，所得定义问题就成为重大的宪法问题，因为对所得征税不受宪法比例分配限制，征收其他直接税则需要受宪法比例分配限制。

美国国会通过了 1916 年《收入法》（*Revenue Act*）。该法中仅仅列举了可能获得所得的各种源泉，而没有参考任何所得的定义或概念。这等于留给法院或那些不幸的公民去精确地决定联邦宪法第 16 修正案到底允许些什么。1916 年《收入法》规定："股票红利在其现金价值内应当视为所得。"Mrs. Macomber 把她对这一规定的挑战提交给最高法院并获得了胜利。在 Eisner v. Macomber 一案中，最高法院裁定，股票红利不构成所得。这一由

---

① Arthur P. Hall. The Concept of Income Revisited：An Investigation into the Double Taxation of Saving ［M］. tax foundation，February 1997：4.

② Arthur P. Hall. The Concept of Income Revisited：An Investigation into the Double Taxation of Saving ［M］. tax foundation，February 1997：4 – 5.

5 票赞成 4 票反对通过的判决（five - to - four decision）立刻引起了争议，但只停留于法律领域。法院多数意见认为，股票红利相当于把先前的所有权划分为更多的部分，新的股票证书的价值从减少先前股票证书的价值中获得价值。法院认为，股票红利相当于账簿调整，本质上不是红利，公司资产的任何部分都没有从共同资金中分离出来，除了纸面证书外没有分配任何东西，这种纸面证书只能证明先前发生的通过公司利润的积累带来的股东资本利益的增加。法院认为，区别什么是所得，什么不是所得，以及按照实际情况和实质而不管其形式适用这一区别，是重要的。按照法院的多数意见，股票红利不符合联邦宪法第 16 修正案中所得一词的实质，因为它不代表现金收入。"实质支配事实。"① Eisner 判决背后的推理对于厘解技术上前后一致的所得的法律定义和关于所得的经济定义的争论，提供了一个简明的参考点。

　　总的来说，美国税法中界定的所得，接近所得一词的普通用法和会计簿记中关于利润的概念，而与费希尔给出的所得的经济定义有很大差距。当美国经济学家黑格（Robert M. Haig）和西蒙（Henry C. Simons）着手探索所得的定义时，其心中已经牢记着美国税法关于所得定义的立场。黑格与西蒙关于所得的定义较为接近，并称为黑格 - 西蒙所得定义，或西蒙所得定义。"西蒙的著名公式统治政策分析长达 40 年之久。"② 根据西蒙的观点，私人所得可以定义为下述两项之算术和：①消费中行使的权利的市场价值（消费的商品和劳务的市场价值）；②财产权利的存货之价值在期末相对于期初所发生的变化（财产存量的价值变化）。换句话说，所得仅仅是用期末的财富（wealth）减去期初的财富再加上期间的消费。就像我们的法院在它们清醒的时刻所认识到的那样，所得的绝对必要条件是获得（gain）和某人在一个特定的时间间隔的获得。这种获得通过定位于消费和积累这双重目标或目的，可以很容易地测度和定义，因为消费和积累可以

---

① Arthur P. Hall. The Concept of Income Revisited: An Investigation into the Double Taxation of Saving [M]. tax foundation, February 1997: 7.

② Alvin Warren. Would a consumption tax be fairer than an income tax? [J]. Yale Law Journal, 1980, 89 (5): 1083.

通过诉诸市场价格用一个共同的单位进行估量①。西蒙定义中所谓的财产权利的存货，或者所谓的财富，相当于费希尔所说的资本（通过储蓄形成），西蒙实际上把资本的增量看作一种所得，因此黑格与西蒙的所得被称为增量所得（accretion income），以区别于费希尔的产出所得（yield income）

西蒙所得定义中明确说明，所得本质上是一种获得，而不管其是用于消费还是用于积累。西蒙的立场比较接近税法和法院的立场，但并不完全一致，其间的差别在于对资本利得（capital gain）的不同态度：都承认资本利得是所得，但法院或税法采行实现原则，西蒙则认为未实现的资本利得仍是所得。根据实现原则，只有实现的资本利得才构成所得。一个人所有的房地产的价值会随着周边的开发而增加，这不是该房地产本身价值的变化，而是市场评价的相对变化，这种因市场评价的相对变化而引起财产价值的增加，就是资本利得。根据法院和所得税法坚持的实现原则，只有当房地产所有人转让其房地产，实现了资本利得，才构成所得。但根据西蒙的观点，资本利得，当其发生时就是所得。在这一点上，西蒙所得的操作性较差，资本利得在没得到市场认可时，可能需要一个评估程序才能得到测定。另外，西蒙所得与源泉所得也不完全一致。源泉所得认为，所得必须出自土地、劳动和资本，简单说，必须出自资本和劳动这两个源泉。而按照西蒙的观点，一种获得，即使不是直接出自资本和劳动，而仅仅是财富再分配的结果，甚至纯粹的意外之财，都是所得。

根据西蒙的观点，所得的本质是获得（gain），而不管其是用于消费，还是用于积累（储蓄、资本或投资），这与费希尔的观点有较大的差距。费希尔认为，经济活动的产出中，用于消费的部分才是所得，用于储蓄的部分不构成所得。费希尔对现行税法对所得概念的运用、或者所得概念的通常用法表示不满。撇开所得概念的科学性不谈，基于税收公平的理由主要有两个。其一是不区分资本与所得的所得概念，将导致对资本的重复征税。其二是没有公平对待物质资本与人力资本（劳动）。

---

① Alvin Warren. Would a consumption tax be fairer than an income tax? [J]. Yale Law Journal, 1980, 89（5）: 1083 - 1084.

我们的所得税制度，按照所得一词的通常用法界定所得。税法意义上的所得与西蒙的增量所得定义基本相同，只是增加了实现原则的限制。增量所得定义把资本的增加，不管是实质性的增加，还是单纯因为市场评价的相对变化带来的资本增加（资本利得），都视为真正的所得。按照费希尔的观点，资本代表社会财富的存量，所得代表社会财富的流量。所得是资本的产出，是资本指供的"服务"，即通过资本产出的消费而产生的心理满足，是资本所带来的一种经济利益"流量"。资本则是产生所得的源泉，资本的价值表现为由资本所带来的未来预期所得的当前价值，即表现为由资本所产生的预期未来所得的贴现价值。资本与所得只是根据不同的时间基准计算的社会财富，是两种可以相互替代的财富计算方法，而不是通常认为的两种不同的财富，因为你不能既吃掉它同时又拥有它。我们的所得税制度把费希尔眼中的储蓄也计入其税收基础中，其结果相当于，在资本形成时被征收一次所得税，在资本产出所得时又征收一次所得税，形成重复征税。在我们的所得税制度中，物质资本与人力资本有着不同的法律地位，其所得税待遇有很大的不同。劳动（人力资本），只有当其带来收入时，才征收所得税，拥有劳动技能时并不征收所得税，这是劳动与资本的税收待遇上的差别之一。劳动与资本税收待遇上的其他差别表现在，对劳动的投资（比如上学的学费）可以在其发生时一次性地从其所得中扣除，但对可以长期使用的物质资本（固定资产）通常只能以折旧的方式在多个课税期间内分期分批扣除。

对于现行所得税制度采用增量所得定义所带来的不公平税负的指责，可以有不同的回应。费希尔把一个社会一段时间内经济活动的全部产出中用于个人消费的部分视为所得，这种所得实际上是一种总所得。总所得并不适合税收，因为税收必须以个体的所得为基础。为了使其所得定义适合税收目的，费希尔借助会计实践，引入复式记账法，计算单个个体的所得。这种计算过程与实际的会计计算过程并不存在重大差别。事实上，西蒙认为一个人的所得由课税期间的消费，以及课税期间发生的财富（资本）的增加两部分构成。费希尔只承认课税期间的消费是真正的所得，反对将资本（财富）的增加视为所得。增量所得与产出所得间的鸿沟并没有想象中的大，其差别仅在于资本（财富）的增加是否真正的所得。一个人财富或资本的增加，原因有多种。其一是直接出自其资本和劳动的产出，通过储蓄形成增加的资本。其二是财富再分配带来的个体资本（财富）的增加，如个人获得的社会保障给付。这种情况下，一个人的财富或资本的增加必然伴随其他人财富或资本的相应减少，从整个社会看，只是一种零和游戏，不存在真正的所得。其三是单纯由于财富或资本的市场评价的相对变化而引起的资本或财富的增加，即资本利得。最后是纯粹由于上天所赐或大自然所赐的意外之财。费希尔反对将任何情形下的资本增加视为所得，而黑格和西蒙则相反，把所有的资本增加都视为所得。二者间的差别源于各自关于所得的根本观念，费希尔认为真正的所得是由资本产出的商品或劳务的消费所带来的心理满足，而西蒙则认为所得本质上是一种获得（gain）。客观地说，费希尔的所得定义适合经济学的目的。经济学有它自己的核心关怀，如什么是社会的真正财富，在普遍稀缺的世界里通过什么方式（资源配置机制）才能有效增加社会财富，经济活动的终极目的等。古典经济学的源泉所得概念所要表达的，就是一个社会一段时间内新增财富，这需要在所得的计算中排除并不带来任何新增财富的再分配的影响和货币因素的影响。费希尔则进了一步，认为经济活动的最终目的是满足人们的需求，需求的满足必须通过商品和劳务的消费，经济活动的全部意义不是产出的财富（商品和劳务）本身，而是消费带给人们的心理满足，因此经济产出并不都是所得，只有被消费掉的部分才是真正的所得。许多经济学家，甚至包括黑格与西蒙在内，都认同费希尔的所得定义在理论上的科学性和逻辑上的一致性，只是认为该定义不一定适合税收目的。那么税收的目的与经济学的目的有什么不同吗？回答是肯定的。按照通常的理解，税收的目的是通过税收负担的公平分配实现财政收入。财政收入目的决定了，税收负担的公平分配并不指向作为主体的抽象人格，而是指向人们所支配的经济资源，指向人们的相对经济地位。这种税收公平观内涵了分配正义的思想，分配正义指向人们之间的经济差异。一种经济资源，不管来自什么源泉，不管是否代表了社会新增财富，不管是经济活动的产出还是再分配的结果，也不管来自市场评价的相对变化还是纯粹上天的恩赐，都适合作为税收的基础。分配正义指向表征人们经济地位的经济资源，而不管这种经济资源最终被用于消费还是储蓄（积累或资本）。事实上，经济资源既可以用于消费，也可以用于储蓄，就连费希尔自己也承认资本与消费可以相互转化，当资本不再用于生产而是被消费掉，就转化成了所得。而当一种经济资源被用于储蓄，就成为资本。分配正义不需要关注人们对其支配的经济资源的最终使用。在分配正义的视野中，经济资源是一种结果事实，需要采取一种向后看的立场。但在费希尔的经济学视野中，资本作为一种经济资源，其价值取决于预期未来产出的能力，需要一种向前看的眼光。费希尔关于现行所得税制度与增量所得定义保持基本一致将导致对储蓄的重复课税这种不公平结果的指责，可能并不成立，因为视消费为真正的所得是一种结果主义的立场，而只有采取往前看的立场，即从资本的前景的眼光中，才能得出储蓄被重复课税的结论。对真正所得即消费的税收待遇和非真正所得即资本的税收待遇不平等的结论，只有通过结果事实和前景事实两种不同立场的比较中才能得出。比较的立场不同，其结论就不能令人信服①。分配正义指向作为结果事实的经济资源，而不关注经济资源的可能用途，不干预人们对经济资源使用上的选择自由。至于人力资本与物质资本的不同所得税待遇，其存在有其客观性。劳动力与物质资本有所不同。物质资本有使用价值，即使被闲置，也可看作一种经济资源。物质资本的使用价值是特定的，限于某个具体的方面，我们可以根据其满足我们特定需求的能力评定其效用或价值。虽然劳动力在其具体使用时也可发挥某方面的使用价值，但一个人所具有的才能是多方面的，其中有些才能是天生的，有些才能是后天发展出来的，我们无法在没有确定劳动力的具体使用方向时，就在抽象的意义上评定其效用或价值，劳动力的市场价格是在确定其使用方向后产生的。作为商品的劳动力与作为主体的人的人身是不可分离的，劳动力作为特殊商品无法像普通商品一样，被任何人作为一种纯粹的经济资源持有和保存，除非是在奴隶制度下。在奴隶制度早已被废除的现代社会，劳动力的拥有者的自由和人格

---

① Alvin Warren. Would a consumption tax be Fairer than an income tax? [J]. Yale Law Journal, 1980, 89 (5): 1098.

尊严受法律保护，法律尊重个人对工作和职业的选择自由，禁止强制劳动，个人有权选择工作，发挥其某方面的才能，也可以选择闲暇，他人无权干涉。劳动力作为一种特殊商品，其维持是需要付出代价的，这种代价表现为基本生活费用。不付出代价，劳动力就无法维持，即无法在技术上作为纯粹的经济资源加以保存。总之，有许多理由说明，人力资本不同于物质资本，不适合在其形成时就作为纯粹的经济资源看待。人力资本与物质资本不同的所得税待遇，有其存在的合理性，不违反税收公平原则。

费希尔的所得定义，以及更早的所得源泉说，适合经济学的目的，可以认为是经济学意义上科学的所得定义。不过税法有自身的目的，就是通过税收负担的公平分配实现财政收入。黑格和西蒙的增量所得更适合税收目的，虽然现代税法为减少资产的评估程序而对增量所得定义施加了实现原则的限制。所得一词虽然源自经济学，但税法没有必要与经济学的理想保持一致，而应当按照适合自己目的的方式界定所得并构造现代所得税制度。所得的法律定义没有必要完全跟在所得的经济定义后面亦步亦趋。

第七章

现代税法之公理性原理三：税收效率原则

一、税收效率原则的一般思考

效率一词主要源自经济学。经济学的永恒主题是稀缺性。在一个普遍稀缺的世界里，能够为人们使用的经济资源总是有限的，但人的欲望（需求）是无穷的，用有限的资源满足无尽的欲望，只有一个办法，就是把每项资源用于其最佳使用上，发挥每项资源的最大使用效益。这就是资源的配置效率。在经济学中，效率意味着投入与产出间的比例关系，即以尽可能小的投入换取最大的有效产出。投入最小化，产出最大化，这就是效率所关注的目标。

效率本身是人类所追求的一种价值目标。可以说，效率是经济学的终极关怀。但法学的终极关注通常是公平和正义，而不是效率。在传统法学的视野中，对于效率成为一种制度价值，始终抱持着偏见。传统法学有较多的理由拒斥效率价值。传统法学关注的重点是对人的主体性的尊重，即对人的自由和人格尊严的尊重。人的主体性，或人的自由和人格尊严被传统法学赋予了一种终极的意义，一种形而上的本体论意义。在这种背景下，效率被视为形而下的和技术性的，代表法律制度中的工具理性，而不是价值理性。出于对人的主体性，对人的自由和人格尊严的高度尊重，要求一种个人主义的基本立场。对效率价值的关注所要求的立场，既可以是个人主义的，也可以是集体主义的，而且当个人利益最大化与整体经济福利最大化存在冲突时，很可能要求抑制个人利益以实现整体经济利益或社会公共利益。效率价值可能更倾向于整体主义的立场，这与传统法学所坚持的价值观相悖。事实上，不少时候，效率与公平可能直接冲突，其间的平衡并没有绝对的解决办法。深受传统法学思想影响的税法理论，特别是在发达国家，特别强调税收法律主义这种税收正义的形式原理和税收公平主义这种税收正义的实质原理，而不愿承认税收效率原则也是支配现代税法的基本原理。问题是现代税法的许多制度安排明显是出于效率目的，特别是所谓济的经济干预目的税法更是如此。这样，稍显保守的、倾向于传统法学思想的现代税法学，并不明确承认税收效率原则是现代税法的基本原理，而是在其理论论说中顺带说明，效率也是现代税法的目的之一。或者如德国税法学者一样，仅说明在公共利益的必要限度内，也就是在符合比例原则的限度内，税法的经济干预目的并不构成违宪，但论述到此为止，不再深入，而是作为实质意义的经济法或社会法留给经济法学或社会法学。还有的税法理论对现代税法的经济干预目的可能带来的个人财产和自由的牺牲以及对公平正义的压抑表达不满，不过这种批评通常并不十分强烈。问题并不会因为人们不愿正视它而不存在，税法理论对于现代税法的经济干预目的或效率目的的上述立场，带给税法理论的不会是圆满，而只能是残缺和不完整。实际上，人的主体性，或人的自由和人格尊严，只是被近现代的主体哲学特别是启蒙思想家"赋予"其终极意义，并不意味着个人自由、或者以维护最大程度个人自由为基本指向的正义原则（这里指平等），作为一种价值形态，天然地或本质上具有优越于其他价值（比如效率）的地位。各价值之间并不存在某种等级排序。在一个普遍稀缺的世界里，效率始终是值得追求的价值目标。

其实，在税法学兴起之前，对税收的经济分析基本上以效率为主要目标，因此提出了税收中性原则或者竞争中立性原则。税收中性原则或者竞争中立性原则要求平等对待所有纳税人和所有课税对象，不因为税收而改变市场竞争者的竞争地位，不因为税收而扭曲市场竞争机制，目的在于维护市场竞争和市场效率。这些原则被后来的税法学吸收和改造后，税收中性原则变成了有关税收负担平等的税收公平原则，竞争中立性原则则被认为主要适用于对商品和劳务所征收的流转税（消费税类）。这样，原本以效率为依归的税收原则，经过税法学的肢解与重构，变成一种具有本体论意义的税收公平思想。效率原则在传统的法律思想中被视为形而下的，其作为税法基本原理的可能性被人为压制。尽管如此，经济学的努力还是对税法学产生了相当的影响。主要表现在两个方面。当代主流经济学比之古典经济学的一个重大进展就是，发展出了市场失灵理论，不再迷信市场万能，认识到市场失灵对市场效率的牺牲，并认为市场失灵不能通过市场本身加以克服，而需要通过"有形之手"即通过国家干预进行矫正。在这种理论背景下，不仅产生了作为国家干预经济的基本法律形式的经济法，而且经济干预目的成为现代税法除基本的财政目的外的重要目的。经济干预目的已经深刻影响着现代税法的整体构造，这是一个不容忽视的事实。另一方面，效率原本被用于对市场主体的市场行为的分析，但后来制度经济学将其运用于对制度的分析，认为制度的运行能够得到我们希望的结果，但需要付出成本，因此效率同样是制度或法律制度的一个价值目标。制度经济学带来了法学方法论上的革命，经济分析法学成为法学的一个流派。制度经济学的最大成果可能是在一定程度上改变了传统法学对效率的偏见，开始接受法律的效率价值。

不过，我们从主要国家的税法理论与实践中，还是不难发现，效率并没有受到特别重视，税收效率原则并没有成为支配各国税法的基本原理。发达国家和地区的税法理论的基本立场倾向于合宪性分析。基本人权保障被视为现代宪政的核心价值，现代宪法也给予基本人权高度关注和特别保护。在不少国家和地区的宪法中规定，对基本权的干涉只能限于公共利益的必要限度内。虽然这类规定实际上肯定了基于公共利益目的的国家课税权和经济干预权的合法性和正当性，但由于大规模的经济干预必然极大压缩基本权的空间，因此在发达国家和地区的税法理论中，虽然承认现代税法的财政目的，但对现代税法的经济干预目的总是持保留态度。实际上，在发达国家和地区的税法中，很难看到大规模干预经济的现象，经济干预目的与财政目的有些不成比例，这也影响着其税法理论。但在发展中国家，比如我国，税法的干预目的与财政目的差不多可以相提并论，这主要是因为发展中国家急需通过国家的经济干预，克服市场失灵带来的非效率，提升整体经济效率，促进经济的增长。经济干预目的深刻影响着税法的整体制度构造。这也是在我国，税法在整体上被划归经济法部门的主要原因。发达国家的税法理论通常认为，只有干预目的税法，如反倾销、反补贴税法和税收特别措施法等，才是实质意义的经济法，而纯粹财政目的税法则不是通常意义上的经济法。我国的税收立法的实践决定了我国的税法理论不应该盲目追随发达国家税法理论，而是应当根据我国的具体情况构造我们的税法理论和税法制度。正是在这一背景下，我国的税法理论倾向于认为税收效率原则是我国税法的基本原则，是除税收法定原则和税收公平原则外的又一税法基本原则。

税收效率原则包括两个层次的含义：经济效率原则和程序效率原则。税收的经济效率原则，如古典经济学所指出的那样，最初仅仅是指尽量减少税收对市场机制的扭曲，将征税所导致的经济效率的牺牲降低到最低限度。当代经济学则证明了市场失灵的存在及其带给经济的非效率，以及通过税收等手段矫正市场失灵、促进整体经济效率的正当性。这样，并非古典经济学所认为的那样，税收特别是复合税制的存在只会牺牲经济效率，相反，还可以通过税收手段矫正市场失灵，促进整体经济效率。税收的经济效率原则就应当包括减少经济效率的牺牲和促进整体经济效率两个方面的内涵。税收的程序效率原则是指以最小的运行成本实现税收目的。在当代的税法理论中，对税收效率的探讨主要着眼于税收的程序效率，但通常称为税收行政效率。本文认为，称之为税收行政效率有些不妥。因为，代表当今税收程序法走向的是自行申报纳税程序模式，而不是课赋纳税程序模式。两种程序模式的程序理念有重大差异。自行申报纳税程序的程序理念是：税收的实现主要依靠纳税义务的自动履行而不是公权力强制征收。按照这种程序理念所形成的税收程序，首先给纳税人自动履行其纳税义务提供一个管道，只要纳税人能够正确履行其依法产生的纳税义务，公权力就不介入纳税义务的履行程序中；只有当纳税人不正确履行或者根本不履行其依法产生的纳税义务时，换句话说，只有当纳税人不申报，或者虽申报，但申报的税额与征税机关的调查结果不一致时，公权力才介入纳税义务的履行程序中，以纠正纳税人的履行错误，或者启动强制执行程序强制实现税收。课赋纳税程序模式的程序理念是：税收的实现有赖公权力强制征收。按照这种程序理念形成的税收程序中，纳税人虽有申报的义务，但纳税申报只是为征税机关确定税额提供资料而已，仅仅是一种协力义务，没有独立的程序价值。在课赋纳税程序模式中，征税机关处于主导地位，而在自行申报纳税程序模式中，相对而言纳税人处于主导地位，公权力只起幕后监督作用。税收行政效率着眼于税收行政成本，适合于课赋纳税程序模式，但不适合自行申报纳税程序模式，因为在自行申报程序模式中，不仅有行政成本，还有纳税人的履行成本，纳税人的履行成本在申报纳税程序中并不能视为行政成本的一部分。基于上述原因，本文将税收的行政效率改称为税收程序效率。

在我国，税收效率原则有一定的宪法依据。《宪法》第 15 条规定："国家加强经济立法，完善宏观调控。国家依法禁止任何组织或者个人扰乱社会经济秩序。"这一规定为国家通过税收手段干预经济，促进整体经济效率提供了依据。

二、税收的经济效率原则及其法律实现机制

古典经济学相信市场是万能的，通过市场机制的"无形之手"的自动调节，就可以实现资源的最优配置，反对国家对经济的任何形式的干预。在古典经济学的眼中，税收的存在对经济效率的影响总是负面的，通常会扭曲市场机制，从而带来市场效率的牺牲。在这种经济逻辑的支配下，经济学提出了税收中性原则或竞争中立性原则。税收中性原则或竞争中立性原则要求税收应当平等对待所有纳税人和所有课税对象，不给某些纳税人或某些课税对象特别的税收优惠或特别不利的税收待遇，不能因为征税而改变纳税人的市场竞争地位、扭曲市场机制、牺牲市场效率。税收中性原则或竞争中立性原则曾经是有着重要影响的税收思想，但其对税收立法和税法理论的影响却是微妙的。税收中性原则或竞争中立性原则经过税法改造后，变成了税收平等原则或税收公平原则。这种转变已经大异其趣，前者关注税法制度构造的效率评价和管控，后者则关注主体间的正义。现代的税收公平思想有时也援引竞争中立性原则或税收中性原则来论证，按负担能力分配税收负担的税收公平思想的正当性，不过这种论证只是在对税

收正义的追循中的辅助论证手段，并不真正关心税收对经济效率的影响。此外，为了减少征税对经济效率的负面影响，经济学曾提出过单一税制的设想，如单一土地税制、单一资本税制等。但单一税制无法满足因国家职能扩张对更多税收收入的需要，在现代社会不具有可行性。随着经济学研究的深入，早期的税收中性原则受到挑战。当代的税收理论即最适税收理论认为，税收通过影响人们的行为选择对资源配置效率产生影响。对小轿车、实木地板等高档消费品或奢侈品课征间接消费税，并不必然使富人承担更多的税收负担，有可能导致富人减少消费而影响该类商品的生产，从而扭曲市场机制对资源的配置。这种扭曲的程度与商品的需求弹性或供给弹性成正比。有效课税，即符合经济效率原则的税收制度要求对相对无弹性的商品课征相对高税率的税收，即所谓的反弹性规则①。当代的最适税收理论对较早的税收中性原则提出了批评，"中性课税一般来说并不有效"。② 税收中性原则要求对所有商品和劳务适用无差别的比例税率，而反弹性规则则要求制定差别税率。最适税收理论所主张的反弹性规则并没有被当代的税收立法所接受，可能存在两个方面的原因。首先是税法对公平的追求压倒了对效率的追求，反弹性规则的实施将会极大损害当代的税收公平观。其次是反弹性规则应用于税收立法实践，要求准确评估每一项商品和劳务的供给与需求弹性，这在实践中是相当困难的。不过，最适税收理论对当代的税收立法的影响还是客观存在的，例如在当代各国，土地所承担的高额税费负担并因此导致土地价格居高不下，可能就与最适税收理论有关，因为土地资源的一个显著特点是供给无弹性，根据反弹性规则，适合承担较高的税费负担。总之，由于税收立法对分配正义的关注压倒了对税收的经济效率的关注，税收经济学为减少课税所致的经济效率的牺牲而提出的一些原则，并没有被税收立法完整接受，但这些原则的客观影响还是在一定程度上存在。另外，税收的经济分析通常暗示，无差别的人头

---

① [美] 哈维·S. 罗森. 财政学 [M]. 平新乔，等译. 北京：中国人民大学出版社，2000：300.

② [美] 哈维·S. 罗森：财政学 [M]. 平新乔，等译. 北京：中国人民大学出版社，2000：297.

税，因为不会影响人们经济行为的选择自由，因而是有效率的。但人头税因其严重不公平，而被税法理论与实践所抛弃。这涉及现代税法不同价值目标间的冲突与平衡问题。有效的税收不一定现实，需要受到税收公平原则的适当限制。

当代的经济学理论比之古典经济学的一大进步表现在，不再迷信市场万能，而是承认市场失灵的存在，并发展出市场失灵理论①。根据市场失灵理论，市场机制存在一些其自身无法克服的内在缺陷，市场失灵需要通过国家的"有形之手"加以矫正。市场失灵理论对税收立法的意义表现在，改变了我们关于税收与市场效率关系的认识，税收的存在并不是只会导致经济效率的牺牲，税收也可以通过某种制度安排矫正市场失灵、促进整体经济效率。换句话说，市场失灵理论使我们认识到税法的制度安排对整体经济效率的积极意义。这样，税法的经济效率原则就不再停留于防止税法制度对经济效率的牺牲，而是通过税法制度积极促进整体经济效率。

通过税法上的制度安排促进整体经济效率，其理论基础是市场失灵理论。通常所说的市场失灵，有两层含义。其一是指客观存在的导致市场机制不能充分发挥作用的障碍因素。这些因素的存在，将导致市场机制不能充分发挥优化资源配置的作用，从而损害市场效率。会引起市场失灵的这些障碍因素，具体包括垄断（及不正当竞争）、外部性、信息不对称、交易成本的存在等。市场失灵的第二层含义是指，即使不存在上述障碍因素，存在一个完全竞争的市场，市场机制能够充分发挥作用，市场经济的运行也会带来某种不好的后果，包括宏观经济周期性波动和收入分配不公等。税法上的制度安排并非适合用于矫正所有的市场失灵现象。通常而言，税法制度常常用于收入及财富的再分配和调控宏观经济的运行。其次而言，税法制度也用于矫正经济活动的（正的或负的）外部性、促进资源的合理开发利用、反对国际经济关系中的不正当竞争等。这就是现代税法在传统的财政收入目的之外发展出的经济干预目的。严格地讲，运用税收手段干预经济的目的并非都旨在促进经济效率，例如当税收用于收入财富

---

① ［美］保罗·萨缪尔森，威廉·诺德豪斯. 经济学［M］. 萧琛，等译. 北京：华夏出版社，1999：223－224.

的再分配时，就旨在促进公平而不是促进效率。事实上，财富再分配的要求已经被现代的税收公平思想所吸收，因此这里只探讨现代税法以促进经济效率为目标的经济干预目的及其实现机制。国家的经济干预本身根据其作用的对象和范围，可分为微观规制（指向市场秩序）与宏观调控（指向整体经济的运行）两个主要部分。本节将探讨现代税法的微观规制目的及其法律实现机制，至于现代税法的宏观调控目的及其法律实现机制，将另辟专节探讨。不过，市场规制与宏观调控只是大体上的区分，其边界并非十分清楚，例如保护环境与促进资源的合理开发利用，就其所具有的维护经济的可持续发展意义而言，也具有宏观调控的意义。因此有必要注意市场规制与宏观调控这种划分的相对性。

（一）矫正经济活动的外部性

作为市场失灵表现形式之一的外部性（externality），指某种经济活动带给（强加给）他人或社会一些好的或者不好的后果。外部性有正的和负的之分。负的外部性指经济活动带给他人和社会一些不好的后果。负的外部性最典型的表现就是环境污染。经济活动存在负的外部性意味着，行为人没有承担其行为的全部成本，一部分成本被强加给了他人或社会。这样，行为人可以低于（有时是远低于）实际成本的成本从事经济活动，如环境污染企业可以低于实际成本的成本生产产品并供给市场，消费者可以较实际成本为低的价格消费引起环境污染的消费品。经济活动存在的负的外部性，将导致相关商品和劳务的过度供给和过度消费。这类经济活动并不反映真实的市场供需关系，从而扭曲市场机制，使市场机制不能充分发挥优化资源配置的作用。负的外部性的存在可以使商品和劳务的供需双方所付出的成本低于实际成本，对于一个"理性经济人"而言，负的外部性的克服并不符合行为人的利益，因此单靠市场机制自身是无法克服经济活动的负的外部性的。负的外部性的克服，需要通过国家干预，通过强制性的制度安排例如通过税法上的制度安排才能实现。通过强制性的制度安排矫正经济活动所生之负的外部性，其基本思路是：通过征税或收费，使外部成本内部化，使行为人承担其行为的全部成本。可见，本身就具有强制性和无偿性的税收制度较为适合于矫正经济活动所生之负的外部性。实际

213

上，矫正经济活动的负的外部性已经成为现代税法的目的之一。这一目的的税法实现机制主要表现在两个方面。其一是，各国课征的特种消费税（有的国家称为货物税，excise tax）的主要目的之一正是矫正经济活动的负的外部性。不管是否课征增值税（增值税可视为普遍征收的一般消费税），多数国家都选择特定消费品或消费行为特别是那些污染环境的产品课征特种消费税。特种消费税的课征通常有两种做法，其一是选择一揽子（数种）消费品或劳务统一课征，如美国的联邦消费税①和我国现行税制中的消费税，其二是选择单项消费品或消费行为（对劳务的消费）分别课征，如日本征收酒税、烟草税及石油相关税包括挥发油税、地方道路税、石油煤气税、石油税、航空机燃料税和轻油提取税②，德国的做法也属此类。不管哪种做法，其课税对象中都包括了污染环境的消费品如烟草、石油类产品、甚至破坏大气臭氧的化学品等。特种消费税通常在生产环节征收，有时也在批发环节征收，但一般只课征一次，课税产品的上游产品或下游产品则不征收。这是因为这类产品课税的目的是矫正其生产或消费中所生之负的外部性，课征一次已达到目的。为矫正经济活动的负的外部性所课征的特种消费税，其税率需要根据该类消费品所生之负的外部性的大小而定，因而并没有统一税率。上述分析也表明，税法目的将极大影响税法的制度构造。需要说明的是，在开征增值税或一般消费税的国家，特种消费税是在普遍课征增值税的基础上再征一次税，特种消费税必须出于特别的考虑，如对高档消费品和奢侈品征税以实现实质公平、或者矫正经济活动的负的外部性等，才能具有正当性，并阻却因重复课税而带来的税负不公。通过课征特种消费税以矫正经济活动所生之负的外部性，这方面的最新发展是发达国家拟开征的碳税（碳排放税或者碳排放关税）。运用税收上的制度安排矫正经济活动的负的外部性，除了对引发污染的产品直接课税以使当事人的外部成本内部化外，还有另一种思路和做法，就是对保

---

① 财政部税收制度国际比较课题组. 美国税制［M］. 北京：中国财政经济出版社，2000：221-233.

② ［日］金子宏. 日本税法［M］. 战宪斌，等译. 北京：法律出版社2004：353-360.

护环境的项目和设施给予税收优惠，以鼓励当事人自己治理污染。各国的所得税法和其他税收法律以及专项的税收特别措施法，常常能够发现此类目的的税收优惠制度。如我国的企业所得税法规定，对从事符合条件的环境保护项目的所得，可以免征、减征企业所得税，企业购置用于环境保护的专用设备的投资额，可以按一定比例实行税额抵免。

经济活动的外部性也包括正的外部性。正的外部性指私人的经济活动带给他人或社会一些好的后果。河的上游植树种草，会给下游带来水土保持的利益，这就是植树种草行为所产生的正的外部性。经济活动的正的外部性意味着，行为人没有取得其行为所生之全部收益，其中一部分甚至大部分收益被他人或社会无偿占有了。电灯的发明，可以说极大地改变了人类的生活，使人类从此告别黑暗走向光明，但发明者本人并未从其发明活动中取得多少收益，大部分的收益被整个人类无偿占有了。正因为正的外部性的存在，使当事人不能获得其活动所生之全部收益，私人当事人提供这类活动或产品的积极性将受到影响。这类活动或产品如果由私人通过市场提供的话，将出现供应不足的现象，这表明市场机制不能充分发挥作用，即出现了市场失灵。正的外部性的矫正也需要通过国家干预或者强制性的制度安排才能实现。具有正的外部性的活动可以称为具有公益性质的活动，正的外部性也就是通常所说的公益性。国家干预的方式有必要根据其公益性程度而有所不同。对于公益性极强的活动，如国防这类纯公共物品（纯公共物品实际上是正的外部性的极端表现）应当且只能由国家直接提供，教育、医疗、卫生、基础科学研究等准公共物品，以国家提供为主，私人提供并由国家资助为辅。对于公益性不十分强烈的活动，可以考虑主要由私人提供并由国家资助。国家对正的外部性进行资助的方式之一，就是税收优惠。除国家直接出资主办的外，各国通常对教育、医疗、卫生、体育、科学研究及发明创造等给予一定的税收优惠，其目的就在于鼓励具有正的外部性的活动。

（二）促进资源的合理开发利用，维护整体经济的可持续发展

这里所说的资源，不是指广义的经济资源，而是指其中的自然资源。自然资源作为一种经济资源，具有特殊性。在经济学的理想情形中，未经

劳动加工的天然产物没有经济价值，自然资源的经济价值取决于开采过程中所付出的劳动。由于大自然中存在的自然资源在数量上是限定的，即自然资源的供给在总量上是固定的，很难通过供给数量的调整来适应需求的变化，这种情况决定了自然资源的定价机制与普通商品有所不同，自然资源的定价取决于较差的开采条件，而不是平均化的开采条件。这样，较好的开采条件必然带来一种额外利益，这种额外利益被称为级差收入。自然资源由于相对较好的开采条件而产生的级差收入，与资源开发企业的主观努力没有关系，如果不加以调节，将会导致资源的掠夺性开发和利用。另外，按照制度经济学的观点，自然资源的国家所有制，由于产权归属不明，将会导致没有人真正关心自然资源的合理开发利用，这是自然资源的掠夺性开发利用的另一个重要原因。自然资源，包括土地资源、能源资源和其他金属和非金属矿产，其供给在总量上是相对固定的，其中的大部分还是不可再生的，为了维持社会经济的可持续发展，要求合理开发自然资源，更要求有效利用自然资源。通常而言，市场机制能够将资源配置到其最佳用途上，但市场机制只关注当前的资源利用效率，不关心由于资源供给总量的相对固定而带来的资源的耗竭和可持续发展问题，不关心资源的代际分配问题，这些问题需要通过国家干预才能解决。

通过税收上的制度安排促进资源的合理开发和有效利用，是一个普遍现象。主要表现在几个方面。首先是对矿产资源开征资源税，调节矿产开发过程中的级差收入，促进矿产资源的合理开发和有效利用。对矿产资源所课征的资源税，根据其目的可划分为一般资源税与级差资源税。一般资源税以财政收入为目的，倾向于实行统一税率，而不考虑资源的种类和开采条件的差异。一般资源税事实上会增加资源利用上的负担，有利于促进资源的有效利用，但不能防止资源的掠夺性开采。资源的掠夺性开采的原因是开采过程中级差收入的存在，防止资源的掠夺性开采必须调节资源开采过程中的级差收入。级差资源税以调节资源的开采过程中的级差收入为目的，由于级差收入与资源的开采条件上的差异有关，因此级差资源税并不实行统一税率，而是根据资源的种类和开采条件的差异实行差别税率，例如不同油田、不同煤矿的资源税税率各不相同，开采条件相对较好的，税率也相对较高。税收立法目的上的不同，决定了其制度构造上的差异。土地资源与矿产资源一样，也存在级差收入。由于土地资源只存在开发而不存在开采问题，因而土地级差收入的存在将带来土地资源的过度开发问题，例如利用效率较高的工业用地不断挤压利用效率较低的农业用地，以工业利益牺牲粮食供给的稳定和生态利益。土地增值税的课征，就旨在调节土地级差收入，从而在一定程度上促进土地资源的合理开发利用。此外，我国开征的土地使用税和耕地占用税，虽然以财政目的为主，但事实上会增加土地的使用成本，有利于促进土地资源的合理开发利用。在人类面临的资源问题中，能源问题是最急迫的。为了促进能源的合理利用，通常对节能项目实行一定的税收优惠，以鼓励节能项目的开发和利用。

（三）反对国际经济中的不正当竞争

市场机制充分发挥作用的前提之一就是存在一个完全竞争的市场，不完全竞争来自垄断和不正当竞争。多数情况下，税收手段并不适合于反垄断和反不正当竞争，税收主要用于反对国际经济关系中的某些不正当竞争行为，包括倾销和政府补贴行为。货物出口中的倾销或政府补贴行为，会不正当地增强出口国的竞争能力，并给货物进口国的相关产业带来实质性的损害或者产生损害的威胁。货物进口国的抵制方法就是，对原产于特定国家的特定货物征收反倾销税和反补贴税。反倾销税与反补贴税是一个普遍的法律现象，性质上属于临时关税，是对进口货物在征收常规关税之外临时加课的关税负担。由于反倾销税与反补贴税的目的是反对货物出口中的倾销和政府补贴行为，因而其课税对象只能是原产于特定国家的特定货物，具体指存在倾销和政府补贴行为的货物；反倾销与反补贴税的税率也不是任意的，应当正好抵消倾销和补贴所带来的竞争优势，因此反倾销税与反补贴税税率的高低取决于倾销价格低于成本的程度以及政府补贴的程度；反倾销税与反补贴税也不能长期征收，原则上讲，当倾销和补贴行为停止时，目的已经实现，就应停止课征，因此属于特定情况下课征的临时关税。

三、现代税法的宏观调控目的及其法律实现机制

市场失灵的另一个重要表现就是宏观经济周期性波动。古典经济学相

信市场万能，反对任何形式的国家干预，认为市场机制能够使总供给与总需求保持平衡。代表古典经济学思想的萨伊定律，"供给创造自己的需求"，所要表达的就是，市场经济总是能够处于充分就业的状态，不会出现生产过剩的危机①。但市场万能的神话被周期性暴发的危机无情打破了。市场经济长期实践表明，经济周期的存在是一个不争的事实。宏观经济周期性波动，即周期性地爆发经济危机，导致资源的严重浪费，极大地损害市场效率。为了找出宏观经济周期性波动的成因与对策，凯恩斯在其研究中表明，市场机制不能保证决定储蓄量的消费倾向以及决定投资量的资本边际效率和利息率正好处于能维持充分就业时的数值，而只能在偶然的情况下，才能如此。按照凯恩斯的理论，危机和失业会在市场经济中经常出现，而充分就业仅仅偶然存在②。凯恩斯理论为通过国家干预经济反经济周期，即宏观调控，奠定了理论基础。虽然凯恩斯以后，就经济周期的成因，产生过各种观点，至今没有最终定论③，但凯恩斯提出的国家干预经济的基本方法，即运用财政货币政策进行宏观调控的思想，并没有被动摇。除操作手段外，宏观调控的操作方向也比较明确。由于宏观调控的最终目标是反经济周期，因此宏观调控的具体操作方向就是逆经济周期而动，当经济过热时，即当经济的发展超过了市场有效需求（有货币支付能力的需求）时或者经济的发展超过了资源环境的承受能力时，就采取紧缩性的财政货币政策，压缩经济泡沫，促进经济的稳定增长；而当经济衰退时，则采取扩张性的财政货币政策，以刺激经济增长。由于货币手段（货币政策）运用于促进经济增长会带来通货膨胀的风险，当今的宏观调控似乎出现了某种分工（不是绝对的），即货币政策主要作为经济的"制动器"，用于给过热的经济降温，而财政政策则作为经济的"引擎"，用于促进经济的增长。这样，税收上的制度安排通常用于促进经济的增长。具体

---

① ［英］约翰·梅纳德·凯恩斯. 就业、利息和货币通论［M］. 高鸿业，译. 北京：商务印书馆，1999：4-8.

② ［英］约翰·梅纳德·凯恩斯. 就业、利息和货币通论［M］. 高鸿业，译. 北京：商务印书馆，1999：12-13.

③ ［英］约翰·梅纳德·凯恩斯. 就业、利息和货币通论［M］. 高鸿业，译. 北京：商务印书馆 1999：352-353.

而言，现代税法通常根据特定时期宏观调控的需要，通过税收优惠制度，鼓励出口，吸引外资，促进产业升级和结构调整，促进中小企业的发展，最终促进经济的稳定增长。

一般而言，宏观调控是国家干预经济的间接手段。宏观调控的实质是使私人的经济行为符合国家宏观经济政策的要求。宏观调控主要通过利益诱导的方式实现，并不直接限制当事人的行为自由，当事人原先所享有的权利和自由并没有受到直接限制，只是，如果私人的经济活动符合国家宏观经济政策的要求，如果个体按照宏观调控的方向行动，将获得额外的利益（税收优惠），否则将处于相对不利的地位或承受额外的负担（加重税负）。私人的经济活动即使不按宏观调控的方向行动，除遭受相对不利的经济后果外，并不需要承担法律责任。可见，宏观调控目的的实现，主要依靠间接的经济强制，而非直接的暴力强制。此外，就宏观调控的法律机制而言，最常见的税法机制是税收特别措施，包括税收优惠措施与税收重课措施。单从原理上讲，税收重课措施与税收优惠措施一样，可以有效实现宏观调控目的。但现代税法习惯于采行税收优惠措施，而极少运用税收重课措施。除税收优惠制度外，税法上的其他制度安排也可能具有宏观调控的意义。事实上，宏观调控目的已经深刻地影响了我国整个实体税法的制度构造。

对于宏观调控，并非不存在批评意见。经济学上的批评意见并非对市场万能的简单回归，并非否认市场缺陷或市场失灵，而是认为对市场失灵的国家干预会扭曲市场机制，所带来的问题比所解决的问题还要多，因此主张对于宏观经济周期性波动，应当听由市场机制自动调节以实现宏观经济的重新平衡。法学或政治哲学上的批评意见主要源自宏观调控会侵蚀个人自由。我们的法学或政治哲学习惯于赋予人的主体性、赋予人的自由和权利以终极的意义。个人的自由，除为使所有人的自由能够同时存在而施加的必要限制外，不应有其他的限制。不过，一个稳定的宏观经济环境，应当是对所有人有利的。宏观调控带给市场机制的侵扰和个人自由的侵蚀是否必要，虽尚无最终定论，但批评意见并没有成为当代的主流思想。主要表现在，尽管伴随着强烈批评，但各国通过各种手段调控宏观经济的运行（特别是在经济危机时期）是一个不争的事实。

宏观调控措施需要根据宏观经济的走势而定，需要随宏观经济的走势而改变，这决定了很难通过一个稳定的税收制度安排实现宏观调控目的。在现代税法中，大概只有累进税率制度称得上稳定的宏观调控制度。累进税率制度既具有再分配的意义，也具有宏观调控意义。在累进税率制度下，可以随经济增长、收入增加而适用较高税率，从而减少私人收入的相对比例、抑制投资、防止经济过热；可以随经济衰退、收入下降而适用较低的税率，从而增加私人收入的相对比例、有利于增加投资、促进经济增长。累进税率制度可以自动适应宏观经济的变化，被称为宏观经济的"自动稳定器"。除累进税率制度外，税法中的其他宏观调控制度，大多具有应急性或阶段性任务的性质，当阶段性任务完成后，准确地说是当宏观经济发生变化，其存在的必要性就随之消失，需要根据新的情形而改变。这是由宏观调控的本质决定的，宏观调控在本质上要求灵活应对。不过应急性、阶段性的宏观调控制度，也可能适用于一个相对较长的期间。如我国为吸引外资、促进经济增长而对外商投资企业实施的所得税优惠制度，日本为促进中小企业的发展而对中小企业实施的税收优惠制度，以及发展中国家对保护关税制度的运用等。宏观调控的灵活性还表现在，宏观调控措施可以从多种财政货币手段中进行选择，国家对于在多大程度上运用税收上的制度安排调控宏观经济的运行，有着极大的选择自由。这样，不同国家运用税收手段调控宏观经济的实践就表现出较大的差异性。在美国，由于联邦税法是一部税法典，其修订较为不易，常常需要一整套改革方案和对税制的整体翻修，因此美国通常是在宏观经济或其他情形发生重大变化时才考虑对税法典进行检修。一定程度上讲，美国是通过对税法典的整体检修来实现宏观调控目的，例如通过一整套的减税方案应对经济衰退。美国税法的具体制度较少表现出直接的宏观调控目的。其部分原因是美国的宏观调控更多地依赖财政支出政策和美联储的货币政策。日本在运用税收上的制度安排调控宏观经济的运行方面，有其自身的特色。首先是日本专门就宏观调控的主要法律机制，即税收特别措施，制定了一部《税收特别措施法》。其次，日本在运用税收手段调控宏观经济方面，其调控的重点是促进中小企业的发展。在我国台湾地区①，1991 年以前，较低的经济发展水平要求要高的经济发展速度，经济数量的增长压倒了经济质量的进步，于是制定了《奖励投资条例》这一专门的税收特别措施。到 1991 年，台湾地区经济发展到一定高度，经济数量的增长不再急迫，宏观调控的重点转向经济质量的进步，于是制定了《促进产业升级条例》这一专门的税收特别措施。中国大陆在运用税收手段调控宏观经济的运行方面，似乎走上了与我国台湾地区相同的道路。改革开放之初，我国经济发展水平相当低下，急需发展，于是通过对外商投资企业的所得税优惠鼓励外商投资，并辅之以保护关税制度和出口退税制度，推动我国经济在较长的时间内迅速发展。但进入新的世纪以后，我国的宏观经济已经发生较大改变。一方面，上述的调控措施使我国经济呈现出明显的外向型经济特征，对外依存度较高。另一方面，我国经济发展到一定程度，有必要从对速度的关注转向对质量的关注。于是我国于 2007 年统一企业所得税法，取消了给外商投资企业的所得税优惠，将优惠的重点转向促进科技进步和产业升级等方面。

就税法而言，宏观调控的法律机制并不限于几项具体的税法制度，整个实体税法的制度构造都可能具有宏观调控的意义。例如，现代的增值税制度被认为是中性的，意指增值税制度不能用于干预经济的运行，但在我国，由生产型增值税到消费型增值税的制度变革，是在全球金融危机的背景下、作为综合性减税措施之一环即一种危机对策而进行的，被赋予了宏观调控的意义。税法中的宏观调控措施或宏观调控制度安排，大体上可分为相对较长期的调控措施和危机对策性、应急性调控措施。相对较长期的调控措施具有制度上的相对稳定性。根据各国的实践，税法中相对较长期的宏观调控制度安排包括以下诸项。

（一）累进税率制度

累进税率制度是现代税法中少见的、可以永久存在的宏观调控制度安排，其所具有的宏观调控意义已予说明，兹不赘述。

---

① 葛克昌. 所得税与宪法［M］. 北京：北京大学出版社，2004：280.

（二）保护关税制度

在 WTO 法律框架中，允许会员国特别是发展中会员国以关税手段保护本国的民族产业。保护关税在 WTO 法律框架中可以合法存在，但受到相当限制，本国民族产业的保护只限于关税手段，保护的对象只能是需要保护的产业而不能是所有产业。这样，保护关税并不是对一国关税制度整体特征的描述，而是指关税制度中的局部现象。保护关税制度的宏观调控意义表现在，保护本国产业基础不因外部冲击而被摧毁，或者保护本国产业结构的完整性。由于保护关税在 WTO 法律框架中可以在有限的范围内合法存在，保护关税作为一种宏观调控制度安排，是一个普遍的法律现象。其中最为常见的是对农业的保护，即使在发达国家，其农业不仅享受政府补贴，还受到保护关税的保护。

（三）出口退税制度

出口退税制度指对出口货物，退还已经征收的流转税。各国对商品和劳务所课征的流转税在制度上差异较大。最大的差异表现在，欧洲大陆国家普遍课征增值税，而美国和其他一些英美国家则不存在增值税制度，只是像其他国家一样选择高档消费品或者污染环境的产品课征特种消费税。换句话说，除对特定货物课征特种消费税是一个普遍法律现象外，对所有货物课征增值税的制度并没有为所有国家接受。另外，各国增值税和特种消费税的税率高低不同，其特种消费税的具体课税范围也各不相同。对商品和劳务课征的流转税，是商品或劳务的价格的组成部分，税制上的差异使各国出口货物的税收负担的不一致，影响到出口货物的价格构成，带来国际经济关系中的不公平竞争。消除这种不公平竞争的方法就是，对出口货物不征收国内流转税，或者在其出口时退还已经课征的流转税，以便各国货物能够以不含税价格公平竞争。可见，出口退税制度原本是基于公平目的，而不是调控目的。出口退税制度的实质是，货物出口国放弃对出口货物的税收管辖权，货物进口国则取得进口货物的税收管辖权，在货物进口时对进口货物可以像国内销售货物一样，课征流转税。出口退税的理想做法是，既要退得彻底，又不多退，多退部分，其性质变为对出口货物的政府补贴，这在 WTO 法律框架中是不合法行为。出口退税制度在一国的具体实践中，可能具有宏观调控的意义。例如我国的出口退税制度，并不完全按照使出口货物能够以不含税价格参与国际竞争的原则决定退税数额，而是在一定程度上基于宏观调控的需要而对不同的货物制定不同的退税率。在制定退税率时可能考虑限制资源类产品出口或促进经济结构调整等因素。这种做法使我国的出口退税制度具有较强的宏观调控色彩。

（四）鼓励投资的制度措施

实质上讲，通过增加投资促进经济增长，是一种外延式的经济增长方式。鼓励投资的税法制度措施大体上运用于经济发展的起步阶段，因为这一阶段经济发展水平低下，极需快速发展。这一阶段对经济增长速度的追求压倒了对经济发展质量的要求，因此往往采取措施刺激投资，促进经济增长。许多国家和地区都曾在不同程度上运用此类税法措施，我国台湾地区的《奖励投资条例》和我国实行的对外商投资企业所得税优惠制度是其中的典型，并且在实现鼓励投资、促进经济增长目的上都取得了巨大成功。有多种的税收优惠方法用以鼓励投资，如所得税减免制度、固定资产的加速折旧制度、对企业未分配利润的减免税制度、投资抵减制度、投资损失准备金制度等。其中的固定资产加速折旧制度，能够使投资者快速收回投资，可以刺激投资，推动经济发展。企业实现的年度利润，不分配给投资者，而是留在企业，实际上增加了企业资本，可以扩大企业的经营规模。鼓励投资的税收优惠制度可能有适用地区的限制，如我国曾经的对经济特区和经济技术开发区的外商投资企业的所得税优惠制度。这种适用的地区限制其目的可能是促进区域经济的协调发展，如对投资于落后地区的税收优惠。

（五）促进结构调整和产业升级的制度措施

结构调整和产业升级，属于内涵式的经济增长方式。结构调整可能成为不同经济发展阶段的任务。结构调整与产业政策有关，这种产业政策将产业划分为鼓励发展的产业和限制发展的产业等，并采取相应的鼓励或限制措施。我国曾经开征的固定资产投资方向调节税，其目的就在于结构调整。固定资产投资方向调节税的课税对象是固定资产投资行为，按其实际投资额计税，并根据不同的投资方向规定不同的税率，比如，对国家急需发展项目（产业）实行零税率、对国家鼓励发展项目的投资实行低税率以资鼓励，对国家限制发展项目的投资实行较高税率以限制其投资。通过上述制度安排，引导全社会的投资资金投资于国家急需发展项目和鼓励发展项目，促进产业结构的调整。促进产业升级通常是经济发展到一定阶段后的任务。当整个经济发展到一定阶段后，规模的扩张和增长速度问题已经得到较好解决而不再急迫，经济发展质量受到特别关注，于是产业升级成为关注的重点。产业升级意味着技术的进步与应用，意味着产业结构从劳动密集型向高新技术产业转向。税法可以通过对高新技术产业适用加速折旧制度、所得税减免制度以及包括多种税收在内的一揽子税收优惠制度，促进产业的升级换代。这方面的典型代表如我国台湾地区的《促进产业升级条例》和我国合并后的企业所得税法所规定的税收优惠制度。

（六）促进中小企业的发展

中小企业的发展，除对于实现经济民主的意义外，还有利于增加就业。中小企业市场进入及退出机制的灵活性，有利于整个经济的稳定和增长。因此可以在一定程度上将促进中小企业的发展视为宏观调控的一环。日本特别重视中小企业的发展，日本的《税收特别措施法》中有不少对中小企业税收优惠的内容。另外，日本的各单行税种法中，也有对中小企业税收优惠的规定，如日本的消费税（实质上是通常的增值税）法中规定，对一定期间其课税销售额不满 3000 万日元的纳税人，免除其纳税义务①。日本税法给予增值税小规模纳税人的免税待遇，其目的不同于我国增值税制度中有别于一般纳税人的小规模纳税人的税收待遇，我国增值税制度中小规模纳税人的税收待遇纯粹是由技术性原因形成的，并不是一种税收优惠。

（七）抑制土地价格的过度上涨

土地资源的供给在数量上是相对固定的，即其供给无弹性，但对土地资源的需求总是随经济的发展而不断扩大。由于不能通过供给数量的调整适应需求的变化，其结果是土地价格持续上升。单纯为适应经济增长、随

---

① ［日］金子宏. 日本税法［M］. 战宪斌，等译. 北京：法律出版社，2004：340.

着周边的不断开发所带来的土地价格或房地产价格的不断攀升，本身并不破坏宏观经济的稳定性，因为这时对房地产的需求代表了真实的市场需求。严格地讲，房屋本身的稀缺性程度远小于土地，因而房屋的价格不太可能发生剧烈波动，真正引起房地产价格变化的是房屋下面的土地。土地或房地产的投机性交易所推动的土地或房地产价格的上涨，可能不反映真实的市场需求而成为一种经济泡沫，总有破灭的一天。当这种泡沫破灭时，不仅房地产行业本身，还包括众多相关产业（建材行业、建筑业、装修业以及提供资金融通的金融机构）都将遭受严重冲击，整个宏观经济的稳定性也因此而被破坏了。抑制房地产市场的畸形发展和房地产价格的过度上涨，就成为宏观调控的一环。许多国家对房地产的持有或保有（有别于房地产的转让）课征税收，其目的之一就在于抑制房地产的过度投机，防止房地产市场泡沫破灭危及宏观经济的稳定。例如日本曾经开征的地价税，就带有控制因土地投机交易而造成地价不正常上涨的目的①。我国目前的房地产税收，偏重于房地产的转让环节，包括契税、印花税、增值税和土地增值税等，而对房地产的保有或持有环节较少课税，只有房产税和城镇土地使用税。现行房产税的课税范围非常有限，只限于营业性用房，不包括非营业性用房，作为房产中重要部分的个人住宅不在征税范围之列。这样，住宅类商品房的投机者不用对其持有的房产承担税负，对抑制房产的投机交易明显不利。有鉴于此，我国正在上海和重庆两地积极探索扩大现行房产税的征税范围，从营业性用房扩大到非营业性用房（主要是住宅），以期通过增加房产保有环节的税负以抑制投机。同样，我国对土地保有环节的税收也只有城镇土地使用税，且税负较轻，导致房地产开发商大量囤积土地，使土地资源的供需更为紧张，推动着房地产价格的过度上涨。总之，如果我国想运用税收手段抑制土地和房屋价格的过度上涨，就应当将房地产的保有纳入征税范围。不过，虽然课税可能对抑制房地产的投机交易在短期内有一定效果，但从根本上讲，或者从长远看，税收会增加房地产交易的成本，本身也会推动房地产价格的上涨。

---

① ［日］金子宏. 日本税法［M］. 战宪斌，等译. 北京：法律出版社，2004：300－301.

宏观调控的根本目的是反经济周期，其操作方向需要随经济周期的不同阶段而变化，因此不大可能表现为长久不变的、恒久的税收上的制度安排，但可以表现为一个相对较长时期的、阶段性的税法制度安排。此外，宏观调控目的的税法制度措施也常常表现出危机对策性和应急性，即作为一个相对较短时期内的措施而存在。按照凯恩斯的观点，经济危机是生产过剩的危机，即供给过度，而有效需求（有货币支付能力的需求）不足。当经济危机爆发时，常常采取应急性的刺激需求的措施，如为刺激汽车消费市场而降低车辆购置税税率，为刺激房地产消费市场而降低房地产交易行为所需要缴纳的增值税、印花税及契税税率等。经济危机的爆发常常导致失业大量增加，这时为增加就业，可以降低中小企业的税收负担，以稳定中小企业并稳定就业。这类危机对策性、应急性宏观调控措施，常适用于经济危机所引发的经济萧条阶段，其实施期限相对较短，一旦经济复苏，就被停止适用。

通过税收上的制度安排或制度措施调控宏观经济的运行，其最终诉求是经济效率。宏观调控的灵活性不可避免地会冲击税收法定原则所追求的稳定性，这是现代税法中的宏观调控制度或措施备受质疑的原因之一。为平衡现代税法的调控目的与税负稳定性要求，可以考虑的方案是，对于相对较长期的调控制度，应当通过立法程序规定于各单行税法或综合性税收立法如税收特别措施法中；对于应急性的调控措施，可以授权中央政府决定。站在税收的角度，中央政府所拥有的应急性宏观调控权，本质上是变更法定课税要件（如税率等）的权力，应当有一定的限制，如适用于危机期间，以增加有效需求或促进就业为目的等。

四、税收的程序效率原则

税收的程序效率通常被称为税收行政效率，指在税收制度的运行过程中，在税收的实现过程中即在税收程序中，能够以最小的税收成本实现税收。这里的税收成本，仅指税收程序中发生的成本，包括纳税义务的履行成本和征税机关的征税成本而不包括税收导致的经济效率牺牲。纳税义务的履行成本是纳税人或其他税收行政相对方依法履行税收程序义务所付出的代价，如纳税人为履行税务登记义务、账簿记录义务、账簿凭证保管义务、纳税申报义务、提供纳税担保义务、接受税收调查义务等所付出的代价，扣缴义务人为履行扣缴义务、其他相关机构为履行协助税收调查的义务所付出的代价等。征税机关的征税成本指征税机关为实现税收所耗费的行政资源。总之，税收成本是税收实现过程中或税收程序过程中所付出的社会成本，不涉及税收制度所增进或牺牲的市场效率。由于现代税收程序的基本理念是，税收的实现主要依靠纳税义务的自动履行而不是公权力强制征收，代表现代税收程序发展方向的是纳税人主导的自行申报纳税程序，而不是征税机关主导的课赋纳税程序，本文认为税收行政效率一语不准确，应当代之以税收程序效率。

现代税法的基本目的，不仅在于公平地实现税收，而且在于有效地实现税收，因此即使发达国家或地区的税法理论也公开承认税收行政效率原则是现代税法的基本原则之一①，或者隐晦地暗示税收行政效率是现代税法制度构造所必须考虑的因素。不过，在发达国家或地区的税法理论视野中，税法不过是其宪法价值秩序得以具体化的一个侧面。在发达国家或地区的宪政框架中，个人的权利和自由，以及以维护最大程度个人自由为基本指向的正义原则即平等被赋予了终极的意义。这样，效率价值只能从现代宪政的核心价值关怀中退出，被置于自由和平等之下。这是现代税法理论构造的基本特征，也是效率作为现代税法的基本原理始终面对争议和质疑的重要原因。不过，人类社会追求的诸价值目标间，并不存在一个天然的等级秩序。在一个普遍稀缺的世界里，效率必然成为现代税法的制度构造所考虑的因素。

税收的程序效率原则要求合理安排税法制度，合理配置纳税人及其他税法当事人的程序义务，以便能够以最小的税收成本为代价实现税收。税收程序效率不仅与程序税法有关，与实体税法也有重大关系。合理的实体税法上的制度安排可以更有效地实现税收。最常见的做法是在实体税法的制度构造中，在税基的计算中，以通案标准取代个案标准，以法定数额取

---

① 黄茂荣. 税法总论：法学方法与现代税法 [M]. 台北：台湾植根法学丛书编辑室，2002：510.

代实际发生数额，以法律拟制的事实取代实际发生的事实。这种做法被称为税基计算中的类型化或概数化方法。我国台湾地区税法规定：土地增值税之税基，以公告现值，而不以实际交易价格为其计算基础；地价税之税基以公告地价，而不以市价为其计算基础①。公告现值或公告地价的适用，是为了避免在没有市价时评估其市价的困难，不需要就每个纳税人进行个案评估，有利于节省征税成本。现代所得税法中对于费用扣除常有按法定标准而不是实际发生数扣除的规定。如固定资产法定耐用年数及折旧率的规定，企业所得税法关于交际费的扣除比例限制，个人所得税法关于个人工资薪金所得按月扣除固定数额费用的规定等。税法中的类型化，有实质与形式之分。实质的类型化不允许纳税人以反证推翻，而形式的类型化允许纳税人以反证推翻，因此实质的类型化具有减轻征税机关证明负担的功能，形式的类型化具有转换（倒置）举证责任的功能。以通案标准取代个案标准，可以减免征纳双方的证明负担以及征税机关对课税要件事实的调查义务，是提升税收的程序效率的有效制度安排。但由于法定数额不一定与实际发生数额相符，在一定程度上背离实质课税原理，因此类型化或概数化应当尽可能接近实际情况。实体税法中，征税起点的制度安排也有利于实现税收程序效率。征税起点制度包括起征点制度与免税额制度，通常被认为是一种税收优惠安排。实际上，起征点与免税额制度虽然确实具有税收优惠的意义，但其更主要的意义在于，通过法律划定的征税起点，将征税难度高、征税成本相对较大的零散税源排除在法定的课税对象之外，以方便征收，节约征税成本。这种制度安排也符合税收公平的要求，因为较小数额的收入或财产通常与基本生存直接相关，没有或只有较弱的税收负担能力。在实体税法中，一定程度的形式课税的制度安排，比如印花税的课税凭证，也可以节约征税成本，因为省去了调查形式上的课税凭证背后的经济实质的负担。在英国早期的税制中，房产税按房屋市场价值课税，但由于房屋的市场价值要经过较复杂的评估程序才能确定，后来改为按容易获取的房间内壁炉数征税，从而变成壁炉税。壁炉税带来了新的不

---

① 黄茂荣. 税法总论：法学方法与现代税法［M］. 台北：台湾植根法学丛书编辑室，2002：532.

便，英国人不喜欢具有公权身份的税务人员进入房间内清点壁炉个数，于是改按房屋的窗户数课税，变为窗户税。窗户数可以从房屋外面清点，不用进入房屋内部，窗户税的征收比壁炉税更为方便。从房产税到壁炉税再到窗户税，征税越来越形式化，带来的好处就是税收程序效率的提升。不过，税法的财政收入目的决定了，实质课税才是现代税法的基本原理，形式课税只能是现代税法的例外情况。实际上，以壁炉税或者窗户税取代房产税，本身就存在公平问题。就现代税法而言，税收程序效率不仅涉及实体税法的某些具体制度，还可能涉及实体税法的整体制度构造。在这方面，个人所得税实行分类所得税制而不是综合所得税制、增值税实行间接计算法增值税而不是直接计算法增值税，都有助于节省实现税收的成本。分类征收的个人所得税，有利于实行相对较为简便的代扣代缴这种源泉征收制度，而不用采行相对较为复杂的自行申报纳税制度，可以豁免纳税人的申报义务并减轻征税机关的工作量，节省不少税收成本。增值税制度的实践表明，准确计算理论上的增值额非常困难，而按照增值税专用发票确定增值税的抵扣税额相对简单，因而直接计算法增值税制度比之间接计算法增值税制度的运行成本要高。

税收的程序效率与税收程序法的制度构造的关系更为直接。税收程序效率要求在现代税收程序的制度构造中，合理配置程序参与各方的权利义务，以便能够以相对较少的成本付出实现税收。现代税法所建立的税收程序有一般程序与特别程序之分，一般程序又分为自行申报纳税程序和课赋纳税程序两种不同的程序模式。有必要从效率的角度检视一下自行申报纳税程序与课赋纳税程序两种不同程序模式的意义。自行申报纳税程序的基本理念是，税收的实现，主要依赖纳税人的自动履行而不是公权力强制征收，因此自行申报纳税程序首先为纳税人自动履行其纳税义务提供一个管道，只要纳税人能够正确履行其依法产生的纳税义务，公权力就不介入纳税义务的履行过程；只有当纳税人不正确履行（错误申报即申报的内容与征税机关的调查结果不符时等）或者根本不履行（不申报等）其依法产生的纳税义务，公权力才介入纳税义务的履行程序，以纠正纳税人的履行错误（变更申报的税额），或者直接根据调查所得资料决定纳税人的应纳税额，或者启动强制执行程序强制实现税收。可见，在自行申报纳税程序中，公权力只起幕后监督作用，并不主导税收的实现。在自行申报纳税程序中，纳税申报具有独立的程序意义，能够产生相应的法律效果，即确定税额的效力，只有当纳税人申报的税额与征税机关的调查结果不一致时，征税机关才能根据调查所得资料变更纳税人申报的税额。与自行申报纳税程序的基本理念正好相反，课赋纳税程序的基本理念是，税收的实现主要依靠公权力强制征收而不是纳税义务的自动履行。在课赋纳税程序模式中，纳税人也有申报义务，但纳税申报不是独立的程序制度，即不能产生相应的法律效果即确定税额的效力，税额完全由征税机关确定，纳税申报只不过为征税机关确定税额提供辅助资料而已，只是行政相对人的"协力"义务。可见，在课赋纳税程序中，征税机关的公权力主导整个税收实现过程，所谓的税收程序被完全行政化、被行政程序化，纳税人完全处于强大的行政权的阴影中。在行政法的视野中，行政程序不过是实体性的行政权的程序配件而已，并非一种独立的程序结构，因此行政色彩浓厚的课赋纳税程序，其程序意义是不完整的，准确地说，是实体化的程序构造。单从效率的角度看，比较而言，自行申报纳税程序主要依靠纳税义务的自动履行实现税收，公权力的运用只限于必要的限度，应当是较有效率的。课赋纳税程序的制度安排，其前提原因之一是对纳税人及纳税申报的不信任，因此纳税申报本身不能产生确定税额的效力，应纳税额完全由征税机关确定。征税机关为确定税额，需要逐一审核每一个纳税人的申报资料。这样，在课赋纳税程序的程序构造中，有限的行政资源大量消耗在原本并不信任的申报资料的书面审核上。这种程序构造的内在缺陷或悖论表明，原本出于程序效率目的的课赋纳税程序，实际上并无效率，反而会带来公权力的滥用而致纳税人权利受损的风险，这种风险是一种潜在的或实际的税收成本。自行申报纳税程序的相对效率优势表现在，减少行政资源的浪费，将公权力的运用限制在最必要的限度内，以减少公权力滥用而至相对人权利受损的风险，减少税收实现过程中的社会成本。我国学者施正文将现代税收程序分为权利模式与效率模式，认为权利模式以美国的税收程序法为代表，包括日、韩，效率模式以德国的税收程序法为代表①。实际上，权利模式与效率模式大体上对应于自行申报纳税程序模式与课赋纳税程序模式。但这里的分析表明，课赋纳税程序模式原本出于效率目的，但实际结果却与预设目标相悖，事实上是一种效率相对较低的程序构造。表面上看，课赋纳税程序认识到纳税人及其申报资料不值得信任，寄望通过公权力的运用保证税收的实现，于是将税额的确定权完全授予征税机关。但由于课税信息的严重不对称，征税机关的有限行政资源不足以完全查清课税事实，征税机关不得不放弃其他税收调查方式，转而根据对纳税人申报资料的书面审核确定税额，这种结果与预期的效率目标是不符的。自行申报纳税程序模式并非全面信任纳税人，只是在信息严重不对称的背景下，基于有关公权力在保证税收实现方面实际意义的认识，对有限行政资源做了最有效的运用。事实上，在现代社会，存在一些保障纳税人申报资料真实性的税法外制度如审计制度，附审计报告的申报资料之真实性有一定保障，纳税人的申报资料并非完全不值得信任。不管纳税人的申报资料是否值得信任，在信息严重不对称的社会现实面前，不能指望通过税收程序法所阐明的课税要件事实达到客观真实的程度，只能要求达到法律上的真实，法律上的真实应当受到行政资源有限性的约束，换句话说，应当符合效率原则。在这一意义上讲，自行申报纳税程序模式的制度构造是建立在这种现实基础上的，而课赋纳税程序模式的制度构造则是建立在虚妄的效率预期基础上。

基于税收程序效率的考虑，现代税法在一般纳税程序之外，另定有特别纳税程序。特别纳税程序包括源泉征收和印花税票纳税方式。源泉征收是由与纳税人有直接的资金收付关系的私人当事人作为法律上的扣缴义务人，代扣代缴或代收代缴所收付之资金应纳之税款，后转交国库或征税机关的税收实现方式。适用源泉征收制度的前提是，税基明确，税额计算相对简单，无须采用相对较复杂的一般纳税程序。源泉征收制度中，纳税人的申报义务被豁免，扣缴义务人是与纳税人有直接的资金收付关系的当事

---

① 施正文. 税收程序法论：监控征税权运行的法理与立法研究［M］. 北京：北京大学出版社，2003：286-290.

人，由扣缴义务人扣缴税款，可以从源头监控税源，不存在由征税机关征收时的课税信息严重不对称现象，而且扣缴义务人不会因利益冲突而有意规避纳税的义务，因此源泉征收制度相对而言是较有效率的。在印花税票纳税方式中，由纳税人自行计算应纳税额、自行购买印花税票并自行粘贴于应税凭证之上，整个纳税义务的履行过程都没有征税机关的介入，是相对较为简便和有效的税收实现方式，征税机关只需检查应税凭证就可保证国家税收利益的安全。此外，委托征税制度也可提升税收程序效率。将一些零星分散的税收委托给征税机关以外的其他单位或个人代为征收，具有扩张征税机关行为能力的功能，使征税机关不受行政资源有限性的限制。包税的做法曾经在前资本主义社会普遍存在，其原本的目标就是税收程序效率。包税是指私人当事人以一定的代价换取一定时期或一定地区内的税收权益，其实质是国家向私人当事人转让税收权益及相关的征税权。实践证明，包税的流弊甚多，正如孟德斯鸠所说："君主国家的历史充满了包税人罪恶行为的记录。"① 包税的做法也不合现代法理，在当今社会，公权力不具有可处分性已成共识，征税权不能通过市场方式向私人转让，因此包税的做法应予禁止。

　　税收程序法的某些具体的制度安排也有助于税收程序效率的实现。征税机关和纳税人的程序行为一般都有期限的限制。纳税人的申报行为和税款缴纳行为，分别受纳税申报期和税款缴纳期的限制。在特殊情况下，纳税申报期和税款缴纳期都可能延长，即延期申报和延期缴纳，但所延长的期限也有限制。纳税人必须在规定期限内申报并缴纳税款，超过规定期限没有履行申报和缴纳义务，将产生诸多不利的法律后果。纳税人如果不在规定期限内履行税款缴纳义务，按我国税法规定，将被追缴税款、加收滞纳金、根据情节并处罚款、从事生产经营的纳税人将受税收强制执行。纳税人程序行为的期限制度，以及为督促纳税人如期、及时履行纳税义务的各项制度如滞纳金制度、行政处罚制度、税收强制执行制度等，其基本目的就在于保证及时有效地实现税收。征税机关的程序行为通常都有期限限

---

① ［法］孟德斯鸠. 论法的精神：上册［M］. 张雁深，译. 北京：商务印书馆，1997：225 – 226.

制，这种期限限制被称为时效制度。在发达国家的税收程序法中，征税机关的两种主要程序行为是确定税额的核课行为和征收税款的征收行为，这两种程序行为都有期限限制，称为核课时效和征收时效。我国《税收征收管理法》只是规定因税务机关的责任，或者因纳税人、扣缴义务人计算错误等失误，致使未缴或少缴税款的，税务机关在三年内可以追征，没有区分核课时效与征收时效。征税机关其他程序行为，如要求提供纳税担保、采取税收保全措施、进行税收调查等，可能没有法律明文规定的期间限制，但根据行为的目的，解释上应认为存在期限限制。要求提供纳税担保、采取税收保全措施，其目的在于保全税收，因此必须适用于纳税义务产生后消灭前的期间内。税收调查的目的如果是为了核定税额而查清课税要件事实，那么就必须适用于法定的核课时效期间内。时效期间，以及其他程序行为的期限限制，旨在及时清结依法产生的法律关系，避免法律关系长期悬而未决，有利于税收程序效率的实现。此外，推定课税制度的适用，也有助于税收程序效率。在纳税人因为缺乏健全的财务会计记录等原因而没有履行申报义务时，征税机关在课税信息严重不对称的情况下要查清课税要件事实，几乎是不可能的，这时允许征税机关根据调查所得的间接事实推定课税要件事实，并据以课税，这就是推定课税制度。可见，推定课税制度旨在减轻征税机关的证明负担，有助于税收程序效率的实现。税收程序开始前的税收管辖权制度也与税收程序效率有关。征税机关的税收管辖权，是实体税法与程序税法的联结点，是税收程序启动的前提。我国现行税法中没有税收管辖权制度，代之以纳税地点的法律规定。实际上，纳税地点之法律规定具有在征税机关之间划分税收管辖权的意义。通常而言，法律规定的纳税地点就是纳税人的所在地或者征税对象的所在地、或者应税行为或事实的发生地，换句话说，法律规定的纳税地点通常是与纳税人、征税对象或者应税行为或事实联系最为密切的地点。这种制度安排明显有利于税收程序效率，因为与纳税人、征税对象、或者应税行为或事实联系最为密切的征税机关，比其他征税机关更了解相关纳税人和征税对象，从而更有利于税收的实现。

总之，税收的实现是有代价的。在一个普遍稀缺的世界里，不惜代价实现税收是不可行的。税法的制度构造，不管是实体税法，还是程序税法，都应当考虑税制的运行成本。这就是税收程序效率原则的核心关注。

后 记

本书是在博士论文的基础上稍做修改而成，也是对长期税法教学实践中点滴思考的系统总结。我国税法学研究起步较晚，本来只是少数学者关注的对象，但最近几年随着财税法学作为经济法的重要组成部分进入法学核心课程中，税法学研究学者突然增多，研究成果相继涌现。希望本书能对我国税法学研究和税收法治建设有所助益。

西南政法大学经济法团队一直是国内经济法教学和科研的一支重要力量，人才济济，学术氛围浓厚。有幸成为团队的一员，潜移默化，获益良多。如果还能静下心来思考点问题的话，与前两任团队的学术带头人李昌麒教授、卢代富教授及团队的其他老师的影响有一定关系，谨表谢意。感谢我的导师张怡教授，张老师在培养税法人才以及西南政法大学税法学学科建设方面做出了很大贡献。